高等职业教育物流类专业新形态一体化教材

物流基础

许晓东　陈　敏　主编
张小玲　卢　楠　副主编

清华大学出版社
北京

内容简介

本书为江西省精品在线开放课程配套教材。本书以物流运作为主线，按照物流运营流程，以物流的采购管理为起点，系统对物流活动的各个关键环节进行梳理。全书包括九个教学项目，分别为认知物流世界、采购管理、仓储管理、运输与配送管理、物流信息管理、第三方物流、供应链管理、物流成本管理和跨境电商物流管理。本书配有微课、视频、动画、图片、案例、测试等丰富的数字教学资源，并精选其中的优质资源做成二维码在书中进行关联标注，方便教师教学与学生学习，以提高教学效果。

本书可作为高职高专院校物流类、电子商务类等专业的教材，也可作为电子商务师和物流师职业资格认证考试的参考用书。

本书封面贴有清华大学出版社防伪标签，无标签者不得销售。
版权所有，侵权必究。举报：010-62782989，beiqinquan@tup.tsinghua.edu.cn。

图书在版编目（CIP）数据

物流基础 / 许晓东，陈敏主编. -- 北京：清华大学出版社，2024.8. -- （高等职业教育物流类专业新形态一体化教材）. -- ISBN 978-7-302-66831-2

Ⅰ.F252

中国国家版本馆CIP数据核字第20247JA453号

责任编辑：左卫霞
封面设计：常雪影
责任校对：李　梅
责任印制：宋　林

出版发行：清华大学出版社
网　　址：https://www.tup.com.cn，https://www.wqxuetang.com
地　　址：北京清华大学学研大厦A座　　邮　编：100084
社 总 机：010-83470000　　邮　购：010-62786544
投稿与读者服务：010-62776969，c-service@tup.tsinghua.edu.cn
质量反馈：010-62772015，zhiliang@tup.tsinghua.edu.cn
课件下载：https://www.tup.com.cn，010-83470410

印 装 者：三河市天利华印刷装订有限公司
经　　销：全国新华书店
开　　本：185mm×260mm　　印　张：16　　字　数：408千字
版　　次：2024年9月第1版　　印　次：2024年9月第1次印刷
定　　价：49.80元

产品编号：103069-01

前言

《"十四五"现代物流发展规划》明确了"十四五"时期现代物流发展的总体思路、空间布局、重点任务和重大工程；明确了到2025年基本建成供需适配、内外联通、安全高效、智慧绿色的现代物流体系的目标。随着共建"一带一路"进入高质量发展新阶段，物流产业将迎来快速发展，物流专业人才的需求缺口不断扩大。社会急需能够适应新一代物流技术应用和推动经济社会发展的现代物流管理人才。

本书由一线物流教师联合企业专家共同编写。本书适应现代物流信息网络技术的发展，满足培养现代物流管理专业人才的需求。本书在借鉴和吸收国内外物流管理基本理论和最新研究成果的基础上，紧密结合我国物流业发展的实际和物流管理教学情况，主要有以下特点。

（1）融入课程思政。本书将党的二十大精神融入教材内容，通过挖掘课程思政元素，明确职业素养要求，开发课程思政素材，将社会主义核心价值观渗透到教材内容中，以达到"润物细无声"的效果，落实立德树人的根本任务；通过将新技术、新标准、新规范、新模式融入教材内容，确保教材内容新颖，为培养高素质技术技能型智慧物流人才奠定基础，促进经济建设高质量发展。

（2）项目导向。本书基于问题导向，结合项目与任务教学法，立足物流基础知识的认知规律和物流实际操作流程，按项目进行编写。全书共分九个项目，分别为认知物流世界、采购管理、仓储管理、运输与配送管理、物流信息管理、第三方物流、供应链管理、物流成本管理及跨境电商物流管理。每个项目均按照职业院校学生的学习规律，设置了项目导入、知识能力要求、职业素养要求、知识准备、工作任务、实践应用和知识技能应用等内容。本书充分体现理论与实践结合，有效激发学生学习兴趣，并通过融入课程思政元素实现学习与育人的双重目标。

（3）新形态教材，资源丰富。本书为满足教师多样化教学手段，在书中插入二维码拓展教学资源，包括微课、动画、案例分析、知识拓展等内容。以本书为基础的"物流基础"课程为江西省精品在线开放课程，扫描下页下方二维码即可在线学习该课程。

本书由江西应用技术职业学院许晓东总统筹，具体编写分工如下：项目一、项目四由江西应用技术职业学院陈敏编写，项目二由许晓东编写，项目三、项目七由江西应用技术职业学院张小玲编写，项目五由新疆工业职业技术学院王欣慧、王建义编写，项目六由新疆工业职业技术学院卢楠、张春燕编写，项目八由江西应用技术职业学院魏莹编写，项目九由江西应用技术职业学院刘柏阳编写。本书还邀请企业专家加入编写团队，为实践应用提供指导，主要有北京京东乾石科技有限公司张谷良，北京络捷斯特科技发展股份有限公司苏兆河，鲜生活冷链物流孙晓宇。本书由天津轻工职业技术学院白洁教授主审。

本书在编写过程中参考了国内外大量文献资料，引用了一些专家学者的研究成果，在此对这些文献作者表示诚挚的谢意。

由于物流管理在我国正处于阶段性的变革发展中,一些理论和实际操作还在不断探索中,同时受限于作者的认知水平,本书难免存在一些不足之处。衷心希望读者批评指正,以利于我们共同促进现代物流管理理论和实践的发展。

编　者

2024 年 3 月

江西省精品在线开放课程

物流基础

目 录

项目一　认知物流世界 …………………………………………………………… 1

　知识准备 …………………………………………………………………… 1
　　一、物流认知 …………………………………………………………… 1
　　二、物流的产生与发展 ………………………………………………… 7
　　三、现代物流理论与学说 ……………………………………………… 11
　　四、物流岗位能力和职业技能 ………………………………………… 16
　工作任务 …………………………………………………………………… 18
　　一、分析物流运作模式 ………………………………………………… 18
　　二、识别物流作业流程 ………………………………………………… 20
　　三、生活领域的物流过程 ……………………………………………… 21
　实践应用 …………………………………………………………………… 22
　　一、快递与物流 ………………………………………………………… 22
　　二、同城配送 …………………………………………………………… 22
　　三、A 公司物流作业流程优化 ………………………………………… 22
　知识技能应用 ……………………………………………………………… 25

项目二　采购管理 ………………………………………………………………… 27

　知识准备 …………………………………………………………………… 27
　　一、采购的概念 ………………………………………………………… 27
　　二、采购形式 …………………………………………………………… 28
　　三、采购管理的基本概念 ……………………………………………… 28
　　四、采购管理的目的 …………………………………………………… 29
　　五、采购管理的原则 …………………………………………………… 29
　　六、采购管理分类 ……………………………………………………… 30
　工作任务 …………………………………………………………………… 32
　　一、制订采购计划 ……………………………………………………… 32
　　二、选择供应商 ………………………………………………………… 33
　　三、采购谈判 …………………………………………………………… 35
　　四、签订采购合同 ……………………………………………………… 40

五、采购成本分析 ··· 42
　　　六、评估采购绩效 ··· 45
　实践应用 ·· 48
　　　一、中国采购平台分析 ··· 48
　　　二、采购员必备基本知识 ··· 49
　知识技能应用 ·· 50

项目三　仓储管理 ··· 52
　知识准备 ·· 54
　　　一、仓储的基本概念 ··· 54
　　　二、保管技术 ··· 55
　工作任务 ·· 60
　　　一、入库作业 ··· 60
　　　二、出库作业 ··· 65
　　　三、在库作业 ··· 70
　　　四、ABC 库存分类管理 ··· 73
　　　五、最佳订货量计算 ··· 76
　　　六、订货点计算 ··· 79
　实践应用 ·· 82
　　　中诺思智慧物流仓储实训软件应用 ······································· 82
　知识技能应用 ·· 98

项目四　运输与配送管理 ··· 100
　知识准备 ·· 100
　　　一、运输概述 ··· 100
　　　二、运输方式 ··· 102
　　　三、配送概述 ··· 111
　　　四、运输和配送的区别与联系 ··· 114
　工作任务 ·· 114
　　　一、运输方式的选择 ··· 114
　　　二、运输合理化 ··· 115
　　　三、配送作业 ··· 119
　实践应用 ·· 123
　　　一、数字化助力物流企业降低运输成本 ································· 123
　　　二、网络货运平台介绍 ··· 123
　　　三、电商物流配送模式 ··· 124
　知识技能应用 ·· 126

项目五　物流信息管理 ·· 128
　知识准备 ·· 128
　　　一、物流信息与物流信息系统 ··· 128

二、物流信息技术……………………………………………………………… 133
　工作任务…………………………………………………………………………… 139
　　一、EAN 条码识别……………………………………………………………… 139
　　二、物流领域 RFID 的应用…………………………………………………… 141
　实践应用…………………………………………………………………………… 143
　　一、菜鸟电子面单的应用……………………………………………………… 143
　　二、智能供应链系统分析……………………………………………………… 148
　知识技能应用……………………………………………………………………… 149

项目六　第三方物流……………………………………………………………… 151

　知识准备…………………………………………………………………………… 151
　　一、第三方物流概述…………………………………………………………… 151
　　二、第三方物流的发展概况…………………………………………………… 154
　　三、第四方物流………………………………………………………………… 159
　工作任务…………………………………………………………………………… 164
　　一、企业选择物流服务商……………………………………………………… 164
　　二、企业与物流服务商的合作………………………………………………… 166
　实践应用…………………………………………………………………………… 171
　　第三方物流模拟软件的应用…………………………………………………… 171
　知识技能应用……………………………………………………………………… 172

项目七　供应链管理……………………………………………………………… 175

　知识准备…………………………………………………………………………… 176
　　一、供应链概述………………………………………………………………… 176
　　二、供应链管理概述…………………………………………………………… 180
　工作任务…………………………………………………………………………… 183
　　一、消除供应链长鞭效应……………………………………………………… 183
　　二、供应链的设计与优化……………………………………………………… 185
　　三、评估供应链绩效…………………………………………………………… 187
　实践应用…………………………………………………………………………… 191
　　一、QR 供应链管理在电商企业中的应用…………………………………… 191
　　二、ECR 供应链管理在电商企业中的应用…………………………………… 195
　　三、ECR 与 QR 的比较………………………………………………………… 199
　知识技能应用……………………………………………………………………… 200

项目八　物流成本管理…………………………………………………………… 203

　知识准备…………………………………………………………………………… 203
　　一、物流成本的概念…………………………………………………………… 203
　　二、物流成本的构成…………………………………………………………… 204
　　三、物流成本的分类…………………………………………………………… 206

四、物流成本管理概述 …………………………………………………………… 208
　工作任务 …………………………………………………………………………… 210
　　一、物流成本核算 ………………………………………………………………… 210
　　二、ABC作业成本法的应用 ……………………………………………………… 214
　实践应用 …………………………………………………………………………… 219
　　一、标准成本法在物流成本控制中的应用 ……………………………………… 219
　　二、本量利分析法在物流成本控制中的应用 …………………………………… 222
　知识技能应用 ……………………………………………………………………… 224

项目九　跨境电商物流管理 ………………………………………………………… 226
　知识准备 …………………………………………………………………………… 227
　　一、跨境电商物流概述 …………………………………………………………… 227
　　二、跨境电商物流系统 …………………………………………………………… 228
　　三、跨境电商物流发展面临的问题及趋势 ……………………………………… 230
　工作任务 …………………………………………………………………………… 234
　　一、跨境电商出口物流 …………………………………………………………… 234
　　二、跨境电商进口物流 …………………………………………………………… 239
　实践应用 …………………………………………………………………………… 243
　　一、邮政e邮宝线上发货 ………………………………………………………… 243
　　二、速卖通平台线上发货 ………………………………………………………… 244
　知识技能应用 ……………………………………………………………………… 246

参考文献 …………………………………………………………………………………… 248

项目一

认知物流世界

【项目导入】

身边的物流现象

物流与人们的生活息息相关,现代物流的发展不仅显著提高了人们的生活质量,也引领了新的生活方式。配送制将以往的取货模式转变为送货模式,使快递业为人们提供了更快捷更灵活的物品获取方式;流通加工业将商品进行初级加工,满足了现代快节奏和多样化生活的需求;冷链物流保证了物品的鲜活度,提高了人们的生活质量。人们在频繁使用快递物流、同城配送等物流业务的过程中,普遍形成一种认知,认为物流等同于运输、快递,从事物流行业就是跑运输、送快递。这种观点正确吗?什么是物流呢?

【知识能力要求】

1. 掌握物流的概念与功能。
2. 了解物流的分类。
3. 了解物流的产生历程与发展趋势。
4. 了解物流的理论与学说。
5. 了解物流人才需求与职业能力要求。
6. 掌握物流运作模式的类型及优缺点。
7. 识别物流作业流程。

【职业素养要求】

1. 培养劳模精神与劳动精神。
2. 树立物流职业自信和职业认同感。
3. 培养社会主义核心价值观。

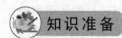

知识准备

一、物流认知

(一)物流的概念

1. 物流的定义

为了适应物流发展的需要,中华人民共和国国家标准《物流术语》

微课:物流的概念与内涵

(GB/T 18354—2021)于2021年8月正式颁布,自2021年12月1日起实施,代替《物流术语》(GB/T 18354—2006)。该标准对物流概念做出如下描述:物流(logistics)是指根据实际需要,将运输、储存、装卸、搬运、包装、流通加工、配送、信息处理等基本功能实施有机结合,使物品从供应地向接收地进行实体流动的过程。

物流的内涵包括以下方面。

(1) 物流活动中涉及的物品可以包括原材料、半成品、产成品、回收品及废弃物等,但物品产生实体流动的前提是满足经济与社会活动需要。

(2) 现代物流过程主要关注物品的流动属性与物品的时空变换,并不涉及物品所有权的流转,计量物品价值、实现物品所有权的转移必须依靠商流活动,商流、物流、信息流、资金流一起构成现代流通活动。商流与物流之间既相互依存、相互联系又相互独立。商流是物流的前提,物流是商流的保证。

(3) 物流中的"流"是指物品的实体位移,包括短距离的搬运、长距离的运输、经济区域内的配送。

2. 物流的价值

1) 时间价值

物品从供应者到需要者之间有一段时间差,改变这一时间差所创造的价值是时间价值。时间价值通过物流活动获得的形式有以下三种。

(1) 缩短时间差创造价值。物流着重研究的一个课题是如何采取技术、管理、系统的方法来有效缩短物流的宏观时间和微观时间,从而取得较高的时间价值。

(2) 弥补时间差创造价值。在经济社会中,需求和供应之间普遍存在时间差,物流以科学的、系统的方法弥补和改变了这种时间差,以创造价值。

(3) 延长时间差创造价值。在某些具体的物流活动中,存在人为延长物流时间来创造价值的现象。例如,配合待机销售的物流便是有意识地延长物流时间,通过利用或创造时间差来创造价值。

2) 空间价值

物品从供应者到需求者之间存在空间差,改变这一空间差创造的价值叫作空间价值。物流创造空间价值是由现代社会的产业结构和社会分工决定的。商品在不同地理位置有不同的价值。通过物流将商品由低价值区转到高价值区可获得价值差,即空间价值。空间价值有以下三种形式:①从集中生产场所流入分散需求场所创造价值;②从分散生产场所流入集中需求场所创造价值;③从甲地生产场所流入乙地需求场所创造价值。

3) 第三利润源

从历史发展来看,曾经有两个大量提供利润的领域:一是资源领域,二是人力领域。资源领域起初是掠夺或获得廉价原材料、燃料,然后是依靠科技进步、节约资源所获得的高额利润,习惯称之为"第一利润源"。人力领域最初是廉价劳动,然后是依靠科技进步提高劳动生产率从而获得高额利润,习惯称之为"第二利润源"。在这两个利润源潜力越来越小、利润开拓越来越困难的情况下,物流领域的潜力被人们所重视,这被称为"第三利润源"。通过物流的合理化降低物流成本,获得利润,已经成为企业提高竞争力的重要策略。

"第三利润源"理论的前提基于以下两个条件:①物流是一个完全从流通中分化出来的独立运行的系统,它有自身的目标和管理,因而能对其进行独立的、总体的判断;②物流和其他独立的经营活动一样,它不是总体的成本构成因素,而是单独的盈利因素,物流可以成为利润中心型的独立系统。

（二）物流的功能

1. 运输

运输是指运用设备和工具,将物品从一个地点向另一个地点运送的物流活动。物流部门通过运输来跨越生产地与需求地之间的空间距离,创造商品的空间效用。运输是物流活动的核心环节之一,是物流最重要的一个功能。由于运输活动时间长、距离远、能源消耗多,其成本在物流总成本中的占比通常高达50%以上,因此合理控制运输成本对降低物流成本意义重大。随着市场经济的发展,物流需求的高度化、多品种、小批量特征日趋明显,因此,对运输的质量要求也越来越高。合理组织商品运输是保证高质量物流服务的关键,运输合理化应该贯彻"及时、准确、经济、安全"的原则。

微课：物流的分类与功能

2. 储存

储存活动也称为保管活动,是对物品进行保存及对其数量、质量进行管理控制的活动。储存是为了克服生产和消费的时间差而形成的,在物流中起到缓冲、调节供给和需求及平衡价格的作用。商品通过储存产生了时间效用。储存活动是物流的核心,与运输一同构成物流活动的两大支柱。合理的商品储存应以物流系统整体合理化为目标,在充分考虑费用与服务效益背反的基础上,积极地为企业生产和经营活动服务。商品储存合理化要求合理确定仓库的库存量,建立各种物资的保管制度,确定保管流程,改进保管设施和保管技术等。

3. 装卸搬运

装卸搬运是指在同一地域范围内进行的、以改变物品的存放状态和空间位置为主要内容和目的的活动,包括装上、卸下、移送、拣选、分类、堆垛、入库、出库等活动。对装卸搬运的管理包括选择适当的装卸方式、合理配置和使用装卸机具、减少装卸搬运事故和损失等内容。装卸搬运在物流活动中起承上启下的连接作用,是提高物流系统效率的关键。在物流成本中,装卸搬运费用所占的比重较大,装卸搬运合理化对于物流整体的合理化至关重要。

4. 包装

包装是指在流通中为了保护商品、方便储运、促进销售,按照一定技术方法而采用的容器、材料及辅助物的总称。包装被称为生产的终点、物流的起点,是保证物流活动顺利进行的重要条件。包装大致可分为商业包装与工业包装。工业包装(也称运输包装)属于物流范围,其目的是便于物资的运输和保管,提高装卸效率和装载率;商业包装是把商品分装成方便顾客购买和易于消费的商品单位,其目的是向消费者显示品质内容并方便消费者购买。包装与物流的其他功能有紧密的联系,对于推动物流合理化有着重要作用。包装合理化主要以包装尺寸标准化、包装作业机械化、包装成本低廉化、包装单位大型化、包装材料节省资源化为标志。

微课：包装在现代物流中的作用

微课：运输包装

微课：销售包装

5. 流通加工

流通加工是物品从生产地到使用地过程中,根据需要进行包装、分割、计量、分拣、贴标志、拴标签、组装等简单作业活动的总称。流通加工可以满足客户差异化、个性化的需求，创造商品的附加价值。流通加工是提高物流效率和物品利用率的重要手段。流通加工是一种创造新的使用价值的活动，是为了促进销售、维护产品质量、实现物流的高效率而设置的。合理的流通加工可以弥补生产过程中加工程度的不足，促进物流的效率化，方便流通，有效满足消费者和企业的需要，实现物流的增值。

6. 配送

配送是指在经济合理区域范围内，根据用户要求，对物品进行拣选、加工、包装、分割、组配等作业，并按时送达指定地点的物流活动。配送是处于物流过程末端的短距离、小吨位的物流活动。配送完善和优化了运输及整个物流系统，提高了末端物流的经济效益，提高了客户的满意度。配送功能是物流系统中由运输派生出的功能，直接面向并靠近用户，体现了物流的最终效应，满足用户的各种需要。因此，物流成果主要通过配送来实现。通过合理化的配送管理，可以促进物资流通的社会化、改善生产制造企业的外部环境、提高物品供应的保障程度、改善支线输送条件，与运输互为补充。

7. 信息处理

物流信息是指与上述各项活动有关的计划、预测及采购、生产、市场、成本等方面的信息，是反映物流各种活动内容的知识、资料、图像、数据、文件的总称。物流信息是物流企业提高管理工作效率，降低企业成本的重要保障。物流信息已经成为物流现代化最重要的标志。物流各项活动的开展，离不开物流信息的支持。物流信息在物流活动中起着神经中枢的作用，通过对物流信息的收集与处理，物流活动得以高效、顺利地进行。在国际化、快速化的经营环境下，企业如果没有良好高效的信息系统，将寸步难行。

（三）物流的分类

社会经济领域中的物流活动无处不在，它们由于物流对象、作用、范围和性质的不同而形成了不同类型的物流。可以从物流研究的经济对象、物流活动在经营活动中的作用、物流服务的对象、物流活动的空间范围及物流系统的性质等角度对物流进行分类。

1. 按照物流研究的经济对象分类

（1）宏观物流。宏观物流是指从社会再生产总体角度认识和研究的物流活动，它涵盖了社会再生产总体中的各项物流活动。这种物流活动的参与者是构成社会总体的大产业、大集团。宏观物流还可以从空间范畴来理解，具有很大空间范畴的物流活动往往带有宏观性。宏观物流也指物流全体，是从整体看物流，而不是从某个环节来看物流。因此，在物流活动中，社会物流、国民经济物流、国际物流应属于宏观物流。宏观物流研究的主要特点是综合性和全局性。宏观物流主要研究的内容是物流总体的构成，物流与社会的关系及其在社会中的地位，物流与经济发展的关系，社会物流系统和国际物流系统的建立和运作等。

（2）微观物流。消费者、生产企业所从事的实际的、具体的物流活动均属于微观物流。在整个物流活动中的一个局部、一个环节的具体物流活动也属于微观物流，在一个小地域空间发生的具体的物流活动，针对某一种具体物品所进行的物流活动，如企业物流、生产物流、供应物流、销售物流、回收物流、废弃物物流、生活物流等均属于微观物流。微观物流研究的特点是具体性和局部性。由此可见，微观物流是更贴近具体企业的物流。

2. 按照物流活动在经营活动中的作用分类

（1）供应物流。在为生产企业提供原材料、零部件或其他物品时，物品在提供者与需求者之间的实体流动称为供应物流,也就是物资生产者、持有者与使用者之间的物流。对于工厂而言,供应物流是指生产活动所需要的原材料、零部件等物资的采购、供应活动所产生的物流;对于流通领域而言,供应物流是指交易活动中,从买方角度出发的交易行为中所发生的物流。供应物流的严格管理及合理化对于企业的成本有重要影响。

(2)生产物流。生产过程中,原材料、在制品、半成品、产成品等在企业内部的实体流动称为生产物流。生产物流是制造企业特有的,并与生产流程同步。原材料、半成品等按照工艺流程在各个加工点之间不停顿地移动、流转形成了生产物流。生产物流合理化对工厂的生产秩序、生产成本有很大影响。生产物流均衡稳定,可以保证在制品的顺畅流转,缩短生产周期,压缩库存,降低生产成本。

(3)销售物流。生产、流通企业在出售商品时,物品从生产者或持有者转移至用户的物流活动称为销售物流。销售物流是商品经过运输、储存、装卸搬运,或加上包装、拣选、配送、销售,到达顾客手中的流动过程。通过销售物流,企业得以回收资金,并进行再生产活动。销售物流的好坏关系到企业的存在价值是否被社会承认。销售物流的成本在产品及商品的最终价格中占有一定比例。因此,在市场经济中,为了增强企业的竞争力,实现销售物流合理化是提高企业竞争力的重要手段。

(4)回收物流。不合格物品的返修、退货及周转使用的包装容器等,从需方返回到供方的物品实体流动过程称为回收物流。在生产及流通活动中,有些资源是要回收并加以利用的,例如,作为包装容器的纸箱、塑料筐、酒瓶等;有些可用杂物需要回收分类和再加工,例如,旧报纸、书籍通过回收、分类可以再制成可利用的纸浆;金属废弃物由于具有良好的再生性,也可以回收并重新熔炼成有用的原材料。由于回收物资品种繁多,流通渠道复杂多变,因此其管理和控制的难度大。

微课:回收物流

(5)废弃物物流。将经济活动中失去原有使用价值的物品,根据实际需要进行收集、分类、加工、包装、搬运、存储等,并分送到专门处理场所形成的物品实体流动叫废弃物物流。在生产和流通系统中所产生的无用的废弃物,如开采矿山时产生的土石、炼钢产生的钢渣和工业废水,以及其他一些无机垃圾等,如果不妥善处理,不但没有再利用的价值,还会造成环境污染,如就地堆放还会占用生产用地以致妨碍生产。而对这类物资的处理过程产生了

微课:废弃物物流

废弃物物流。废弃物物流没有经济效益,但具有不可忽视的社会效益。为了减少资金消耗,提高效率,更好地保障生活和生产的正常秩序,综合利用废弃物十分必要。

3. 按照物流服务的对象分类

(1)一般物流。一般物流是指服务对象具有普遍性,且物流运作具有共同性和一般性特点的物流活动。它研究的着眼点在于物流的一般规律,具有普遍的适用性。

(2)特殊物流。特殊物流是相对一般物流而言的,指在专业范围、专业领域、特殊行业开展的具有自身特点的物流活动。它的任务是研究特定物流的特殊规律,以取得更高的社会效益和经济效益。例如,危险品物流、燃料物流、城市环境物流、建筑业循环物流、自然灾害应急物流、化学品物流、汽车物流等都属于特殊物流。

4. 按照物流活动的空间范围分类

(1)国际物流。跨越不同国家(地区)之间的物流活动。当前,随着国际贸易范围不断扩大,许多国家之间的经济交流越来越频繁,任何国家如果不参与国际经济大协作,其经济和技

术将受到制约。另外,跨国公司不断在世界各地投资,其经济活动遍布全球,国家之间、洲际之间的原材料与产品的流通越来越发达。因此,国际物流的研究已成为物流研究的一个重要分支。

(2) 国内物流。国家或相当于国家的实体,是拥有自己的领土和领空的政治经济实体。其制订的各项计划、法令政策都应该是为自身的整体利益服务的。物流作为国民经济的一个重要方面,应该纳入国家的总体规划中。我国的物流事业是社会主义现代化事业的重要组成部分,全国物流系统的发展必须从全局着眼,对部门分割、地区分割造成的物流障碍必须加以清除。在物流系统的建设投资方面也要从全局考虑,发挥政府的作用,保障大型物流项目尽早建成,为社会经济发展服务。

(3) 地区物流。地区物流有不同的划分原则:按行政区域划分,如江西地区、广东地区等;按经济圈划分,如北部沿海综合经济区、东部沿海综合经济区;按地理位置划分,如粤港澳大湾区、长三角地区等。地区物流系统对于提高该地区企业物流活动的效率,以及保障当地居民的生活福利环境,具有一定的作用。研究地区物流应根据地区的特点,从本地区的利益出发来组织物流活动。例如,某城市建设一个大型物流中心,这显然对于当地提高物流效率、降低物流成本、稳定物价有很大的作用。但是,供应点集中、货车来往频繁会产生一系列不良影响,如产生废气和噪声、交通事故多发等。因此,物流中心的建设不单是物流问题,还要从城市建设规划、地区开发计划出发,进行统一考虑和妥善安排。

5. 按照物流系统的性质分类

(1) 社会物流。企业外部的物流活动总称为社会物流。社会物流一般指流通领域所发生的物流,是全社会物流的整体,有人称之为大物流或宏观物流。社会物流的一个标志是它是伴随商业活动(贸易)发生的。也就是说,物流过程和所有权的更迭是相关的。就物流科学的整体而言,可以认为物流科学的主要研究对象是社会物流。社会物资流通网络是国民经济的命脉,流通网络分布合理、渠道畅通对其至关重要。必须进行科学管理和有效控制,采用先进的技术手段,高效率、低成本运行,才能带来巨大的经济效益和社会效益。物流科学对国民经济的重大影响是物流科学受到高度重视的主要原因。

(2) 行业物流。同一行业中的企业是市场上的竞争对手,但是在物流领域中它们常常互相协作,共同促进行业物流系统合理化。例如,各种运输手段的有效利用;建设共同的零部件仓库,实行共同配送;建立新旧设备及零部件的共同流通中心;建立技术中心,共同培训操作人员和维修人员;统一建设机械的规格等。又如,统一大量消费品的商品规格,统一法规政策,统一托盘规格、陈列柜和包装模数化等。行业物流系统化的结果使参与的各个企业都得到相应的利益。因此,各个行业的协会或学会应该把行业物流作为主要的研究课题之一。

(3) 企业物流。在企业经营范围内由采购、生产、销售或服务活动所形成的物流系统称为企业物流。企业是为社会提供产品或某些服务的一个经济实体。例如,一个工厂要购进原材料,经过若干道工序的加工,制成产品并销售出去;一个运输公司要按客户要求将货物输送到指定地点。

6. 其他物流

除了上述物流分类外,还有其他物流,如绿色物流、冷链物流、特殊物流、定制物流、虚拟物流等。

(1) 绿色物流是指在物流过程中抑制物流对环境造成危害的同时,实现对物流环境的净化,使物流资源得到最充分的利用。

(2) 冷链物流是指冷藏冷冻类食品在生产、贮藏、运输、销售到消费前的各个环节中始终处于规定的低温环境下,以保证食品质量,减少食品损耗的一项系统工程。

(3) 特殊物流是指专门范围、专门领域、特殊行业,在遵循一般物流规律的基础上,带有特殊制约因素、特殊应用领域、特殊管理方式、特殊劳动对象、特殊机械装备等特点的物流。例如,水泥物流、石油及油品物流、煤炭物流、腐蚀化学物品物流、危险品物流、军事物流、废弃物物流、加工物流等。

(4) 定制物流是指根据用户的个性化要求而为其专门设计的物流服务模式。

(5) 虚拟物流是指以计算机网络技术进行物流运作与管理,从而实现企业间物流资源共享和优化配置的物流方式。

综上,可以从不同的角度对物流进行分类,进而研究不同类型物流活动的规律,从而为不同类型物流的合理化奠定基础。

二、物流的产生与发展

(一) 物流的产生

人类社会自出现商品交换就伴随着物流活动,物流的产生和发展都是社会进步的体现。物流科学作为一门新兴的学科,是在世界经济进入大量生产、大量销售时期后,为解决流通成本上升的问题,在第二次世界大战后期军事后勤保障研究的基础上形成的。从 20 世纪 50 年代至今,物流的发展经历了多次变革,有了很大发展。由于各国的社会经济环境不同,因此各国的物流发展进程也有所差异。美国作为物流的先驱,是目前物流管理研究和实践较先进、较发达的国家。以美国为例,将现代物流的发展过程分为以下三个阶段。

微课:物流的起源与发展

1. 实物配送阶段

实物配送(physical distribution,PD)阶段即以 PD 命名物流科学的阶段。它是指从第二次世界大战后到 20 世纪 70 年代,以实物配送理论与实践的发展为特征的时期。在实物配送阶段,人们研究的对象主要是狭义的物流,是以分销过程为主,与商品销售有关的活动,即产品从制造商成品库到用户这一阶段。而企业内部物流被称为物料管理(material management,MM),并不包含在实物配送管理之中。此时,美国物流管理协会被称为 National Council of Physical Distribution Management,简称 NCPDM。因此,在该阶段,物流的概念通常与实物配送紧密相关,物流管理被称为实物配送管理(physical distribution management,PDM)。

第二次世界大战后,各国经济发生了巨大的变化,工业化进程加快,使得大批量生产和销售得以实现。在某些工业化国家如美国,长期受到消费遏制的顾客对产品的需求突然得到了释放。制造商的大量生产与消费者的饥渴消费,带来了经济的快速增长,那时市场需求旺盛,但产品品种单一。绝大多数企业采取扩大生产规模、增加销售渠道的办法,来达到满足市场需求的目的。工厂批量生产的能力和销售能力都大幅超过批量配送的能力。经常出现无法按时有效地交货及运输配送费用过高等问题。因此,如何通过管理实物配送活动以达到有效降低成本的目的,就成为当时企业管理的当务之急,引起了企业界、学术界乃至整个社会的重视。1962 年,美国著名管理学家彼得·德鲁克在《财富》发表文章,指出物流"是一块经济的黑大陆",是企业重要的利润源泉,这对物流的研究产生了巨大的推动作用。1963 年,美国成立美国物流管理协会,这是世界上第一个物流专业人员的组织。这在一定程度上标志着物流无论是作为一门学科还是一种职业,已从市场营销中分离出来,获得了独立的地位,标志着社会对物流科学的认可与重视。

2. 综合物流阶段

综合物流(integrated logistics,IL)阶段即以 Logistics 命名物流科学的阶段。它是指从 20 世纪 70 年代后期至 80 年代末,以综合物流的形成为标志的阶段。在综合物流阶段,人们从注重物品实体配送活动的成本,转向以服务为核心;从过去对单一物流活动的研究,发展到注重物流相关环节的系统研究。企业界和学术界越来越认识到物流系统合理化研究与实施的范围不应该局限于配送领域,必须扩大到供应、生产和流通的全过程,即必须将实物配送与物料管理结合起来管理,这样能够显著提高物流的效率与效果。物流系统优化的目标既要考虑降低成本,又要考虑提高服务水平,而且服务的重要性更胜一筹。1985 年,美国物流管理协会的名称由 National Council of Physical Distribution Management 改为 National Council of Logistics Management,标志着综合物流观念的确立。这一阶段的物流管理被称为综合物流管理(integrated logistics management,ILM)。

进入 20 世纪 80 年代后,世界经济开始进入个性化消费时代,企业生产方式由单品种大批量生产向小批量多品种转变,服务的观念深入人心。同时环境、制度、技术等一系列变化,使企业将各种物流功能结合起来成为可能。首先,跨国公司的兴起导致全球性竞争加剧,使企业采用新的物流管理技术、改进物流系统、提高服务水平成为必要。其次,20 世纪 70 年代后,美国首先实行运输自由化,放松了对运输业的管制,承运人和货主能自由定价,服务的地理范围扩大了,承运人和货主之间建立了紧密与长期的合作关系,增加了企业系统分析物流过程、降低物流成本和改进服务的可能。最后,一些先进的管理技术和理念,如 MRP、MRP Ⅱ、DRP、DRP Ⅱ、TQM、JIT 的产生及在物流管理中的应用,使人们认识到需要从生产、流通、消费的全过程把握物流管理,而信息技术的发展为物流的一体化管理提供了物质基础和技术手段。因此,用流通领域的实物配送来描述物流,无论是从范围还是内容上都已不能适应时代的发展。作为军队后勤保障系统用语的 Logistics,逐渐取代 Physical Distribution,成为物流科学的代名词,这是物流科学走向成熟的标志。

3. 供应链管理阶段

供应链管理(supply chain management,SCM)阶段是指 20 世纪 80 年代至今,以供应链的产生为标志的阶段。综合物流阶段的一体化管理只限于企业内部,受企业内部资源和活动范围的限制。而供应链一体化是超越企业边界的外部一体化,覆盖从原材料到制造商、分销商、零售商、顾客的全过程。在供应链管理阶段,人们进一步认识到在新经济环境中物流的作用还应继续发展扩大,把物流与供应链联系在一起使物流研究范围的内涵和外延实现了飞跃。供应链管理以信息为核心,强调供应链成员间的合作伙伴关系,使供应链成员由综合物流阶段的竞争关系转变为合作关系,强调供应链整体绩效与市场竞争力,以期实现供应链上合作伙伴双赢的共同目标。1998 年,美国物流管理协会修改了 Logistics 的定义,即 Logistics 是供应链流程的一部分,是为了满足客户需求而对商品、服务及相关信息从原产地到消费地的高效率、高效益的正向和反向流动及存储进行的计划、实施与控制过程。2000 年,美国物流管理协会更名为美国供应链管理协会。

供应链是指围绕核心企业,通过对信息流、物流和资金流的控制,将产品生产和流通中涉及的原材料供应商、生产商、分销商、零售商及最终消费者连成一体的功能网链结构模式。20 世纪 80 年代进入信息技术时代之后,互联网技术为供应链管理取得成功提供了有力的支持。在供应链整合中,物流和资金流、信息流一起成为供应链的组成部分,物流起着主导作用。物流系统的范围进一步扩大,其覆盖面不仅贯穿于一个企业的供应、生产和销售过程,而且覆盖供应链的上、下游企业。

(二)我国物流概念的产生

我国引入现代物流大致是从20世纪80年代开始的,现代物流在我国的产生和发展大致经历了以下四个阶段。

1. 20世纪80年代以前的空白期

在这个时期,我国尚未引入物流概念,只有流通业、运输业和邮政业等与物流密切相关的行业。

2. 20世纪80年代初期到90年代初期的引入期

在这个时期,我国引入了"物流"的概念。我国物流概念主要通过两条途径引入:一是20世纪80年代初随着市场营销理念从欧美传入,即physical distribution(PD),译为"实体分配"或"实物流通";二是physical distribution从欧美传入日本,日本人将其译为日文"物流",20世纪80年代初,我国从日本直接引入"物流"这一概念。

在物流概念引入之前,我国虽然没有"物流"一词,但是类似"物流"的行业是客观存在的。事实上,我国的"储运"与国外的"物流"十分相似。在这个时期,我国经济实现了从计划经济向市场经济的转变,产品和服务逐渐产业化和市场化,市场竞争日益激烈,各类企业都意识到现代物流的重要作用,但是当时还没有物流运作中心和现代物流企业。

3. 20世纪90年代中期到90年代末期的发展期

发达国家的跨国公司开始全面进入我国市场,制造业开始本地化,跨国公司传播了物流理念。与此同时,物流市场开始开放,一批"三资"物流企业产生,传统的储运企业开始向综合物流企业发展,产生了一批民族物流企业。从某种意义上说,跨国公司带动了物流需求增加,促进了我国物流市场的形成。

4. 20世纪末到21世纪初的全面发展期

政治、经济、技术和管理因素的综合影响,极大地促进了跨国物流事业的全面发展,我国物流真正进入全面发展时期。

(三)现代物流的发展趋势

进入21世纪以来,全球经济一体化趋势加快。物流是一门不断发展的应用科学,它将随着社会经济的发展继续发展,并迎来空前的发展机遇,现代物流业发展呈现出新态势。

根据国内外物流的发展情况,21世纪物流的发展趋势可以归纳为标准化、信息化、自动化、智能化、系统化、网络化、柔性化、精益化、产业细分化、社会化及绿色物流等发展趋势。物流的标准化、信息化、自动化、智能化代表了物流的技术发展趋势,物流系统化、网络化、柔性化、精益化、产业细分化、社会化代表了物流管理和运作模式的发展趋势,绿色物流是实现可持续发展的必由之路。

《智慧物流服务指南》节选

1. 现代物流向系统化发展

以往的传统物流是指产品出厂后的包装、运输、装卸和仓储活动等。而现代物流的特点表现为系统化,它与包装、装卸、存储、配送、流通加工、物流信息处理等综合地、有机地结合在一起,作为一个系统来管理。这种系统化概念使社会物流与企业物流有机地结合在一起,从采购物流开始,经过生产物流,再进入销售物流,最后还要考虑回收物物流和废弃物物流,从而形成良性的系统化物流循环。物流的系统化可以显著节约流通费用,提高流通的效率与效益。

2. 现代物流向标准化发展

随着信息技术的快速发展,国际物流业进入快速发展阶段。物流系统的标准化和规范化已经成为发达国家提高物流运作效率和效益及竞争力的必备手段。随着物流科学的发展,物流的标准化将在世界范围内获得越来越广的普及,最终实现标准化的统一。以系统为出发点,研究各分系统与分领域中的技术标准与工作标准的配合性,按照配合性要求统一物流系统的标准,最终实现物流大系统的效率化,取得最佳的经济效益。

微课:物流标准化的定义与特点

3. 现代物流向信息化发展

物流的信息化是社会信息化的重要组成部分,现代物流借助信息系统,使商品与生产要素在全球范围内快速、方便、准确地流动。EDI 技术与国际互联网的应用,使物流效率的提高更多地取决于信息管理技术;电子计算机的普及和条形码技术的普遍应用则提供了更多的需求和库存信息,提高了信息管理科学的水平及整个物流系统的经济效益。随着信息技术的进一步发展,信息技术在物流领域的应用将更加广泛,物流信息化程度进一步提高,信息化已经成为物流现代化最重要的标志。

4. 现代物流向智能化发展

智能化是物流自动化、信息化的高层次应用。物流过程中大量的运筹和决策,如系统的优化分析、大量复杂数据的计算、配送中心经营管理的决策、最合理运输路线的选择、最佳车辆的调度、最优库存的控制等,都需要借助智能化的专家系统才能解决。专家系统、智能机器人等技术已开始应用于物流作业与物流管理领域,物流智能化成为新经济时代物流发展的新趋势。

5. 现代物流向网络化发展

(1) 物流系统网络化。物流要实现合理流动,需要一个由车站、码头、仓库、配送中心、加工中心等物流节点组成的网络。因此,这些物流设施的建设(规模、地理分布等)既要符合分散化原则(接近顾客),又要符合集约化原则(达到规模经济的要求),才能实现效益的最大化。

(2) 信息技术网络化。信息技术网络化主要指使物流配送中心与供应商、制造商及下游顾客之间的联系实现计算机网络化,从而实现信息网络化。网络化提高了信息化的层次,Intranet(内联网)使信息化从一个部门提升到整个企业,Extranet(外联网)使信息化从一个企业提升到整个供应链合作企业,Internet(互联网)使社会信息化成为可能。只有借助于信息网络,一体化物流及供应链管理才成为可能。

(3) 组织网络化。组织网络化主要包括企业内部组织的网络化和企业之间的网络化。随着全球化市场竞争的加剧,为了提高核心竞争力,越来越多的企业把自身经营活动中非核心的业务环节由过去的自制转向外包,经营模式由纵向一体化向横向一体化转变。为了满足这种经营模式转变的需要,企业的组织结构也发生了相应的变化,把原来基于专业化分工的物流组织,按顾客导向重新设计业务流程,并建立一个扁平化的、富有弹性的新型组织,同时与供应链上、下游企业建立虚拟化的组织,以适应现代物流的组织网络化趋势。

6. 现代物流向柔性化发展

柔性化是为实现以客户为中心的经营理念而在生产领域中提出来的概念。在过去以生产为中心,实行库存式生产(make-to-stock)的经营环境下,生产领域的表现是少品种、大批量生产。物流模式是"推式"的,即由企业生产部门完成生产后,将产品存入仓库,再由销售部门推销给消费者。这个物流过程并不考虑消费者的需求。柔性化的物流是适应当今消费者个性化需求的趋势而发展起来的新型物流模式。在这种物流模式下,企业首先关注的是客户的需求,生产的目的是满足消费者的需求,为订单而生产(make-to-order)。促使企业生产活动开展的动力由消费者的需求拉动,生产活动需要适应消费需求的多样化,实现多品种、小批量、多批次、短周期的生产模式。

7. 现代物流向精益化发展

精益物流是精益思想在物流领域的应用,其以客户需求为中心,由客户驱动价值,根据不间断、不迂回、不倒流、不等待的原则,通过对价值链中产品的设计、制造和订货等环节进行分析,及时消除生产及一切物流活动中的非增值的浪费环节,提高客户满意度。物流精益化是对粗放式物流的摒弃,是物流企业实现低成本、高服务水平目标的有效管理模式。

8. 现代物流向社会化发展

随着市场经济和社会化的发展,一方面,专业化分工越来越细;另一方面,各专业之间的合作越来越密切。生产企业与零售行业所需的原材料、中间产品、最终产品大部分由不同的物流中心、批发中心与配送中心提供,以实现少库存和零库存。正是由于社会分工的专业化,才导致第三方物流的出现。现代物流的社会化趋势是社会经济活动发展的必然结果。随着世界经济与物流科学的发展,完善和发展第三方物流是流通社会化的必然趋势。

9. 现代物流向国际化发展

国际化物流随着国际贸易和跨国经营的发展而不断发展。国际电子商务的飞速发展进一步推动了物流的国际化趋势。依照国际惯例和分工协作的原则,利用国际化物流网络、物流设施和物流技术,实现货物在国际上的快速流动和交换,促进全球资源的优化配置和合理利用,推动区域经济的协调发展,已成为当今世界经济发展不可逆转的趋势。

10. 现代物流向绿色化发展

当前我国的物流基本还是"高投入大物流,低投入小物流"的运作模式,而绿色物流强调的是"低投入大物流"。绿色物流从保护环境的角度对物流体系进行改进,将有效利用资源和保护地球环境放在发展的首位,建立全新的从生产到废弃全过程效率化、信息流与物质流循环化的绿色物流系统,是企业降低资源和能源消耗、减少污染、提高竞争优势的一项具有长远利益的"战略武器",这代表了现代物流管理的发展趋势,是实现可持续发展的重要措施。

三、现代物流理论与学说

(一)商流与物流理论

商品从生产领域到消费领域的转移过程称为商品流通。在这个过程中,有商流和物流两方面的活动。一方面是商品价值的转移,即商品所有权的转移;另一方面是商品使用价值的转移,即商品的实体转移。前者称为商流,后者称为物流。商流和物流的统一构成了商品流通。

1. 商流的概念和内容

1)商流的概念

商流即商业流通,是指以货币为媒介的所有权转移的商品交换。商品生产和商品交换是商业存在的客观基础。生产者生产的商品必须投放到市场进行交换,才能获得利润,这种商品交换使其所有权发生了转移。消费者为了满足自身的某种需要,到商店购买某种商品,这种买卖关系使商品从商店转移到消费者手中。商品所有权的转移使商品在空间和时间上发生了转移,形成商品流通。商品交换是商品流通的外在表现,商品所有权转移是商品流通的实质。

一般来说,商品只有离开生产领域,走进市场再到达消费者手中,商品交换才真正完成。在商品交换过程中,生产者注重商品的价值,消费者注重商品的使用价值,只有经过商品交换,才能实现商品的价值和使用价值。

2)商流的内容

商流活动主要包含商业交易活动和商流情报活动两个方面。商业交易活动以批发、零售、期货、易货等交易形式完成其所有权的转移。围绕买卖活动而进行的订货、合同签订、交货安排、付款方式、采购销售、售后服务等,体现了现代商品交易活动的特征。商流情报活动是由服务商流活动的商流计划、市场调查、资源调查、市场预测,以及广告宣传、资料处理等多项工作组成的。

(1)商业交易活动。商业交易活动主要是指商品买卖活动。随着我国经济体制改革的进一步深化、对外开放、对内加快发展步伐,商品交易领域逐步扩大,商业交易活动充分地发挥了其沟通城乡、连接内外流通的中心作用。商业交易的方式主要有零售活动、批发活动、期货交易和易货交易。

① 零售活动主要是指将商品不成批地卖给消费者。这种交易不需要买卖双方预先订立合同,但往往需要通过商业广告使零售商品得到更多消费者的认可,以获得更多零售交换次数,同时还要考虑售后服务的问题。

② 批发活动是指商品成批出售,其价格低于零售价格。这种交易需要买卖双方预先订立合同或是预先订货洽商。批发对象主要是社会团体和单位。

③ 期货交易是指买卖成交后,约定期限交付货物。这种交易需要预先洽商,达成一致意见后签订买卖合同。期货交易不同于批发和零售等现货交易,有一个预约交货期的问题。在期货交易的买卖合同中,应注意付款方式、交货时间、交货地点等。

④ 易货交易是指以物换物的商业交易活动。这种交易的特点是参与交换的商品都为对方所需,在交易活动中不使用货币。在进行易货交易时,要明确商品的品种、规格和数量等。

(2)商流情报活动。商流情报活动是指收集商品信息的活动。商品信息对商品流通能起到推波助澜的作用,能够带动大量的商品流通。获取商品信息的途径有市场调查、市场预测、广告宣传和信息反馈。

① 市场调查是获取市场信息的重要手段,也是进行市场预测的前提条件。市场调查是指对市场营销组合中各因素(包括已经发生的和正在发生的)的公开的、秘密的原始资料进行收集、整理和分析,为商业企业提供商品流动趋向、市场竞争情况等方面的情报。市场调查不能脱离商品这个中心,通过市场上出售的各种商品来调查商业市场,可以说是以物为中心来研究商品在从生产者到消费者的流通过程中的各种情况。市场调查的方法有室内研究法、访问法、观察法、实验调查法等。

② 市场预测是运用科学的方法,在调查的基础上综合分析影响供求的诸多因素,以探索其变化趋势,从而为决策服务的活动。市场预测的内容包括社会购买力与商品供给量的平衡情况;商品的产、供、需情况和发展趋势;消费者对商品的品种、质量、型号、花色、价格、包装的需求和变化趋势等。

③ 广告宣传是商品经济的产物。它不仅介绍商品、方便消费,而且为物资交换、调剂余缺穿针引线。广告宣传的方式有报纸广告、杂志广告、广播广告、电视广告和其他媒体广告。

④ 通过信息反馈,人们能够更准确地了解市场商品流通的情况,进而更好地掌握市场竞争的主动权。

2. 商流与物流的关系

商流与物流是商品流通活动中不可分割的两个方面,它们在商品流通中既各自独立运行,又紧密协作配合。在商品流通过程中,商流与物流既相互依存、相互联系,又各自独立运作,各有各的职能。商流主导商品所有权的转移。没有商流,物流无从谈起;而没有物流,商流也无法实现。

1) 商流与物流的统一

商流与物流的统一是指商流活动与物流活动是同步进行的,所有权的转移与商品实体的移动是相继进行的,两者的流转环节相同。

在商品流通过程中的小额、零星的现金交易活动中,商流和物流始终结合在一起。商品被消费者购买后带走,就是商流与物流统一的表现。在零售企业内部的商品流转,如商品盘点,要做到账实相符。盘点者既要点实物,又要计金额,只有从两个方面加以控制,才能保证不出差错。这反映的是商流与物流的紧密结合。企业与外部发生联系的商品流转环节主要是商品的购进和销售,如果双方以现金、现货的方式进行交易,那么商流与物流也是紧密结合的。

2) 商流与物流的分离

随着商品经济的发展,虽然商流与物流结合在一起的情况依旧存在,但是,从现货管理和科学技术上考察商品流通的全过程,会发现物流如果和商流完全同步,则存在着一定的不合理性,因此,商物分离是必然存在的一种现实情况。商物分离是物流科学赖以生存的先决条件,所谓商物分离,是指商品流通由商业流通和实物流通两个部分构成,它们按照各自的规律和渠道独立运行。

商流与物流分离的根本原因是商流运动的基础(资金运动和实物运动)具有相对独立性。实物运动是通过资金运动来实现的,也就是说,资金运动是实物运动的前提,两者的运动渠道、运动形态不同。资金运动可以通过财政、信贷、价格、工资等形式移动,即可以通过邮局汇款、银行转账瞬间完成;而实物运动则受实物形态的限制,需要通过运输、储存等一系列漫长的过程来实现。

商物分离实际上是商品流通中专业分工与职能分工的产物,是通过这种分工实现大生产式的社会再生产的产物,这是物流科学中重要的新概念。人们正是在商物分离的基础上对物流进行独立的科学考察,进而形成物流科学。商流与物流分离的积极意义是充分利用资金运动和物品运动各自的规律性和有效性,进而推动商品流通向更现代化的方向发展。

(二) 物流的"黑大陆"说

管理学权威人士彼得·德鲁克认为,流通是经济领域里的"黑暗大陆"(也叫"黑大陆")。这是因为流通领域中物流活动的模糊性尤为突出。现在看来,"黑大陆"说主要是针对物流而言。"黑大陆"是指尚未认识、尚未了解。按照"黑大陆"说的观点,如果物流理论研究和实践探索能够照亮这块"黑大陆",那么,摆在人们面前的将不再是一片不毛之地,而是一片宝藏。"黑大陆"说既是对 20 世纪中期经济学界对物流认识愚昧的反对和批判,也是对物流的正确评价。它指出了在当时资本主义繁荣和发达的状况下,技术和经济依旧没有止境。同时,"黑大陆"说认为在物流这个领域未知的东西太多,但理论和实践都不成熟,这也意味着物流可以产生的利润空间极大。从某种意义上讲,"黑大陆"说是一种未知学的研究结论,也是战略分析的结果,带有哲学的抽象性。这一学说对研究物流这一领域起到了启迪和动员的作用。

(三) 物流的"冰山"说

物流的"冰山"说,是由日本早稻田大学西泽修教授提出的。西泽修教授在研究物流成本时发现,由于其分门别类设立账目,依靠当时的会计核算方法不可能掌握物流费用的实际情况。因此,人们对物流费用的了解是一片空白的,甚至有很大的虚假性。物流费用就像沉没在水面下的冰山一样,露出水面的仅是冰山的一小部分,而在水面下的是人们看不到的、具有巨大潜力的部分。西泽修教授用对物流成本的具体分析,论证了彼得·德鲁克的"黑大陆"说,说明物流领域有太多人们不清楚和未知的东西。"黑大陆"的未知区域和"冰山"的水下部分,正是物流需要开发的领域,也是物流的潜力所在和吸引人之处。

(四) 物流的"森林"说

物流的"森林"说是由美国学者提出的,该学说认为物流整体效应如同森林。物流过程包括一系列活动,如运输、储存、包装、配送、流通加工等。物流过程不是单纯地追求各项功能要素最优化,而是追求整体效果最优化。美国学者提出"物流是一片森林而非一棵棵树木",用森林的结构概念来表述物流的整体,指出物流是一种"结构",对物流的认识不能只见功能要素,不见结构要素,即不能只见"树木"不见"森林",物流的总体效果便是"森林"的效果。即使是和森林一样多的树木,如果孤立存在,没有连成片,也不是森林。例如,单搞运输、储存不能叫物流,将运输、储存等功能综合经营才能称为物流。在物流理论中,还有很多提法也体现了类似的观念,如物流系统论、多维结构论、物流一体化观念、综合物流观念和物流的供应链理论等。

(五) 物流的供应链理论

物流科学的形成为物流注入了系统的思想。系统是指同类或相关事物按一定的关系组成的整体。物流系统是指在一定的时间和空间里,由所需输送的物料和有关设备、输送工具、人员及通信联系等若干相互制约的动态要素构成的具有特定功能的有机整体。物流系统的成功要素是使物流系统整体优化及合理化,并服从或改善社会大系统的环境。供应链是指从采购开始,经过生产、分配、销售而形成的有一定流量的环环相扣的链。物流受供应链的制约,物流的供应链理论强调对物流链链节与接口的总体管理。现代管理和现代技术可以实现供应链整体信息共享,使管理者能从总体上管理整个供应链,而不是像过去那样只管理各个链节之间的接口或其中一部分。供应链管理实际上是把物流和企业的全部活动作为一个统一的过程来管理。

供应链管理有以下四个要点。

(1) 供应链是一个单项过程。供应链中各个环节不是彼此分割的,而是通过链的联系成为一个整体。

(2) 供应链管理是全过程战略管理。从整体来看,如果只依赖链的部分环节信息,就可能会由于部分环节信息的局限性或失真,而导致整体计划的失真。

(3) 把库存看成供应链的平衡机制。供应链的不同环节的库存观不同。在物流的供应链管理中,不是把库存作为维持生产和消费的措施,而是将其看成供应链的平衡机制。

(4) 采用控制论等管理新方法。供应链管理采取新的管理方法,例如,用整体综合方法代替接口的方法;通过解除最薄弱链寻求总体平衡;用简化供应链的方法防止信号的堆积放大;用经济控制论的方法实现控制等。

(六)物流的"第三利润源"说

"第三利润源"说主要来自日本,强调利润中心,即强调直接效益。这一说法是对物流潜力及效益的一种肯定性描述。人们对"黑大陆"的未知区域和"冰山"说中看不见的部分有了进一步的肯定性认识。这些说不清、看不见的部分并不是不毛之地,而是一片富饶之源,有很大的利润空间。这一点已被企业在石油危机的过渡和若干成功企业的经验中证实了。之所以称之为第三利润源,是根据时间先后顺序而言的。

第一利润源是利用资源获得利润。这里的资源起初是指廉价原材料、燃料,其后是指依靠科技进步、节约消耗、节约代用、综合利用、回收利用乃至大量人工合成资源而获得的高额利润。第二利润源是利用人力领域获得利润。这里的人力领域最初是指廉价劳动力,其后是指依靠科技进步提高生产率,降低人力消耗或采用机械化、自动化降低劳动消耗,从而降低成本,增加的利润。第三利润源是激发并利用劳动工具潜力、劳动对象和劳动者潜力获得的利润,即物流利润。随着经济的发展,第一利润源和第二利润源的潜力越来越小,利润开拓越来越困难,而物流领域的潜力日益为人们所重视。三者的差别在于注重的生产力要素不同,第一利润源的挖掘对象是生产力中的劳动对象;第二利润源的挖掘对象是生产力中的劳动者;第三利润源则主要挖掘生产力要素中劳动工具的潜力,同时挖掘劳动对象和劳动者的潜力,因而更具有全面性。

物流"第三利润源"理论的形成,基于以下两个前提条件。

(1)物流是可以完全从流通中分化出来独立运行的。它有本身的目标和管理,因此,能对其进行独立的总体判断。

(2)物流和其他独立的经营活动一样,不是总体成本构成因素,而是单独盈利因素,物流可以成为"利润中心"型的独立系统。

(七)物流"效益背反"说

物流"效益背反"说是指物流的若干功能要素之间,存在着损益的矛盾,即在某一功能要素的优化和利润产生的同时,必然会存在另一个或几个功能要素利益的损失;反之亦然。虽然在许多领域中,这种现象都存在,但是在物流领域中,这种现象尤为突出。

"效益背反"是物流领域中很普遍的现象,是这一领域中内部矛盾的反映和表现。例如,减少物流网络中仓库的数目并减少库存,必然会使库存补充变得频繁而增加运输次数;简化包装虽然可以降低包装成本,但由于包装强度降低,运输和装卸的破损率会增加,且在仓库堆码时不能堆放太高,否则会降低保管效率;将铁路运输改为航空运输,虽然增加了运费却提高了运输速度,不仅可以减少库存,还降低了库存费用。

在认识效益背反的规律之后,物流科学充分认识了物流要素的功能,人们寻求各种办法去解决和克服各功能要素之间的效益背反现象,不是片面追求某个功能要素的优化,而是追求物流的总体最优化。人们将物流细分为若干功能要素,将包装、运输、储存等功能有机地联系起来并作为一个整体来认识,进而有效地解决效益背反问题。追求物流整体效果最佳,正是物流领域的一个新发展趋势。

四、物流岗位能力和职业技能

（一）新时期我国现代物流产业的特点

2020年两会期间，习近平总书记发表重要讲话："逐步形成以国内大循环为主体、国内国际双循环相互促进的新发展格局。"《中共中央关于制定国民经济和社会发展第十四个五年规划和二〇三五年远景目标的建议》将"加快构建以国内大循环为主体、国内国际双循环相互促进的新发展格局"纳入其中，指明了物流行业的发展方向。在全新发展战略的指导下，我国产业结构调整和转型升级处于关键时期，物流行业也发生着改变。现代物流业在逐步发展和进步，对物流从业者的需求也发生了巨大变化。

我国现代物流业发展历程

1. 信息技术现代化

伴随信息技术的发展和社会大环境转型升级，无论是仓储、运输，还是配送，这些基础环节都融入了人工智能、大数据、云计算、物联网等信息技术。新技术和新理念的落地应用极大地提高了物流行业的整体服务效率和服务质量，同时也增加了对相关专业化人才的需求。

2. 设备设施现代化

技术的不断发展，必将促进设施设备的迭代更新。智能机器人、自动分拣机等已成为快递企业的标准配置。为了自身的业务发展，企业会积极部署更先进的设备设施，从而适应更多更广泛的应用场景。如今已有大量物流企业提前规划部署仓储运输等基础环节。

3. 服务现代化

使用传统模式单一化经营的物流企业正在逐渐被现代化服务型的物流企业取代，现代物流业在服务要求、服务模式、服务内容、服务对象、服务技术等方面与传统物流企业有着显著差别，从业者的岗位分工更加细化。深入探索物流业人才岗位的能力要求和分工趋势以及合作化和专业化已成为主流。

（二）现代物流业人才需求

在科技和基础建设高速发展的今天，我国物流市场急速扩张。由于物流技术匮乏和物流管理水平仍然处于发展阶段，迫切需要高素质、高技能的物流人才。尤其是"双循环"发展战略推动新一轮市场领域开放，对我国物流业和相关从业人员提出了更高的要求。

1. 物流人才的层次分析

物流人才可大致分为三类：低水平物流人才、中等水平物流人才和高水平物流人才。目前，在我国物流业从业者和人力市场供给中，高水平的物流管理人才较少。伴随物流业的发展，企业对高级物流管理人才的需求将持续增加。高水平物流从业人才多为企业的高层管理者，负责对企业进行目标和战略规划，同时对企业的发展方向起着决定性的主导作用。高水平物流人才需要具备较强的经营能力、风险判断能力和洞察力，要熟悉企业管理，能够把控各个环节的运行，具有丰富的实践管理经验和现代经济思维，能够对金融、保险、电子商务等工作进行综合管理。在一定时期内，我国物流业将面临高水平物流管理人才短缺的困境。

高水平物流管理人才所需的严谨透彻的思维方式、组织管理和协调能力、应对突发事件的能力、扎实的理论知识、丰富的实践经验等要素都需要时间来逐步培养。因此，未来几年，高水平物流管理人才在物流行业中将尤为紧缺。

中等水平的物流人才负责部门和企业的规划管理,是企业的中坚力量,工作内容包括执行企业的发展规划、对基层员工开展入职和技能培训、分配工作任务、进行业务考核等,这要求中等水平物流人才必须具备各个领域的实际操作和管理能力。

低水平的物流人才主要在物流系统的执行层,如入库、盘点、分拣、打包、配送等,偏向体力劳动。这一层级的物流人员理论知识要求相对较低,需要具备实践动手能力、沟通能力和团队精神,会使用简单的办公软件。与中高等水平物流人才的岗位要求相比,低层次的物流人才工作时间长,受教育水平较低,绝大多数人都能胜任这种类型的岗位。因此,未来的物流行业缺乏的不是低水平的物流人才,而是具有完善理论知识和实践经验的中高等水平的物流人才。

2. 物流人才的岗位分析

物流人才主要可以分为企业物流人才、国际物流人才、科研教学型物流人才和智力支持型物流人才。目前,物流企业迫切需要大量负责实施和协调物流业务的物流人才。企业物流包括制造业物流和第三方物流。制造业对这类物流有很大的需求,主要包括仓储管理、运输管理、配送管理等,典型物流企业的具体工作任务如表1-1所示。

表1-1 典型物流企业工作任务

具体工作任务	详细工作过程
仓储作业	接收入库→申请→编制入库作业计划→入库准备→入库接运→入库核对凭证→入库实物验收→入库登记
运输作业	公路运输:接单→登记→调用安排车辆→车队交接→提货发运
	铁路运输:始发作业→途中作业→货物运输变更→终到作业
	航空运输:审核单证→预配舱→预订舱→接单→制单→接货→标签→配舱→订舱→出口报关→出仓单→提板箱→装板箱→签单→交接发运
	水路运输:签订《船运合同》→报港→填报报港计划→接受港口调度通知→交纳港建费→验舱→跟踪调查→封舱→扦样→信息沟通→报审发票
配送作业	进货作业→订单处理→拣货作业→补货作业→配货作业→送货作业→退货作业→信息处理
采购作业	信息收集→询价→比价→议价→评估→索样→决定→订购→协调→催交→进货验收→整理付费
报关作业	进口报关:接受申报→审核单证→查验放行(海关)→办理征税→结关放行
	出口报关:向承运人代理订舱→准备报关单证→出口报关→征税查验放行(海关)→拆箱交货→取得退单
货代作业	订舱委托→订舱→送货→提单确认→报关→签单

外向型国际物流人才将成为物流企业急需的人才。随着"双循环"的进一步推进,我国在迎来越来越多的大型跨国企业的同时,更多的中国企业也正积极地走出国门。随着"一带一路"倡议的提出及人民币加入SDR,国际结算知识、外汇管理法律、法规及进出口通关政策的变化,这些都迫切需要外向型国际物流人才。外向型国际物流人才熟悉国际物流体系、国际贸易流程和规则、海关进出口贸易等业务,能够为物流企业国际化奠定基础。

我国的物流理论和物流管理技术研究还处于发展阶段,物流业的快速发展与进步急需科研和教学人才,而科研和教学人才是最难培养、最稀缺的人才。因此,物流产业要想进一步发展,需要培养高素质、能力强的国际先进物流科研和教学人才,进行物流管理理论研究和基础教育。智力支持型人才是高素质复合型的专业物流人才,能够提供物流系统规划、物流园区规划、配送中心规划等咨询服务,需要具备扎实的物流理论知识和物流科技创新能力。物流网络的布局和规划、物流体系的进一步完善等,都需要专业的智能解决方案。

(三)物流人才的能力要求

1. 管理能力

物流人才和其他专业人才最大的不同是除了需要具备行业内专业知识外,还需要具备整合各项资源、上中下游各个企业、企业内各个部门、流程中各个步骤的能力,最大限度地降低成本、提高利润,实现物流全过程的优化和效益最大化,实现客户在时限、价格和服务等维度上的满意。

2. 专业化知识

物流人才是复合型素质人才,其所需的专业知识不仅是货物的运输技能,还包括上下游全链条相关的供应链知识、财务与经济知识、物流网点的规划布局与设计知识、人员及设备优化配置知识、路径选择与优化知识和法律法规知识等,具备这些知识是实现其综合管理能力提升的必备基础。除此之外,对物流人才管理能力的要求将随着专业化分工提高,物流人才也出现一定的方向分工,如冷链物流、国际物流、电商物流和大件物流等。不同领域的物流人才需要具备的专业知识虽有不同,但对其以专业知识为基础的管理能力的要求却是一致的。

3. 国际化视角

现在一个国家的经济与发展是与全球化无法脱节的,一个国家的产业早已成为全球供应链链条上的一部分,各国之间的经济往来、人员交往、技术交互不断密切。物流专业人才作为实现经济全球化及全球供应链的重要参与者,其外语交流能力、看待问题和事情的视角都应国际化。

4. 新技术应用能力

人工智能、大数据、区块链等新技术带来物流产业和物流行业的优化和升级,物流行业正从传统产业不断行进实现换代。新技术与传统业务的融合,将为物流需求方提供更加个性化、更加便捷的物流服务。

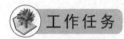

一、分析物流运作模式

物流运作模式是指企业对其生产经营过程中涉及的物流活动的管理方式和操作标准。物流运作模式的选择因企业而异,不当的模式可能造成资源浪费。因此,恰当的物流模式是成功构建企业物流系统的前提。

(一)企业物流运作模式的类型

从物流模式研究现状看,目前主要的运作模式包括自营物流运作模式、功能性外包物流运作模式、第三方物流运作模式、第四方物流运作模式。

1. 自营物流运作模式

自营物流是企业自身具有物流的运输、仓储、配送等功能,在进、销、存业务过程中只存在供、需方的物流活动,供需双方按照交易协商、合同规则各自进行运输配送及货物的存放保管等活动。其功能在于供需双方利用自身能力进行物流活动,侧重于事务处理。自营物流运作模式可分为两种:一是企业内部各职能部门彼此独立地完成各自的物流使命;二是企业内部设有物流运作管理部门,通过资源和功能的整合,专设企业物流部来统一管理企业的物流运作。

2. 功能性外包物流运作模式

外包是基于传统运输、仓储等功能的企业或部门分别承包供需双方一系列的物流工作、任务或者功能的一种外包型物流运作模式。其功能在于物流供应商只完成企业物流过程中的运输、仓储等业务,侧重于事务管理。企业利用外包,可优化内部资源,充分利用外部资源,产生协同效应,取得竞争优势。

3. 第三方物流运作模式

第三方物流运作模式是由物流劳务的供方、需方之外的第三方按照合同完成全部物流服务的物流运作方式。其功能表现为第三方负责从供货商开始运输、仓储、库存等一系列专业化物流活动,侧重决策优化与企业供应链的有效连接。

4. 第四方物流运作模式

第四方物流是供应链的整合协调者,协调管理组织本身与其他互补性服务商所有的资源、能力和技术,提供综合的供应链解决方案,整合、调配、优化供应链资源,提供各种物流规划咨询及各层次的物流人才培训等服务。其具体细分为协同运作模式、方案集成商模式和行业创新者模式。

(二)物流运作模式的优缺点

从以上物流运作模式看,其主要功能存在一定差异,这就要求企业在开展物流运营时必须了解不同物流运营模式的优势与不足。

1. 自营物流模式的优劣分析

优点:①减少物流的外包风险,获取物流环节的利润;②利用第二方物流通过采购订单而不采购库存的模式的改进,降低运费。

缺点:增加资源占用与投入,物流运作成本较高、风险较大,一般适合物流能力较强的企业。

2. 功能性外包模式的优劣分析

优点:①提供低价增值服务。相比自营物流,该模式专业化更强、服务成本更低、效率更高。②增强服务意识,提升服务水平。专业物流企业有着丰富的组织和管理经验、较高的服务水平,能保障货物畅通流动,提供更有效的服务。③增强核心业务竞争力。为维持竞争优势,企业通过缩小非核心的经营范围,将有限的资金集中用于核心业务发展。④降低经营风险。通过外包,企业将自身利益与被委托企业联系起来,共同面对技术和市场需求变化造成的风险。

缺点:①丧失外包物流的控制权。长期依赖某一物流企业会使其滋生自满情绪而难以控制,影响营销战略的正常实施。②缺乏规模效应。功能性外包使信息平台的搭建工作难度加大,没有实现资源更大范围的优化。③可能会降低用户满意度。非核心业务的外包可能对企业员工产生负面激励的效果,进而影响核心业务,最终影响用户的满意度。该模式主要适用于没有物流能力的中小型制造企业。

3. 第三方物流模式的优劣分析

优点:①降低物流成本。企业将物流业务外包给第一方,可不再保有仓库、车辆等物流设施,对物流系统的投资也可转嫁给第三方物流企业承担,从而减少投资和运营物流成本。②提高用户满意度。物流企业利用其专业化的服务,能够满足各类用户需求,增强企业信誉,促进企业销售,提高市场占有率。③规避物流风险。若通过第三方物流企业进行专业化配送,既减少投资支出,又提高了配送能力,可加快存货流通速度。

缺点:①难以实现资源在行业和全社会范围内的优化与彼此利益协调,物流企业与委托企业间的利益冲突加剧。②无法消除新的物流瓶颈,不能充分利用社会资源。随着物流市场扩张,物流企业不可避免地会进入陌生领域,需要相应的专业知识及专业人才,现有人才缺乏会成为重要的制约因素。该模式适合于物流为非核心能力的制造商或分销商等供应链环节。

4. 第四方物流模式的优劣分析

优点:①提供完善的供应链解决方案。供应商可以通过物流运作的流程再造,使整个物流系统的流程更合理、效率更高,从而将产生的利益在供应链的各环节之间进行平衡,使每个环节的企业客户都受益,并将其管理咨询和第三方物流服务商的能力进行了整合。②优化流程和运作,重视信息技术的应用。第四方物流的核心在于流程再造,再造过程是基于传统的供应链管理咨询技巧,使得业务策略和供应链策略协调一致,整合和优化供应链内部和与之交叉的供应链的运作。③充分利用自身与其他服务提供商、客户等的能力,包括第三方物流供应商、信息技术供应商、电信增值服务商等,提供使客户价值最大化的增值服务。

缺点:①出于各自的利益驱动,供应链成员间的信任体系构建较为困难;②较难保证公正性和权威性;③对专业人才要求较高。该模式适用于快速客户响应的供应链及需要整个地区物流运作的供应链。

不同的物流模式的适用条件、范围是不同的,企业应结合自身的实际,科学选择物流模式,促进企业更快发展。

二、识别物流作业流程

物流作业流程是物流系统为实现特定的物流目标而进行的一系列有序物流活动的整体,它直接反映了物流系统运行过程中物料的流动、设备的工作及资源的消耗情况。

(一)物流作业流程的特点

(1)与顾客紧密接触。物流作业流程大部分活动都要与顾客接触,有的是部分接触,有的是完全接触,物流行业的服务性特点决定了物流作业流程与顾客的高接触性。

(2)不可预见性。物流作业流程的输出绝大多数是一种服务,不可预见,只能由顾客经历和体验。

(3)复杂性。物流作业流程要受到其他要素的影响和制约,物流作业流程一般具有多层次、多活动的特点,协调和管理的难度大。

(二)物流作业流程的类型

根据不同的业态,物流的作业流程具有不同的形式,但它们有许多相似之处,下面介绍几种典型的物流作业流程。

1. 生产领域的物流作业

(1)进货物流。进货物流是生产制造所需的原材料、零部件、生产辅料、外加工件的采购与接收过程。它是生产企业向供应商订购原材料、零部件、外加工件及生产辅料,将其运达原材料库的原材料供应物流,包括买入(商流)、运送、接收、质检、入库和结算等过程。

(2) 生产加工物流。当"物"被投入生产后,在各车间、各工序、各工艺中心间移动,并在加工过程中改变其物质实体的存在状态,从原材料、零部件、外加工件及生产辅料变成半成品,进入半成品库暂存,或直接进入产成品加工流程,生产出成品,包括进出库、加工制造、搬运、运送、质检、成本控制等过程。

(3) 出货物流。出货物流指经包装送入成品仓库储存,产成品搬运出库,将产成品转移到流通环节的物流,包括进出库、包装、搬运、销售、售款结算(商流)等过程。

上述三部分各自对应的物流组成了生产领域的物流。此外,还有附加在采购、生产和销售过程中的废旧物料的回收和废弃过程。

从物流功能的角度分析,生产领域的物流作业是以运输、储存、装卸搬运等及其相应的信息处理功能等组成的体系。包装和流通加工功能则弱化并融于生产过程中。生产企业内的物流过程往往与工艺流程结合在一起,形成流水线作业。合理化的物流作业流程可以减少整个物流过程中的混乱和浪费,防止大量原材料、零部件在备料库内锈蚀、老化、腐烂,减少半成品、残次品和部分零部件、原材料在成品库内和车间生产线两侧堆积,解决滞销产品大量积压等问题,为企业能多快好省地进行生产奠定基础。

2. 流通领域的物流作业

流通领域内的物流包括批发企业的物流过程和零售领域的物流过程,其物流作业过程包含物流体系中的所有功能。以零售领域的物流为例,物流作业主要有以下四个部分。

(1) 进货物流。它是采购和接收各种商品的过程。供应商根据合同条款为零售企业供货,商品从生产企业或批发企业的储存库移动到零售企业的储存库或货架上。该过程是以运输为主体,包括包装、装卸、搬运等物流功能的组合。它是直接为商流服务的。

(2) 储存和售前准备物流。它是商品的仓储、保管、分拣、上架及不断补充的过程。当商品到达零售企业后,一部分直接送至销售柜组或货架上,其余部分为了避免短时间的脱销风险而存入仓库,这些商品都需要经过储存、保管、补充、分拣和上架等过程,从仓库向店面或货架移动。

(3) 商品销售物流。它是把商品直接传递到消费者手中的物流,是直接的交易过程。商品销售物流一般有两类形式:一是商品只是由柜组或货架移动到客户手里;二是客户订货后,由零售商将商品送达客户指定的场所。

(4) 逆向物流。它是商品退货、回收和废弃的物流。它是在前面三个过程中发生的,如在采购进货中发现不合格的商品,需要退回货主;在仓库和货架上或直接销售过程中的残、次、过期商品,需要回收;售出商品的包装物也需要回收等。

在零售领域的物流过程中,运输、配送、储存是主要的功能,而装卸搬运、包装、流通加工、信息处理等则是辅助功能。配送、包装和流通加工等服务性功能得到了不断的强化,精美的包装发挥着美化商品、促进销售的作用;送货上门、拆零销售和分割组合则逐渐成为零售领域的售前或售后服务的重要内容。

微课:逆向物流

三、生活领域的物流过程

生活领域的物流也表现出不同的形态。例如,生活必需品的采购过程和商家的一系列物流服务(包装、加工、送货上门等)、邮政系统的物流服务(邮件投递等)和快递公司的配送服务,它们改变了人们的生活方式;水、电、暖的供给,给人们的生活起居提供了必需保障;旅行过程中的承运、托运等运输服务,提供了出行便利;生活垃圾的回收、处理、再循环利用等,净化了环境。生活领域的物流最突出的特点是服务性和社会性,它是广大社会组织和最终消费者直接参与的过程。

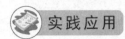
实践应用

一、快递与物流

在电子商务时代,网络购物已成为人们主要的购物方式。人们在收发快递时常常认为物流就是快递,快递即为物流。其实,快递可以视为物流活动的一种特殊形式。与一般物流活动相比,快递业务通常要求封装寄递的物品(以件为单位)、署上收寄地址及寄件人、限制物品的质量与体积,并且具有网点丰富、时效性强、贴近客户的特点。根据《中华人民共和国邮政法》,经营快递业务须依法申请经营许可,而一般物流业务则无须申请经营许可。从经济类别看,快递是物流产业的一个分支行业,快递研究从属于物流学的研究范畴。从业务运作看,快递是一种新型的运输方式,是供应链的一个重要环节。从经营性质看,快递属于高附加值的新兴服务贸易。

二、同城配送

目前同城配送模式有以下四类。

(1) 外卖平台,以美团外卖、饿了么为首。随着外卖行业的兴起,"懒人经济"逐渐盛行,为了满足用户的多元化需求,外卖平台走上开放之路,为商家提供一揽子配送解决方案,将业务从餐饮外卖扩展到生鲜果蔬、粮油米面、3C数码、药品等生活消费的方方面面。

(2) 同城零售平台,以达达为首。2016年,达达与京东到家合并后,结合京东自身优势走上一条差异化发展道路,与大卖场、标超、便利店、精品超市等合作,将业务延伸到仓储、落地配,并在"6·18""双11"承接京东部分订单,推动"零售+配送"双核驱动战略落地。

(3) 跑腿代办模式,以顺丰同城、UU跑腿、闪送等为首。这类企业服务的人群多为C端用户,以刚性需求、低频使用为主要特点,为C端用户提供代买、代送、代取、代办等场景的点对点的即配服务,要求服务时效快、安全性好,同时也能为客户不同类型的递送提供各种个性化、定制化的服务。

(4) 生鲜宅配模式,以叮咚买菜为首。不同于其他2C生鲜电商使用的快递模式,这一模式主要采用前置仓模式,在消费者周边3公里左右范围设立前置仓,通过骑手进行"末端最后1公里"配送。

三、A公司物流作业流程优化

(一) A公司简介

A公司是一家集商品车的运输、仓储及物流信息技术于一体的现代化专业物流公司。A公司为多个车企公司提供海港物流服务,海港物流行业是物流和海港的结合,因此海港物流既有物流行业的特点,也有港口的特征,更有自身特征。为适应市场需求变化,公司在信息科技方面投入大量的人力、物力,并组织专业人员在软件和硬件方面加大投入,采用高新技术,有效解决运输车辆在运输过程中出现的问题;并且依据商品车服务,建立了一整套物流管理体系,实现了从原来的纸质办公到无纸化办公的管理模式的转变。公司还运用互联网技术支持的物流管理系统,发现并深入剖析企业在整个物流环节的隐蔽问题,进而有效解决,使公司物流管理模式健康快速地发展。A 公司海港物流流程主要包括收货、入库、出库、运输几个环节,收货环节包括收货检验、货物信息录入、收货信息打印;入库环节主要包括货物分拣、装包、存储;出库环节主要包括货物装车流程、货物信息录入、货物信息与车辆信息管理;运输环节包括对货物再次分拣、录入货物的运输信息和运输流程。根据货物的实际情况,物流中心的运输流程会有所不同。本文主要针对 A 公司的运输方式,考虑到该物流中心运输货物价值高、运输周期短等特点,进而深入研究。我国物流业已经开始信息扫描管理,该物流中心也已实行信息化管理,整体作业流程如图 1-1 所示。

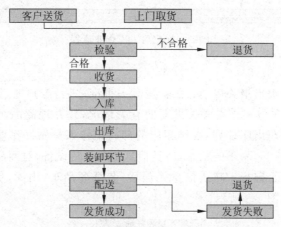

图 1-1　A 公司海港物流整体作业流程

(二) 基于物联网技术的 A 公司物流作业流程优化

一辆商品车完成全部运输的过程划分为入库、盘点、出库、装卸和运输五部分。其中,商品车入库指客户或者企业外部进入库场;盘点指企业为了能够实现有效的库存管理,对仓库中的产品进行清点;出库指从企业仓库内出货到企业外部的业务流程;装卸指在出库或入库流程之前,把商品车放到仓库内或移出仓库的业务;运输是把商品从港口发至客户要求的目的地。业务简单的物流运输公司的物流作业流程一般很简单,通常都是"库场滚装船库场""滚装车库场滚装车"。但是海港物流作业衔接了陆路和水路运输,它的模式是比较复杂的,在进口时"滚装船库场滚装车",出口时"滚装车库场滚装船"。

1. 入库作业流程优化

经过物联网优化后的入库流程为:通过物流信息平台,物流运营商能实现商品车入港业务的线上办理,并递交申请至海关,同时将商品车基本信息整理传输到这个平台。通过信息技术,物流中心可以实时了解商品车的状态,为下一步工作做好准备。从物流信息平台上,物流运营中心也可获得商品车的基本信息和即将到达港口的时间,安排相应的部门做好卸车准备。商品车到达后,物流运营商对各辆车进行检验,确认车辆有无缺损,核实信息,判断商品车实际信息与系统内登记信息是否有出入。轿运车成功入港后,港口工作人员进行检查,确认车辆有无毁损,同时与商品车信息进行复核,判定两者是否一致。如果无误,进入装卸操作流程,然后进入库,库场管理人员通过手持机等设备做盘点,将库存信息进行实时更新。优化后入库作业流程如图 1-2 所示。

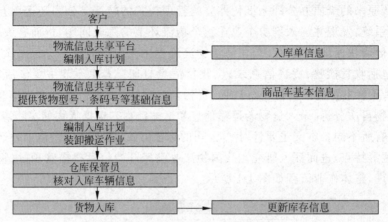

图 1-2　优化后入库作业流程

2. 出库作业流程优化

客户在网上向海关提出报关申请;在获得海关批准之后,客户通过物流信息平台向港口提交出库申请;然后在平台上查看海关批复的有关情况,并办理商品车的出库流程;物流中心人员根据指定的商品车出库计划,安排相应的部门工作人员做好作业准备;工作人员通过物流管理系统了解并掌握商品车的状态,通过信息枪等手持设备,对商品车的基本信息进行核实,查看、检验商品车是否破损;确认信息无误后,装载商品车,出库,更新对应的库存信息。优化后出库作业流程如图 1-3 所示。

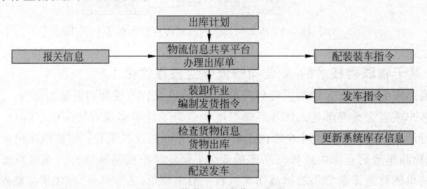

图 1-3　优化后出库作业流程

3. 盘点作业流程优化

通过射频识别技术读取产品上的电子标签,产品信息就能被识别获取,而且因为有无线网络,计算机终端也能及时接收此类信息,达到自动采集信息的目的。然后,通过库存管理系统自动对比产品实际信息及账目登记信息,判断有无出入,即进行产品实时盘点,不需要人工作业。优化后盘点作业流程如图 1-4 所示。

4. 运输作业流程优化

通过运用物联网技术,车辆智能调度系统以货物种类、数量等信息为依据,自动选取合适的车型及车辆;通过 Agent 智能体及优化运筹来使车辆配载达到最优。GIS 系统基于地图软

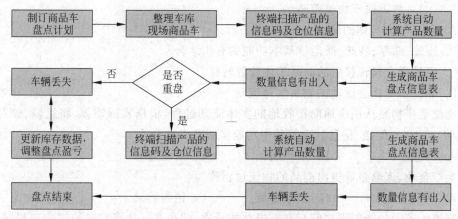

图 1-4 优化后盘点作业流程

件的运用,将路况信息及时传输至运输车工作人员,并规划其行车线路;通过 GPS 车载导航仪接收其提供的相关信息,并记录车辆的位置信息。在车上装载射频阅读器及各类传感器,车内的环境信息、在运途中的产品信息等都能被及时获取,尤其是药品、危险品、食品等特殊产品对运输工具及运输环境等因素有特殊要求,一旦出现突发情况,信息后台会进行警报,并实时监控产品。利用传感器、读写器获取的产品电子标签中的信息及车辆的实际地理位置可通过包括 3G 网络、4G 网络等在内的无线网络传输至调度中心。调度中心依据接收到的最新信息刷新数据库,达到全程定位、跟踪运输车辆及对其进行紧急援助等目的。

材料来源:戚佳金.基于物联网技术的 Z 公司海港物流作业流程优化[D].南京:南京理工大学,2017.

 知识技能应用

一、判断题

1. 不能将快递视为物流,快递主要针对小件物品,而物流通常针对大件物品。（　　）
2. 大型商业企业必须坚持自营物流模式,利用自身规模优势。（　　）
3. 我国是从美国引进"物流"一词的。（　　）
4. 物流因在物品流通过程中产生空间效用、时间效用及形态效用而创造价值。（　　）
5. 物流的本质是服务,即满足顾客及社会需求,因而物流应归为现代服务业。（　　）
6. 商流主要进行运输和储存,实现物质实体和时间转移,而物流过程主要进行商品交换,实现物质所有权的转移。（　　）
7. 按照物流系统性质分类,可将物流分为第一方、第二方、第三方及第四方物流等。
（　　）
8. 发展智慧物流可以降低物流成本,提高企业利润。（　　）
9. 绿色物流基于可持续发展理念,其最终目标是利润最大化。（　　）
10. 流通活动的内容包括商流、物流、信息流、资金流,其中信息流从属于物流。（　　）

二、单选题

1. 下列（　　）指的是现代物流。
    A. Logistics   B. Cargo
    C. Physical Distribution   D. Internal Logistics

2. (　　)一般不属于物流范畴。
   A. 物品物资实体的流动
   B. 运输、储存、装卸、搬运等基本功能的有机结合
   C. 商品所有权转移后的商品实体位置转移
   D. 非经济与社会活动的物资实体流动
3. 物流是指物品从供应地向接收地的实体流动过程,根据实际需要,将运输、储存、装卸、搬运、包装、(　　)、配送、信息处理等基本功能实施有机结合。
   A. 外包　　　　　B. 生产加工　　　　C. 增值服务　　　　D. 流通加工
4. 生产企业、流通企业售出商品的物流过程称为(　　)。
   A. 回收物流　　　B. 供应物流　　　　C. 销售物流　　　　D. 生产物流
5. 物流的若干功能要素之间存在着损益的矛盾,即在某一功能要素的优化和利润产生的同时,必然会存在另一个或另几个功能要素利益的损失,反之亦然。这体现的是(　　)原理。
   A. 物流"黑大陆"说　　　　　　　　B. 物流"效益背反"说
   C. 物流"冰山"说　　　　　　　　　D. 物流"森林"说
6. 下列属于逆向物流的是(　　)。
   A. 电器厂收入原材料　　　　　　　B. 纺织厂产品流向零售店
   C. 钢铁厂回收废钢铁　　　　　　　D. 城市生活垃圾废弃
7. 物流活动产生的(　　)使人们可以享受外国进口商品。
   A. 时间效用　　　B. 品种效用　　　　C. 批量效用　　　　D. 空间效用

三、案例分析题

某国内电器、电力转换设备制造商对其创建的物流系统(特别是信息操作系统)颇引以为傲,该企业年销售额为15亿美元,有9个生产厂,并通过8个仓库和分销点向全国分销产品。由于物流成本的压力,这家公司不得不寻找一个伙伴来共享其分拨系统。分拨渠道货流量增加带来的经济效益不仅提高了服务质量,而且降低了成本。

该公司与欧洲一家工业品制造公司结成战略联盟,这家欧洲公司在美国的年销售额约为2.5亿美元,在美国有两个生产厂,并有一定出口量作为补充。产品要首先形成库存,再通过3家仓库供应全国的销售。两家企业的客户服务质量相差无几。

两个伙伴之间的合作首先是在加州地区国内工厂的公用仓库。国内工厂可以收回某些固定的存储成本,提高加州市场运输设备的利用率。来自欧洲的伙伴轻易地进入了从前尤其难以充分进入的加州市场,而且与其他方式相比,存储和配送成本相对要低。

资料来源:孙秋菊.现代物流概论[M].3版.北京:高等教育出版社,2020.

问题:
(1)企业采用第三方物流模式的考虑因素有哪些?
(2)如果你是第三方物流企业的经理,应如何提供相应的物流服务?

项目一案例分析拓展

项目二

采 购 管 理

【项目导入】

中国物流与采购联合会于2023年5月6日公布了2023年4月全球制造业采购经理指数。指数连续两个月环比下降,并且连续7个月运行在50%以下,显示出全球经济下行压力有所加大,经济复苏动能偏弱。2023年4月,全球制造业采购经理指数为48.6%,较上月下降0.5个百分点,连续2个月环比下降,指数水平与2022年12月一致,均为2020年6月以来的最低水平。自2023年以来,全球经济虽有所恢复,但增长疲软的趋势并没有改变,高通胀问题一直阻碍着全球经济复苏。采购与大家息息相关,采购经理指数如同经济发展的"晴雨表"。采购管理与人们的生活有着极其重要的关系。

【知识能力要求】

1. 掌握采购与采购管理的概念。
2. 熟知采购作业流程。
3. 熟悉采购与采购管理的目标与内容。
4. 能独立进行采购作业及采购管理。

采购员职位描述

【职业素养要求】

1. 树立中国经济发展的民族自信。
2. 培养良好的采购经理人职业道德。
3. 具备新时代中国特色社会主义市场经济思想。
4. 具备中国制造和中国创造的产品品牌意识。

知识准备

一、采购的概念

采购是指企业(单位)在一定的条件下从供应市场获取产品或服务作为企业(单位)资源,以保证企业(单位)生产、业务及经营活动正常开展的一项企业(单位)经营(业务)活动。

1. 采购是从资源市场获取资源的过程

能够提供资源的供应商形成了资源市场。人们要想从资源市场获取这些资源,就必须通过采购的方式。也就是说,采购的基本功能是帮助人们从资源市场获取所需的各种资源。

2. 采购既是一个商流过程,也是一个物流过程

采购的基本作用是将资源从资源市场的供应者手中转移到用户手中。在这个过程中,一是要实现将资源的物质实体从供应商手中转移到用户手中。前者是一个商流过程,主要通过商品交易、等价交换来实现商品所有权的转移;后者是一个物流过程,主要通过运输、储存、包装、装卸、流通加工等手段来实现商品空间位置和时间位置的完整结合,二者缺一不可。只有这两个方面都完全实现了,采购过程才算完成。因此,采购过程实际上是商流过程与物流过程的统一。

3. 采购是一种经济活动

采购活动一方面帮助企业获取资源,确保生产顺利进行,从而获得采购效益;另一方面,采购过程中也会产生各种费用,构成采购成本。为了实现采购经济效益的最大化,需要不断降低采购成本,以最少的成本获取最大的效益。实现这一目标的关键在于实施科学采购。科学采购是实现企业经济利益最大化的基本利润源泉。

二、采购形式

常见的采购形式分为战略采购(strategy sourcing)、日常采购(procurement)、采购外包(purchasing out-services)三种形式。

(1) 战略采购是一种有别于常规采购的思考方法,它与普遍意义上的采购的区别是前者注重要素是"最低总成本",而后者注重要素是"单一最低采购价格"。所谓战略采购,是一种系统性的、以数据分析为基础的采购方法。简单地说,战略采购是以最低成本建立服务供给渠道的过程,一般采购是以最低采购价格获得当前所需资源的简单交易。

(2) 日常采购是采购人员(buyer)根据确定的供应协议和条款,以及企业的物料需求、时间计划,以采购订单的形式向供应方发出需求信息,并安排和跟踪整个物流过程,确保物料按时到达企业,以支持企业的正常运营的过程。

(3) 采购外包就是企业在聚力自身核心竞争力的同时,将全部或部分的采购业务活动外包给专业采购供应商,专业采购供应商可以通过自身更专业的分析和市场信息捕捉能力,来辅助企业管理人员进行总体成本控制,降低采购环节在企业运作中的成本支出。

采购外包由于涉及中小企业的利益,大部分中小企业不愿意将采购业务外包给其他的采购机构。这给采购外包业的发展增加了不少难度。采购外包有利于企业更加专注于自身的核心业务。采购外包对中小企业来说,可以降低采购成本,减少人员投入,减少固定投资,降低采购风险,提高采购效率,是最佳降低成本的方式。

买方市场与卖方市场

三、采购管理的基本概念

1. 采购管理的概念

采购管理是企业为了达成生产或销售计划,从合适的供应商那里,在确保合适的品质下,于合适的时间,以合适的价格,购入合适数量的商品所采取的管理活动。采购管理的"5R"原则包括合适的供应商、合适的品质、合适的时间、合适的价格、合适的数量。

采购管理包括制订采购计划,对采购活动进行组织、指挥、协调和控制。采购管理研究在

采购物资或服务的过程中,统筹兼顾事前规划、事中执行和事后控制,以达到维持正常的产销活动、降低成本的目的。采购事前规划包括设定目标、拟订计划、建立制度和组织、划分职责与权限、人员的选用、设计作业流程与表单等内容;采购的事中执行是为达到采购目标而采取的各种行动方案,包括供应商的评选、采购合同的签订、交货验收管理等内容;采购控制是指为达到企业要求而对采购进行评价、调控等,包括采购行为规范、拟订采购绩效评估的指标、供应商考核与调整,以及内部、外部关系的协调等内容。

2. 采购管理的主要内容

采购管理包括四个方面的内容:与采购需求有关的企业内部管理,企业外部的市场和供应商管理,采购业务本身的管理,采购管理的基础工作。

企业采购计划主要来自生产部门。生产部门根据年度生产计划,提出该年度的原材料、零部件、维修需求计划;技术、科研开发部门提出的新产品开发需求计划;后勤保障等部门提出的物资保障需求计划。采购管理要对这些计划进行审查、汇总,并就采购的品种、规格、数量、质量、进货时间等,与各部门研究协商,综合平衡,编制出切实可行的采购计划。

市场是提供资源的外部环境。采购管理要了解外部资源市场是买方市场、垄断市场还是竞争市场,是地区市场还是国际市场,针对不同的市场采取不同的应对策略。因为良好的供应商群体是实现采购目标的基础,采购管理必须把供应商管理作为重点,包括供应商调查、供应商审核认证、供应商的选择、供应商的使用、供应商的考核激励和控制。

采购管理系统是企业管理系统的一个重要子系统,是企业战略管理的重要组成部分。采购管理人员要对与采购有关的日常事务实施管理,包括采购谈判、签订合同、安排催货、组织运输、验收入库、支付货款等一系列工作。

采购管理的基础工作包括制定各类采购定额和标准,明确职责分工的权限,编制采购业务流程手册,提出主要的考核指标,建立采购数据库和采购信息系统。

四、采购管理的目的

(1) 为企业提供所需的物料和服务。这是采购管理最基本的目标。最初,采购部门就是为此目标而设的。

(2) 力争最低的成本。在一家典型的企业中,企业采购部门的活动消耗的资金最大。除此之外,企业采购活动的经济杠杆效用也非常明显。

(3) 使存货和损失降到最低限度。一个保证货物供应不间断的方法是保持大量的库存。而保持库存必然占用资金,这些资金不能再用于其他方面。

(4) 保持并提高自己的产品质量或服务水平。为了生产产品或提供服务,每一种物料的投入都要满足一定的质量要求,否则最终产品或服务将达不到期望的要求,或是其生产成本远远超过可以接受的程度。

采购管理误区

五、采购管理的原则

一般来说,采购管理有五大原则。

1. 适时(right time)

企业已安排好生产计划,但如果原材料不能如期到达,往往会引起企业内部混乱,生产线停工待料,进而不能完成生产计划并延迟交货,引发客户不满。如果原材料采购过多,又会造成库存积压,进而占用大量采购资金,这是企业应当避免的事情。因此,采购人员要扮演协调者与监督者的角色,促使供应商按预定时间交货。对企业来讲,交货时机很重要。

2. 适质(right quality)

一个优秀的采购人员,应该兼具精明的商人特质和合格的品质管理人员素养。因为一方面,采购人员要以最低的成本采购企业生产所需的最佳品质的物料;另一方面,他们还要推动长期合作的供应商完善其品质管理体系,以确保物料质量的稳定。

3. 适量(right quantity)

物料采购是一次性采购还是分批量采购,取决于采购人员对生产需求、物料损耗、搬运和仓储费用等的仔细计算,然后制订出周密的采购计划,并确定最佳采购方式。批量采购虽有可能获得数量折扣,但会积压采购资金;采购太少则不能满足生产需要。因此,合理确定采购数量相当关键,一般应按经济订购量订购。采购人员应确保供应商准时并按订单数量交货。

4. 适价(right price)

适价是指采购所需的物料,在满足数量、质量、时机的前提条件下,支付最合理的价格。价格始终是采购活动中的敏感焦点,企业在采购管理中最为关注的就是采购能节省多少资金。因此,采购人员必须投入大量时间和精力与供应商进行价格谈判。物品的价格与该物品的种类、是否长期购买、是否大量购买及市场供求有关。同时,也与采购人员对市场状况的熟悉程度有关。如果采购人员未能准确把握市场动态,供应商在报价时就有可能会误导采购人员。

5. 适地(right place)

天时不如地利,采购人员在选择试点供应商时最好选择近距离的供应商,近距离供货不仅使得买卖双方沟通更方便、处理事务更快捷,也可以降低采购的物流成本。许多企业甚至在建厂之初就考虑到供应商的"群聚效应",即在周边地区能否找到企业所需的大部分供应商,这对企业长期发展有着不可估量的作用。

六、采购管理分类

1. 按采购地区分类

(1) 国内采购:当国内材料价格、品质、性能相差无几时,应选择国内采购,因为国内采购机动性强,手续简单方便。

(2) 国外采购:当国外材料价格低、品质高、性能好、综合成本上升比国内采购低时,可考虑国外采购。但在涉及民族前途的关键领域,如信息产业、通信产业等,企业不应仅考虑当前利益,还应从长远发展考虑,尽量在国内采购或支持有能力的供应商共同开发。

2. 按采购方法分类

(1) 直接采购:直接向物料生产厂商进行采购。

(2) 委托采购:委托某代理商或贸易公司向物料生产厂商进行采购。

(3) 调拨采购:在几个分厂或协力厂商和顾客之间,将过剩物料互相调拨支援进行采购。

3. 按采购政策分类

(1) 集中采购:由公司总部采购部门统一进行采购,如连锁药店、连锁超市等都是由总部进行统一采购。

(2) 分散采购:一种由各预算单位自行开展采购的活动实施形式。

4. 按采购性质分类

(1) 公开采购：采购行为公开化。

(2) 秘密采购：采购行为秘密进行。

(3) 大量采购：采购数量较大的采购行为。

(4) 零星采购：采购数量零星化的采购行为。

(5) 特殊采购：采购项目特殊，采购人员需要花很多时间搜集采购情报的采购行为。

(6) 普通采购：采购项目普通的采购行为。

(7) 正常性采购：采购行业正常化而不带投机性质的采购行为。

(8) 投机性采购：物料价格低廉时大量买进以期涨价时转手图利的采购行为。

5. 按采购时间分类

(1) 长期固定性采购：采购行为长期、固定的采购。

(2) 非固定性采购：采购行为不固定，根据需求随时采购。

(3) 计划性采购：根据材料需求计划进行采购的行为。

(4) 紧急采购：物料急用时毫无计划的紧急采购行为。

(5) 预定采购：预先将物料购进而后付款的采购行为。

(6) 现金采购：使用现金购买物料的采购行为。

6. 按采购订约方式分类

(1) 订约采购：买卖双方根据订立合约的方式进行的采购行为。

(2) 口头电话采购：买卖双方不经过订约方式而是以口头或电话洽谈方式进行的采购行为。

(3) 书信电报采购：买卖双方借书信或电报的往返而进行的采购行为。

(4) 试探性订单采购：采购方在进行采购事项时因某项原因不敢大量下订单，先以试探方式下少量订单，进行顺利时才大量下订单的采购行为。

7. 按采购价格方式分类

(1) 招标采购：将物料采购的所有条件（如物料名称、规格、品质要求、数量、交货期、付款条件、处罚规则、投票押金、投标资格等）详细列明，刊登公告。投标厂商进行报价投标方得开标，开标后原则上以报价最低的厂商得标，但当得标的报价仍高过标底时，采购人员有权宣布废标，或征得监办人员的同意，以议价方式办理。

(2) 询价现购：采购人员向可靠的厂商讲明采购条件，并询问价格或寄以询价单并促请对方报价，比较后现价采购。

(3) 比价采购：采购人员请数家厂商提供价格后，进行比价，再确定厂商进行采购。

(4) 议价采购：采购人员与厂商议定价格后进行采购。一般来讲，询价、比价或议价是结合使用的，很少单独进行。

(5) 定价收购：购买物料数量巨大，非几家厂商所能提供，如纺织厂购棉花、糖厂订购甘蔗，或当市场上该物料匮乏时，则定价后现款收购。

(6) 公开市场采购：采购人员在公开交易或拍卖时随时机动地采购，需要大宗物料时，价格往往变动频繁。

> 工作任务

一、制订采购计划

采购计划（预算）属于生产/销售计划中的一部分，也是公司年度计划与目标的一部分。通常，销售部门的计划（即销售收入预算）是公司年度营业计划的起点，然后生产/销售计划才随之确定。而生产/销售计划则包括采购预算（直接原料/商品采购成本）、直接人工预算及制造/销售费用预算。由此可见，采购预算是采购部门为配合年度的销售预测或采货数量，对所需的原料、物料、零件等的数量及成本做出的详细计划，以利于整个企业目标的达成。采购计划（预算）虽是整个企业预算的核心，但是如果单独编制，不但缺乏实用的价值，也会失去其他部门的配合。

1．目的

企业的经营自购入商品/物料后，经加工制成或经组合配制成为主推商品，再通过销售获取利润。其中，如何获取足够数量的物料是采购计划的重点。因此，采购计划是为了维持正常的产销活动，在特定的期间内，确定何时购入何种物料及订购的数量。采购计划应达到下列目的。

（1）预估商品/物料采购所需的数量与时间，防止供应中断，影响产销活动。

（2）避免采购商品/物料储存过多，积压仓库，占用资金。

（3）配合公司生产/采货计划与资金的调度。

（4）使采购部门事先准备，选择有利时机购入商品和物料。

（5）确立商品及物料合理耗用标准，以便控制采购商品和物料的成本。

2．流程

采购预算是以金额的形式表示的采购计划，它的编制必须以整个企业的预算制度为基础，并且遵循一定的流程。编制流程如下。

（1）采购计划。由销售预测加上人为的判断，即可拟订销售计划或目标。销售计划是表明各种产品在不同时间的预期销售数量；而生产计划则依据销售数量，加上预期的期末存货减去期初存货来拟订。

（2）采购商品/物料清单。采购计划只列示产品的数量，并无法直接知道某一产品需用哪些物料，以及数量多少，因此必须借助采购商品和物料清单。清单是由公司市场部配合采购部门拟订的，内容列示各种产品由哪些基本的商品所制造或组合而成。根据清单可以精确计算某种商品及组合架存和库存的安全量。清单所列的基本安全量，即通称的标准用量（以15日或30日为一个周期），与实际用量相互比较，作为成本控制的依据。

（3）存量管制卡。若商品有存货，则采购数量不一定要等于销售数量。因此，商品采购数量也不一定要等于根据清单所计算的基本商品需用量。采购员应依据实际和计划商品需求数量，并考虑采购的安全在途时间和安全存量水准，算出正确的采购数量，然后才开具采购清单，进行采购活动。

3．方法

（1）了解清楚自己所要采购的材质和数量。

（2）采购材料的技术参数的数据要清晰，并建立文档。

（3）按自然月的消费数量预测相应的单价、供应能力及速度。

（4）对比较特别和关键的环境和工艺，要特别注意时间上能否满足要求。

4. 应注意的问题

(1) 在制订采购计划时,要把货物、工程和咨询服务分开。编制采购计划时应注意的问题有:采购设备、工程或服务的规模和数量,具体的技术规范与规格以及使用性能要求;采购时分几个阶段或步骤,工作安排要有先后顺序,且要计划好每批货物或工程从准备到交货或竣工所需的时间;一般应以重要的控制日期作为里程碑式的横条图或类似图表,如开标、签约日、开工日、交货日、竣工日等,并应定期修订;货物和工程采购中的衔接;如何进行分包和分段,需要确定分为几个包或合同段,每个包或合同段中包含的具体工程或货物品目。

(2) 实际工作中应该注意的有关事项。为更好地组织采购工作,要建立强有力的管理机构,并保持领导班子的稳定性和连续性。切实加强领导,保证项目采购工作顺利进行;要根据市场结构、供货能力或施工力量,以及潜在的竞争性来确定采购批量安排、打捆分包及合同段划分。土建合同在采用 ICB 方式招标时,规模过小则不利于吸引国际上实力雄厚的承包商和供货商投标,合同太多、太小也不便于施工监理和合同管理。在确定采购时间表时,要根据项目实施安排,权衡贷款成本,采购过早、提前用款要支付利息;采购过迟会影响项目执行。因此,项目采购部门及采购人员要权衡利弊,做出统筹安排。

(3) 及早做好采购准备工作。根据采购周期、项目周期及招标采购安排的要求,通常在采购计划制订完成后,编制招标文件(包括之前的资格预审文件),随后进入正式采购阶段。通常情况下,最理想的安排是在项目准备和评估阶段就开始准备招标文件,同时进行资格预审。在贷款协议生效之前完成开标、评标工作,待协议生效就可以正式签订合同。这样做可以避免因采购前期准备工作不充分而影响采购工作如期进行。世界银行曾指出,采购进度主要取决于项目前期准备阶段采购计划和合同包的详细程度。同时,尽早编写招标文件,也对采购进度有相当大的促进作用。

(4) 选择合适的采购代理机构。采购代理机构的选择要根据项目采购的内容、采购方式及国家的有关规定来确定。通常,属于国际竞争性招标的,要选择国家批准的有国际招标资格的公司承担。对属于询价采购、国内竞争性招标、直接采购的,要视情况而定,可以选择国际招标公司,也可以选择外贸公司作为代理,还可以由项目单位自行组织采购。在世行项目中选择采购代理机构,既是国家有关部门的明文规定,也是我国现行体制所决定的。在绝大多数项目中,业主往往只接触一个项目,几乎所有的工作都需要从头开始,而采购代理机构则介入了许多项目,对世行各方面的规定和程序都有深刻的了解。实践证明,业主完全可以借助采购代理机构加快项目进度,并避免产生错误。

二、选择供应商

狭义地讲,选择供应商是指企业在研究所有的建议书和报价之后,选出一个或几个供应商的过程。广义地选择供应商则包括企业从确定需求到最终确定供应商及评价供应商的不断循环的过程。

1. 主要因素

根据企业调查研究,影响供应商选择的主要因素可以归纳为五类:企业业绩、业务结构、生产能力、质量系统和企业环境。

优质的供应商具备以下要素。

首先,好的供应商不仅专注于工厂内部,还密切关注市场动态,关注工厂以外的内容。他们会紧跟市场的动向,了解什么产品流行,需要生产什么产品。而不是特别好的供应商往往只关注生产,并试图尽快售出产品。

其次,好的供应商会坚持自己的定位和选择,勇于做出艰难的决定。例如,如果一家供应商认为好的客户是中国西部中等规模的采购商,它就会专注于这一领域,专门针对目标客户开展推广和营销活动。而有些供应商则会尝试不同的渠道,尽管产品有不同的价格,他们仍希望尝试每个机会,但这样做其实是非常危险的。

最后,好的供应商会控制企业规模,更关注现金流和利润。许多企业只是盲目追求企业的成长,他们可能会过度依赖一个大客户,但大客户带来的利润往往非常微薄,反而中小规模的订单利润更多。因此,建议这些企业多争取一些中小规模的订单,适当减少一些大型订单的数量。

与此同时,供应商不能单独依靠一个大客户,这会非常危险。因为一旦这个大客户的经营状态不佳,或者决定更换供应商,公司就会面临巨大的危机。为了降低运营风险,在接大订单时必须格外谨慎。

此外,作为一个优质的供应商,在实施自动化时,也应多加考虑,不能完全用机器取代员工。同时,尽量避免价格战。很多供应商认为只要自己的价格最低,就能接到更多的订单。但总会有人比你的价格更低。

总的来说,要想成为一个优质的供应商,除上述因素外,还有很多值得做的事情。例如,建立品牌、提升产品质量、把产品做得更加多样化,等等。

2. 选择供应商的原则

供应商开发的基本准则是遵循"Q.C.D.S"原则,也就是质量、成本、交付与服务并重的原则。在这四个要素中,质量要素是最重要的。首先要确认供应商是否建立了一套稳定有效的质量保证体系,其次要确认供应商是否具有生产特定产品的设备和工艺。在成本与价格方面,要运用价值工程的方法对涉及的产品进行成本分析,并通过双赢的价格谈判实现成本节约。在交付方面,要确定供应商是否拥有足够的生产能力,人力资源是否充足,有没有扩大产能的潜力。最后,供应商的售前、售后服务的记录也是非常重要的。

3. 选择供应商的步骤

我国企业在评价选择供应商时存在较多问题:企业在选择供应商时主观因素过多,有时仅凭对供应商的印象就做出选择,并且还存在一些个人因素;供应商选择的标准不全面,企业的选择标准多集中在供应商的产品质量、价格、柔性、交货准时性、提前期和批量等方面,没有形成一个全面的供应商综合评价指标体系,不能对供应商做出全面、具体、客观的评价。广义的选择供应商的过程包括以下步骤。

(1) 分析市场竞争环境。这个步骤的目的在于有效地找到针对某些产品市场开发供应链合作关系。这一阶段必须了解产品的需求、类型及特征,以准确把握用户的需求,从而认识到供应商评价选择的必要性。同时,分析现有供应商的现状,总结企业存在的问题。

(2) 建立供应商选择目标。企业必须明确供应商评价程序的实施方式、信息流程及负责人,同时建立具体、实际的目标。其中,降低成本是主要目标之一。供应商评价、选择不仅是一个简单的过程,它本身还是企业自身和企业间业务流程重构的过程。如果实施得好,它本身就可带来一系列的利益。

(3) 建立供应商评价标准。供应商综合评价的指标体系是企业对供应商进行综合评价的依据和标准,它由一系列反映企业本身和环境复杂系统的不同属性的指标组成。这些指标按隶属关系、层次结构有序地集合在一起。根据系统全面性、简明科学性、稳定可比性、灵活可操作性的原则，建立集成化供应链管理环境下供应商的综合评价指标体系。不同行业、企业、产品需求及不同环境下的供应商评价应是不一样的。然而，无论在何种情况下，评价都应涵盖供应商的业绩、设备管理、人力资源开发、质量控制、成本控制、技术开发、用户满意度、交货协议等方面。

（4）建立评价小组。企业必须建立一个小组以控制和实施供应商评价。评价小组必须同时得到制造商企业和供应商企业最高领导层的支持。

（5）供应商参与。一旦企业决定实施供应商评价，评价小组必须与初步选定的供应商取得联系，以确认他们是否愿意与企业建立合作关系，是否有获得更高业绩的愿望。企业应尽可能早地让供应商参与到评价的设计过程中来。然而，由于企业的力量和资源是有限的，企业只能与少数、关键的供应商保持紧密合作，因此参与的供应商不宜太多。

（6）评价供应商。评价供应商的一个主要工作是调查、收集有关供应商的生产运作等全方位的信息。在收集供应商信息的基础上，可以利用一定的工具和技术方法进行供应商的评价。在评价过程结束后，有一个决策点，需要根据一定的技术方法来选择供应商。如果选定合适的供应商，则可开始合作关系；如果没有合适的供应商可选，则返回步骤 2 重新开始评价选择。

（7）实施合作关系。在实施合作关系的过程中，市场需求会不断变化，因此可以根据实际情况的需要及时修改供应商评价标准，或重新开始供应商评价选择。在重新选择供应商时，应给予旧供应商足够的时间来适应这些变化。

采购流程如图 2-1 所示。

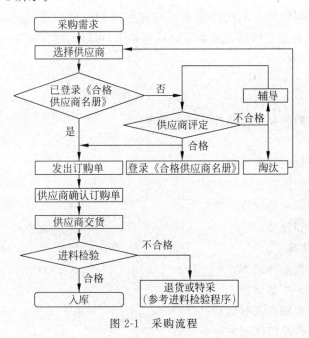

图 2-1　采购流程

三、采购谈判

1. 概念

采购谈判（acquisition negotiations）是指企业作为买方，与卖方厂商就购销业务有关事项，如商品品种、规格、技术标准、质量保证、订购数量、包装要求、售后服务、价格、交货日期与地点、运输方式、付款条件等进行反复磋商,谋求达成协议,从而建立双方都满意的购销关系。采购谈判的程序可分为计划和准备阶段、开局阶段、正式洽谈阶段和成交阶段。

2. 基本原则

1) 合作原则

(1) 量的准则要求所说的话包括交谈所需要的信息,不应包含超出的信息。

(2) 质的准则要求不要说自知是虚假的话,不要说缺乏足够证据的话。

(3) 关系准则要求所说的内容要关联并切题,不要漫无边际。

(4) 方式准则要求清楚明白,避免晦涩、歧义,要简练、井井有条。

2) 礼貌原则

(1) 得体准则是指减少表达有损他人的观点。

(2) 慷慨准则是指减少表达利己的观点。

(3) 赞誉准则是指减少表达对他人的贬损。

(4) 谦逊准则是指减少对自己的表扬。

(5) 一致准则是指减少自己与别人在观点上的不一致。

(6) 同情准则是指减少自己与他人在感情上的对立。

3. 谈判特点

(1) 合作性与冲突性。合作性表明双方有共同的利益;冲突性表明双方既有共同的利益又存在分歧。

(2) 原则性和可调整性。原则性指谈判双方在谈判中最后退让的界限,即谈判的底线。可调整性是指谈判双方在坚持彼此基本原则的基础上,可以向对方做出一定让步和妥协。

(3) 经济利益中心性。

4. 影响因素

(1) 交易内容对双方的重要性。

(2) 各方对交易内容和交易条件的满足程度。

(3) 竞争状态。

(4) 对于商业行情的了解程度。

(5) 企业的信誉和实力。

(6) 对谈判时间因素的反应。

(7) 谈判的艺术和技巧。

5. 采购谈判的作用

(1) 可以争取降低采购成本。

(2) 可以争取保证产品质量。

(3) 可以争取采购物资及时送货。

(4) 可以争取获得比较优惠的服务项目。

(5) 可以争取降低采购风险。

(6) 可以妥善处理纠纷,维护双方的效益及正常关系,为以后的合作创造条件。

6. 采购谈判的过程

采购谈判的过程分为三个显著的阶段:谈判前、谈判中和谈判后。

(1) 采购谈判前应制订计划,成功的谈判计划包括以下步骤。

① 确立谈判的具体目标。

② 分析各方的优势和劣势。
③ 收集相关信息。
④ 弄清对方的需要。
⑤ 识别实际问题和情况。
⑥ 为每一个问题设定一个成交位置。
⑦ 开发谈判战备与策略。
⑧ 向其他人员简要介绍谈判内容。
⑨ 谈判预演。

(2) 采购谈判过程中的步骤一般分为以下五个阶段。
① 双方互做介绍,明确商议谈判议程和程序规则。
② 探讨谈判所涉及的范围,即双方希望在谈判中解决的事宜。
③ 要想谈判成功,双方需要达成共同的目标,并就此达成一致意见。
④ 在可能的情况下,双方需要确定并解决阻碍达成谈判共同目标的分歧。
⑤ 达成协议,谈判结束。

(3) 采购谈判后的工作包括以下方面。
① 起草一份声明,尽可能清楚地详述双方已经达成一致的内容,并将其呈送到谈判各方,以便提出自己的意见并签名。
② 双方应将达成的协议提交给各自的委托人,明确在哪些事项上达成共识和从该协议中能够获得的益处。
③ 执行协议。
④ 设定专门程序监察协议履行情况,并处理可能会出现的问题。
⑤ 在谈判结束后,与对方举行一场宴会是必不可少的,这种方式可以消除谈判过程中产生的紧张气氛,有助于维护和巩固双方的关系。

7. 采购谈判的要点技巧

(1) 谈判前要有充分的准备。知己知彼,百战百胜。采购人员必须了解商品的知识、品类市场及价格、品类供需状况、本企业情况、本企业所能接受的价格底线与上限,以及其他谈判的目标。同时,一定要把各种条件列出优先顺序,并将谈判重点简洁明了地写在纸上,以便在谈判时随时参考,提醒自己把握谈判的重点和方向。

(2) 只与有权决定的人谈判。谈判之前,最好先了解和判断对方的权限。采购人员可能接触的对象有业务代表、业务各级主管、经理、副总经理、总经理甚至董事长,这取决于供应商的规模。由于这些人的权限不一样,采购人员应尽量避免与无权决定事务的人进行谈判,以免浪费时间和精力,同时也可避免事先将本企业的立场透露给对方。

(3) 尽量在本企业办公室内谈判。零售商通常明确要求采购员只能在本企业的业务洽谈室内进行业务谈判。这样做除了能提高采购活动的透明度、杜绝个人交易行为,更重要的是帮助采购人员创造谈判的优势地位。在自己的地盘谈判,谈判人员不仅有心理上的优势,还可以随时得到其他同事、部门或主管的必要支援,同时还可以节省时间和交通上的开支,提高采购人员的时间利用率和工作效率。

(4) 对等原则。不要单独与一群供应商的人员进行谈判,这样对采购人员极为不利。在谈判时,应遵循"对等原则"。也就是说,我方的人数与级别应与对方保持大致相当。如果对方坚持要求集体谈判,应先拒绝,再研究对策。

(5) 不要表露对供应商的认可和对商品的兴趣。交易开始前,对方的期待值会决定最终的交易条件。因此,有经验的采购人员,无论遇到多好的商品和价格,都不会过度表露内心的看法。他们会给供应商留下这样一个印象:即使费了九牛二虎之力,也只能从你那里获取一点宝贵的让步。永远不要忘记,在谈判的每一分钟都要持怀疑态度,不要流露与对方合作的兴趣,让供应商感觉到并非他们不可,这样可以比较容易地获得有利的交易条件。

对供商第一次提出的条件,可以有礼貌地拒绝或持反对意见。采购人员可以说:"什么?"或者"你该不是开玩笑吧?"从而使对方产生心理负担,降低谈判标准和期望。

(6) 放长线钓大鱼。有经验的采购人员会想办法知道对手的需要,因此他们会在细节上尽量满足对方,然后逐步引导对方满足采购人员的需要。但采购人员要避免先让对手知道本公司的需求,否则对手会利用这一弱点要求采购人员先做出让步。因此,采购人员不要先让步,或不能让步太多。

(7) 采取主动,但避免让对方了解自己的立场。善用咨询技巧,"询问及征求要比论断及攻击更有效"。在大多数的时候,供应商在他们的领域比采购人员专业。多询问,采购人员就可获得更多的市场信息。因此,采购人员应尽量将自己预先准备好的问题,以"开放式"的问话方式,让对方充分表达其立场。然后再采取主动,乘势而上,给对方适当的压力。对方如果难以应付,自然会做出让步。

(8) 必要时转移话题。若买卖双方对某一细节争论不休,无法谈判,有经验的采购人员会转移话题,或暂停讨论,一起喝个茶,以缓和紧张的气氛,并寻找新的切入点或更合适的谈判时机。

(9) 谈判时要避免谈判破裂,同时不要草率决定。有经验的采购人员不会让谈判完全破裂,否则根本就不必谈判。一方面,他们总会给对方留一点退路,以待下次谈判达成协议,但另一方面,采购人员须认识到有时没有达成协议总比达成协议要好,因为勉强达成的协议可能后患无穷。

很多人在谈判时虽然对大方向有所了解,但好的采购人员会把整个谈判内容分解为若干个小点,逐一讨论。当谈完一点,耗得厂家代表筋疲力尽时,他们会突然跳到另一点,有时又会绕回之前讨论过的一点。这时,厂家代表就不一定在每个环节上都知道自己最好的选择和底线了。

对于厂家,采购人员要不断地告知对方自己已经为他做了什么,让对方感觉到采购人员已经付出了很多。如果谈不拢,不要着急中止谈判,更不要害怕主动终止会带来负面效应,而是要"斗争到底"。适当的时候采购人员要做出一些让他们吃惊的行为,让他们重视。这并不是说要采购人员坚持不让步,"斗争"的主要目的是找到一个双赢的策略(只不过要尽力多赢一点)。

(10) 尽量以肯定的语气与对方谈话。在谈判的中盘,面对对方有建设性的或自认为聪明的意见和发言,应保持大方自然的面部表情。如果采取否定的语气,容易激怒对方,使其感到尴尬,导致谈判难以进行,甚至还可能在采购人员的背后采取不正当手段。因此,采购人员应尽量肯定并赞美对方,给对方面子,这样对方也会愿意给予你尊重和面子。

(11) 尽量成为一个好的倾听者。一般而言,供应商业务人员总认为自己能言善道,比较喜欢讲话。采购人员知道这一点,应尽量让他们讲,从他们的言谈举止中,采购人员可听出他们的优势和缺点,也可以了解他们谈判的立场。

(12) 尽量站在对方的立场说话。很多人误以为,在谈判时应赶尽杀绝,毫不让步。但事实证明,大部分成功的采购谈判都是在和谐的气氛下达成的。在相同的交涉条件下,站在对方的立场上进行说明,往往更有说服力。这是因为达成交易的前提是双方都能获得预期的利益。

(13) 以退为进。有些事情可能超出采购人员的权限或知识范围,因此,采购人员不应操之过急,更不应假装自己有权或了解相关情况,从而做出不当的决策。

此时不妨以退为进,请示领导或与同事研究,在了解事实情况后,再做出答复或决定也不迟。毕竟没有人是万事通。草率仓促的决定通常都不是明智之举,智者总是深思熟虑,再作决定。古语云:"三思而后行""小不忍则乱大谋"。事情拖到下次解决可能会更好。要知道,往往采购商能等而供应商不能等。因此,在谈判要结束时,采购人员可以声称须由上级经理决定,为自己争取更多时间来考虑拒绝或重新评估一份方案。

(14) 交谈集中在我方强势点(销售量、市场占有率、成长等)上。向对方介绍公司发展及目标,让供应商对公司有热忱和兴趣。在谈判中,应避免过多暴露自己的弱点,因为一个经验丰富的供应商谈判高手会攻击你的弱点,以削弱你的强项。

在肯定供应商企业的同时,应指出供应商存在的弱点,告诉供应商他们可以,而且需要做得更好。不断重复这个说法,直到供应商开始调整对自己的评价为止。

(15) 以数据和事实说话,提高权威性。无论什么时候,都要以事实为依据。这里说的事实主要是指充分运用准确的数据分析,如销售额分析、市场份额分析、品类表现分析、毛利分析等,进行横向及纵向的比较。

用事实说话,这样对方就没办法过分夸大某些事情,从而保护自己的原则。作为零售商的采购人员,在谈判前,要明确自己的目标,坚持公司的原则,即使在不得不让步的情况下,也要反复强调这些原则,而且这些原则是有数据和分析支持的。同时,要永远保持职业化的风格,让对手在无形中加深"他说的是对的,因为他对这方面很内行"的感觉。

(16) 控制谈判时间。谈判时间一到,就应结束谈判并离开,让对方紧张,从而做出更大的让步。可能的话,可以把他的竞争对手也安排在同一时间约谈,从而进一步增加对方的压力。

(17) 不要误认为 50/50 最好。由于强调双赢,有些采购人员认为谈判达到 50/50 最好,认为这样可以保持双方和气,然而这种想法是错误的。事实上,有经验的采购人员总会设法为自己的公司争取最好的条件,然后让对方也获得一定利益,能对他们的公司有所交代。因此,站在零售采购人员的立场上,如果谈判的结果是 60/40、70/30,甚至是 80/20 的比例,也不应有什么"于心不忍"的情绪。

(18) 谈判 14 戒。

① 准备不周。如果缺乏准备,就无法得到对手的尊重,从而在心理上处于劣势;同时,无法知己知彼,漏洞百出,很容易露出马脚。为了弥补不足,就会在另一点上做出让步。

② 缺乏警觉。对供应商叙述的情况和某些词汇不够敏感,将无法抓住重点,也无法迅速而充分地利用洽谈中出现的有利信息和机会。

③ 脾气暴躁。人在生气时不可能做出正确的判断。盛怒之下,容易做出不明智的决定,并且需要承担不必要的风险。同时,这还会给对方留下非常不好的印象,并形成成见,导致你在日后的谈判中处于被动状态。

④ 自鸣得意。骄兵必败,这是因为骄兵很容易过于暴露自己的弱点,并让对手看清你的缺点,同时也失去了深入了解对手的机会。

此外,骄傲还可能导致不尊重对方的言行,激化对方的敌意和对立,从而增加双方的矛盾,最终加大自己在谈判中的困难。

⑤ 过分谦虚。过分谦虚只会产生两个效果：一是让别人认为你缺乏自信，缺乏能力，而失去对你的尊重；二是让人觉得你太世故，缺乏诚意，对你有戒心，产生不信任的感觉。

⑥ 不留情面。不留情面会失去对别人的尊重，而且在注重人际关系的地区，还很有可能影响自己的职业生涯。

⑦ 轻诺寡信。不要为了满足自己的虚荣心而越权承诺，或承诺自己没有能力做到的事情。这不但会使个人信誉受损，同时也会影响企业的商誉。你要对自己和供应商明确这一点：以商信誉为本，无信无以为商。

⑧ 过分沉默。过分沉默会令对方感到尴尬。有些采购人员认为供应商是有求于自己，因此自己不需要顾及对方的感受。如果对方以为像碰上了木头人，不知所措，那么他们也会减少信息的表达。最终，由于沟通不充分，反而会让你争取不到更好的交易条件。

⑨ 无精打采。尽管采购人员一天之内见几个供应商后会感到很疲劳，但这时依然要保持职业面貌。不要因自己的疲惫而浇灭对方的高昂兴致，这可能让自己失去很多贸易机会。

⑩ 仓促草率。工作必须基于良好的计划管理，仓促草率的做法可能导致被供应商认为是对他的不重视，从而无法赢得对方的尊重。

⑪ 过分紧张。过分紧张是缺乏经验和自信的信号，这会让供应商觉得你是一个新手，容易欺负，因此，他们可能会利用这个机会。供应商可能会提高谈判的底线，使你从一开始就无法达到上司设定的谈判目标。

⑫ 贪得无厌。工作中，聪明的供应商会在合法合理的范围内，以各种方式迎合和讨好采购人员。遵纪守法、自律廉洁不仅是采购人员的基本职业道德，也是其发挥业务能力的前提。因此，采购人员应当重视长期收益，而非追求短期利益。

⑬ 玩弄权术。不论是处理企业内部还是外部的关系，都应以诚实、客观的处事态度和风格来行事。玩弄权术最终受损的是自己，因为时间会让真相大白，别人最终会给你一个公正的结论。

⑭ 泄露机密。严守商业机密是雇员职业道德中最重要的要求。对手会认为你是可靠与值得尊敬的谈判对象。因此，时刻保持警觉，在业务沟通中要绝对避免披露明确和详细的业务信息。当有事要离开谈判座位时，一定要合上资料、关掉电脑，或将资料直接带出房间。

四、签订采购合同

采购合同是企业（供方）与分供方经过谈判并协商一致后签订的具有法律效力的文件，用于明确双方的供需关系。合同双方都应遵守和履行合同中规定的条款，并且该合同是双方联系的共同语言基础。签订合同的双方都有各自的经济目的，采购合同是经济合同，受国家法律保护，双方需承担相应的法律责任。

（一）合同内容

采购合同是商务性的契约文件，其内容条款一般应包括：供方与分供方的全名、法人代表，以及双方的电话、E-mail等；采购货品的名称、型号和规格，以及采购的数量；价格和交货期；交付方式和交货地点；质量要求和验收方法，以及不合格品的处理，当另订有质量协议时，则在采购合同中写明质量协议，明确违约的责任。合同范本如下。

采 购 合 同

甲方(订货人)：　　　　　　　　　　　　乙方(供货人)：
法定代表人：　　　　　　　　　　　　　　法定代表人：
根据《中华人民共和国民法典》规定,经甲乙双方充分协商,特订立合同,以便共同遵守。

1. 产品的名称、品种、规格和质量

(1) 产品名称、规格及金额。

产品名称	规格	数量	单价	金额	备注
合计金额					

(2) 产品的技术标准(包括质量要求),按国家标准执行。

2. 合同价款及付款方式

本合同总价款为____元人民币整。本合同签订后,甲方向乙方支付定金____元,在乙方将上述产品送至甲方指定的地点并经甲方验收后,甲方一次性将剩余款项付给乙方。

3. 产品质量

(1) 乙方保证所提供的产品货真价实,来源合法,无任何法律纠纷和质量问题。如果乙方所提供产品与第三方出现了纠纷,由此引起的一切后果均由乙方承担。

(2) 如果甲方在使用上述产品过程中,出现产品质量问题,乙方负责调换;若不能调换,予以退还。

4. 违约责任

(1) 甲乙双方均应全面履行本合同约定,一方违约给另一方造成损失的,应当承担赔偿责任。

(2) 乙方未按合同约定供货的,按延迟供货的部分款,每延迟一日承担货款的万分之____违约金;延迟____日以上的,除支付违约金外,甲方有权解除合同。

(3) 甲方未按照合同约定的期限结算的,应按照中国人民银行有关延期付款的规定,延迟一日,需支付结算货款的万分之____的违约金;延迟____日以上的除支付违约金外,乙方有权解除合同。

(4) 甲方不得无故拒绝接货,否则应当承担由此造成的损失和运输费用。

(5) 合同解除后,双方应当按照本合同的约定进行对账和结算,不得刁难。

5. 其他约定事项

本合同一式两份,自双方签字之日起生效。如果出现纠纷,双方均可向有管辖权的人民法院提起诉讼。

甲方(签字盖章)：　　　　　　　　　　　乙方(签字盖章)：
日期：　　　　　　　　　　　　　　　　　日期：

（二）注意事项

1. 审查采、供货双方的基本情况

在采购谈判正式开始之前，要审查对方的营业执照，了解其经营范围、资金状况、信用记录及经营情况，并核实其项目是否合法等。如果有担保人，也要调查担保人的真实身份。若出面签约的是某业务人员时，要注意查看对方提交的由法人开具的正式书面授权委托证明，以确保合同的合法性和有效性。特别是在涉外商贸谈判中，要注意把子公司和母公司分开，若与子公司谈判，不仅要了解母公司的资信情况，更要调查子公司的资信情况。因为母公司对子公司并不承担连带责任。

2. 严格审核采购合同主要条文

当谈判双方就交易的主要条款达成一致后，就进入合同签约阶段。谈判涉及的数量、质量、货款支付，以及履行期限、地点、方式等，都必须严密、清楚，否则会造成不可估量的经济损失。

3. 明确商品的标准

签订合同时，双方对买卖商品的名称必须准确而规范。对所购产品的质量标准应当在合同中明确约定，以免所交货物因质量不符合所要采购的标准而引起纠纷。

4. 明确交货地点

签订合同时，要写明交货地点，保证货物能够及时签收，避免丢失货物，尤其是在跨国采购时更应注意。

5. 明确接收货物时间

为了避免采购的产品因过期等原因失去原有的使用价值，在采购合同中应明确约定货物到交货地点后采购人的收货时间。

6. 明确双方应承担的义务和违约的责任

采购合同双方应就违约事项约定解决方式及法律责任，以此来维护自己的合法权益。例如，约定在违反合同事项时支付违约金。

（三）管理制度

（1）合同草拟。
（2）双方修改及审阅。
（3）最终确定合同内容。
（4）双方盖章。
（5）归档。
（6）相关部门跟进合同履约情况。

五、采购成本分析

（一）采购成本概述

1. 采购成本的含义和内容

采购成本是指与采购原材料部件相关的物流费用，包括采购订单费用、采购计划制订人员的费用、采购人员管理费用等。对于生产制作企业而言，采购成本是构成企业生产成本的主要部分。对于第三方物流企业，采购成本同样是物流成本的主要组成部分。在经济学中，利润的增加需要通过提高收入或降低成本来实现。成本管理就是在满足客户要求的前提下,通过采取一系列方法和策略来控制成本,以达到降低成本的目的。

2. 采购成本的构成

(1) 集中采购机构成本。集中采购机构成本主要是指从事政府采购活动所花费的资金与劳动付出。一般来说,集中采购机构的资金来源有两个渠道:一是财政性拨款;二是集中采购机构自身收入,即标书工本费和按一定比例收取的中标服务费。节约与效益是绩效管理的重要指标之一,集中采购机构的采购成本核算要综合体现这两个指标。

(2) 采购人付出成本。采购人付出成本主要包括采购项目预算成本、技术参数确定成本、租用开标场地成本(强令进入招投标市场的政府采购活动,不仅集中采购机构要付场地租用费,采购人也要承担一定比例的相关费用)。由于采购单位专业技术人员的缺乏,必须花费一定时间与精力去查询相关信息,聘请专业人士参谋并提供初步方案,甚至还要与潜在供应商接触,其间产生的相关费用也要由采购人承担。在不能确定具体要求时,采购人还会组织相关人员外出考察,考察成本也是总成本的一项重要内容。当然,这里主要是指正成本或者说是良性成本。采购人的负成本是指在考察过程中或前期准备阶段存在利益寻租,指定或变相指定中标人,验收时放低要求,个人获利,坑害部门利益,造成财政性资金流失,招标项目质量折扣严重。

(3) 供应商投标成本。供应商投标成本根据投标成本可分为固定成本与非固定成本。固定成本是指投标人按照事先约定好的比例缴纳的一定费用,具有显性与公开性,主要包括标书工本费、公证费、中标服务费、场地租用费、招标项目预决算费用等。非固定成本主要是指由于采购机构业务方式的不确定性、方便投标人考虑程度上的差异性、规范操作理解上的误差等原因,直接导致供应商要承担的隐性的投标成本,体现在采购机构标书购买方式、投标市场环境、答疑方式、标书条款限制、履约合作顺畅程度、付款方式、整个采购系统工作效率等方面。

3. 采购成本管理

(1) 采购制度和流程管理。采购工作是一项复杂的工作,主要与供应商和物流公司打交道。因此,企业应该制定严格的采购制度和程序,使采购工作有章可循,尽量避免因发生采购风险而导致采购成本虚高的现象。同时,制度还可以规范采购人员的操作,有效遏制采购人员的徇私舞弊行为。

建立完善的采购制度,应注意以下几个方面。

① 建立健全采购制度。建立严格、完善的采购制度,在规范企业采购活动、提高效率的同时,还可以预防采购人员的不良行为。

② 建立供应商制度。供应商的选择是采购活动实施过程中的关键一步,直接关系到产品的质量、价格和售后服务等,这些都直接或间接地对采购成本产生影响。对于供应商的选择,企业必须建立起一个完善的供应商选择和考核流程。首先,企业需要制定一个供应商准入标准,只有达到企业标准的供应商才能列入可选择的范畴;其次,建立一套标准的供应商选择制度,以客观标准作为衡量的主要依据,减少人为主观性以避免供应商在选择过程中的暗箱操作;最后,建立供应商管理系统,对供应商进行分级管理,实时记录供应商的绩效,并对采购人员进行反馈。

③ 建立绩效考核制度。绩效考核主要针对采购人员和供应商两方面。采购人员的工作效率、工作态度和业务水平直接影响企业采购成本,要根据采购人员的工作业绩进行奖惩,让

采购人员体会到个人利益和企业采购成本有直接关联,让采购人员在采购的过程中时刻以成本最优作为工作的出发点。

(2) 采购人员管理。随着国际贸易的发展及市场经济的繁荣,采购的环境越来越复杂,采购的商品种类也越来越繁多。采购业务对采购人员的要求也相应提高,这主要体现在以下方面。

采购流程

① 采购人员对业务知识的熟悉程度。只有熟悉采购业务才能了解采购环境,进而运用先进的采购方法进行采购,并在采购过程中对流程进行优化。

② 采购人员职业素质的持续提升。员工的职业道德、职业修养、职业操守、应变能力、执行能力及良好的沟通能力等都是企业关注的重点,也是影响企业运转效率的关键。

③ 采购人员实行轮岗制。定期对采购人员的工作岗位进行调换,可以杜绝采购人员与供应商建立"合作"关系,防治采购的腐败现象,保证合理的采购价格。

(3) 结算方式管理。在实际采购过程中,企业要按照合同中规定的付款方式支付货款,如预付货款、货到付款、凭单付款等。在竞争日趋激烈的市场环境中,付款方式的选择也成为一种竞争手段和降低采购成本的方法,卖方为了获得更多的市场份额,往往以优惠的付款方式变相给买方融资。

(4) 信息管理。信息时代让人们足不出户就可以买到世界各地的商品。公司应建立起完备的物料信息网络,通过网络来进行供应商的筛选、了解采购商品详情及在线支付等方式来减少采购成本,提高经济效益。

(5) 材料成本管理。材料成本是构成采购总成本的主要部分,材料成本中材料的价格又是决定材料成本的主要因素。现行的市场价格影响因素较多,价格波动也较大,采购人员应该及时地了解并掌握物资市场价格,实时了解国内、国外的相关政策和行业动态,把握材料价格的市场走势,在物价上涨前低价购进,以减少因为涨价导致成本上升而造成的损失。因此,企业为了保证货源充足和实现采购成本最低的目标,必须及时了解和掌握供求变动规律,避免高价采购,控制和降低采购成本。

同时,运输方式的选择所产生的运输费用、入库前的挑选整理费用等也都是材料成本的组成部分。采购成本是在采购流程中产生的各项支出和费用,虽然很多厂家的生产情况不一样,但大致都包含采购计划制订、行为发生及采购过程监督这三项基本内容。

(二) 降低采购成本的方法

1. 通过付款条款的选择降低采购成本

如果企业资金充裕,或者银行利率较低,可采用现金交易或货到付款的方式,这样往往能获得较大的价格折扣。此外,对于进口材料、外汇币种的选择和汇率走势也需格外注意。例如,某公司从荷兰进口生产线,由于考虑了欧元的弱势走势,选择了欧元为付款币种(该公司外币存款为美元),从而降低了设备成本。

2. 把握价格变动的时机

材料价格会经常随着季节、市场供求情况的改变而变动。因此,采购人员应注意材料价格变动的规律,把握好采购时机。例如,某公司的主要原材料聚碳酸酯(PC塑料),上年年初的价格为2.8美元/千克,而到了八九月,价格上升到3.6美元/千克。如果采购部门能把握好采购时机和采购数量,会给企业带来很大的经济效益。

3. 以竞争招标的方式牵制供应商

对于大宗物料的采购,企业应采用竞争招标的方式,通过供应商的相互比价,最终得到底线的价格。此外,对同一种材料,应多找几家供应商,通过对不同供应商的选择和比较使其互相牵制,从而使公司在谈判中处于有利的地位。

4. 向制造商直接采购或结成同盟联合订购

向制造商直接订购,可以减少中间环节,降低采购成本,同时提升制造商的技术服务水平、售后服务质量。另外,有条件的几个同类厂家可结成同盟联合订购,以避免单个厂家因订购数量小而得不到更多的优惠。

5. 选择信誉佳的供应商并与其签订长期合同

与诚实、讲信用的供应商合作不仅能保证供货的质量、交货期及时,还可得到其付款及价格的关照。特别是与其签订长期合同往往能得到更多优惠。

6. 充分进行采购市场调查和信息收集

一个企业的采购管理要达到一定水平,就应充分注意对采购市场的调查和信息的收集、整理。只有这样,才能充分了解市场的状况和价格的走势,使自己处于有利地位。如果有条件,企业可设专人从事这方面的工作,定期形成调研报告。

7. 标准化利用

产品标准化是降低采购成本的有效手段之一。简单地说,标准化就是尽可能减少专用的制程,用一般材料替代专用的材料,并扩大标准件和通用部件的使用范围,增强其互换性、通用性。标准化措施可以使生产作业共同化、项目减少,使批次采购量相对增加,从而节省采购手续费,降低物料采购的成本。为实现产品的标准化,务必要做到以下几点。

(1) 设计人员要树立起标准化设计的理念,在产品、配件和物料的选用上,尽可能使用标准件、通用件。

(2) 设计人员要有成本分析的观念。在选用某一特定供应商的产品时,要多与采购部门沟通,尽可能减少使用特殊产品。即便确实需要某些特殊产品时,也应采用价格合理的供应商提供的设计资料。

(3) 标准化措施的实施需管理、生产、技术、财务、营销、采购、仓储等部门通力合作。

(4) 尽可能采购现成品及规格品。

(5) 充分利用供应商资料。

六、评估采购绩效

(一) 评估采购绩效的概念

评估即评价估量,就其本义而言,是评论估量货物的价格,泛指衡量人物、事物的作用和价值。绩效即功绩、功效,也指完成某件事的效益和业绩。采购绩效就是指采购效益和采购业绩。它体现了采购产出与相应投入之间的对比关系,是对采购效率进行的全面、整体、评价的重要指标。

采购绩效评估是指通过建立科学、合理的评估指标体系,全面反映和评估采购政策功能目标和经济有效性目标实现程序的过程。

(二) 基本要求

美国采购专家威尔兹对采购绩效评估的问题,曾提出下列看法。

(1) 采购主管必须具备对采购人员工作绩效进行评估的能力。采购主管对商品采购工作负有领导和监督的责任。因此,采购主管的业务素质和道德素质对整个采购工作有着非常重要的作用,有效合理地评估采购人员的工作绩效是一名采购主管必备的能力。

(2) 采购绩效评估必须遵循以下基本原则。

① 持续性。评估必须持续进行,要定期地检讨目标达成的进度,当采购人员知道会被评估绩效,自然能够致力于绩效的提升。

② 整体性。评估必须以企业整体目标为出发点,来进行绩效评估。

③ 开放性。采购作业的绩效会受到各种外来因素左右。在评估时,不仅要衡量绩效,也要检讨各种外来因素造成的影响。

④ 评估尺度。评估时,可以以过去的绩效为尺度,将其作为评估的基础,也可以通过与其他企业的采购绩效进行比较的方式来进行评估。

(三) 目的

许多企业与机构仍然把采购人员看作"行政人员",对他们的工作绩效还是以"工作品质""工作能力""工作知识""工作量""合作""勤勉"等一般性的项目来考核,使采购人员的专业技能与绩效未受到应有的尊重与公正的评量。实际上,如果能对采购工作做好绩效评估,通常可以达到以下目的。

(1) 确保采购目标的实现。各企业的采购目标各不相同。例如,政府采购单位偏重于"防弊",采购作业以"如期""如质""如量"为目标;而民营企业则注重"兴利"。采购工作除了维持正常的产销活动外,还非常注重产销成本的降低。因此,各企业可以针对采购单位所应追求的主要目标加以评估,并督促实现。

(2) 提供改进绩效的依据。绩效评估制度可以提供客观的标准,来衡量采购目标是否达成,也可以确定采购部门的工作表现。正确的绩效评估有助于发现采购作业的不足之处,可以据此制定改善措施,从而达到"检讨过去、策励将来"的效果。

(3) 作为个人或部门奖惩的参考。采用良好的绩效评估方法,能将采购部门的绩效与其他部门区分开来,凸显其独特贡献,并反映采购人员的个人表现,为人事考核提供参考资料。依据客观的绩效评估来实施公正的奖惩,可以激励采购人员不断进步,发挥团队合作精神,使整个部门发挥合作效能。

(4) 协助甄选人员与训练。根据绩效评估结果,可针对现有采购人员的工作能力缺陷,拟订改进的计划。例如,安排参加专业性的教育训练;如果发现整个部门缺乏某种特殊人才,如成本分析员或机械制图人员等,则可由公司另行内部选拔或向外界招募相关人才。

(5) 加深部门关系。采购部门的绩效受其他部门配合程度的影响。因此,采购部门的职责是否明确,表单、流程是否简单、合理,付款条件及交货方式是否符合公司的管理制度,各部门的目标是否一致等,均可通过绩效评估来判定。同时,绩效评估还可以改善部门间的合作关系,提升企业整体的运作效率。

(6) 提高工作人员的士气。有效且公平的绩效评估制度可以使采购人员的努力成果获得适当回馈与认定。采购人员通过绩效评估,能够像业务人员或财务人员一样,对公司的利润贡献有客观的衡量尺度,成为受到肯定的工作伙伴,这对提升他们的士气大有帮助。

(四) 制度要求

(1) 公开化。企业应以公正无私的立场,来制定采购绩效评估制度,绝不能使绩效评估制度成为采购部门本位主义的产物。

(2) 必须切实符合企业的特性。采购绩效评估制度必须带有企业个性化色彩,符合企业特性。评估制度不是摆设,在制定前要对企业的业务运营进行深入调查,使采购绩效评估制度能和企业实际结合起来,从而发挥最大效用。

(3) 评估的目的必须明确。评估的目的是引导员工行为,明确的目的能帮助员工加深对制度的理解,从而保障企业利益最大化。

(五) 标准

有了绩效评估的指标之后,必须考虑依据何种标准作为与实际绩效比较的基础。常见的标准如下。

1. 历史绩效

选择公司以往的绩效作为评估绩效的基础,是一种相当正确、有效的做法。但这种标准只适用于公司采购部门在组织、职责或人员等方面都没有重大变动的情况下。

2. 预算或标注绩效

如果难以取得过去的绩效或采购业务变化较大,则可以把预算或标准绩效作为衡量基础。标准绩效的设定有三项原则:①固定的标准。评估的标准一旦建立,则不再改动;②理想的标准。这是指在完美的工作条件下应有的绩效;③可达成的标准。这是指在现况下应该可以做到的水平,常依据当前的绩效加以考量设定。

3. 同业平均绩效

如果企业与其他同行业公司在采购组织、职责及人员等方面相似,则可与其进行绩效比较,以辨别彼此在采购工作成效上的优势。如果个别公司的绩效资料不可得,则可以同整个行业绩效的平均水准进行比较。

4. 目标绩效

预算或标准绩效是指在现有条件下,"应该"可以达成的工作绩效;而目标绩效则是在现有条件下,需经过一番特别的努力才能实现的更高境界。目标绩效代表公司管理层对工作人员最佳绩效的"期望值"。

(六) 方式

越来越多的企业管理者认识到采购部门在整个企业中发挥的巨大作用,尤其是配备了有能力的雇员和组织恰当的采购部门。定期合理地评价采购部门的绩效可以节省费用,直接增加企业利润。采购人员工作绩效的评估方式,分为定期和不定期两种。

(1) 定期评估。定期评估是配合公司年度人事考核进行的。一般而言,如果能以目标管理的方式,也就是从各种工作绩效指标中选择年度重要性比较高的项目中的几个定位绩效目标,年终按实际达到的程度加以考核,那么一定能够提升个人或部门的采购绩效。同时,这种方法因为摒除了"人"的抽象因素,以"事"的具体成就为考核重点,也就比较客观、公正。

(2) 不定期评估。不定期绩效评估是以专案的方式进行的。例如,公司要求某项特定产品的采购成本降低10%。当设定期限一到,评估实际的成果是否高于或低于10%,并就此成果给予采购人员适当的奖励或处分。此种评估方法对采购人员的士气有巨大的提升作用,而且特别适用于新产品开发计划、资本支出预算、成本降低的专案。

(七) 方法

采购绩效评估方法直接影响评估计划的成效和评估结果的正确与否。常用的评估方法如下。

（1）直接排序法。在直接排序法中，主管按照绩效表现从好到坏的顺序依次给员工排序，这种绩效表现既可以是整体绩效，也可以是某项特定工作的绩效。

（2）两两比较法。两两比较法指在某一绩效标准的基础上，把一位员工与其他员工相比较来判断谁"更好"，并记录每一位员工和任何其他员工比较时认为"更好"的次数，根据次数的多少给员工排序。

（3）等级分配法。等级分配法能够克服上述两种方法的弊端。这种方法由评估小组或主管先拟定有关的评估项目，按评估项目对员工绩效做出粗略的安排。

采购人员准则

采购人员职业道德案例

实践应用

一、中国采购平台分析

中国作为全世界电子商务最发达的地区之一，每天都有数以百万计的订单产生，为了满足庞大的销量，商家必须通过多个供应商拿货，由此专门给商家供应产品的采购平台就应运而生了。

（一）阿里巴巴

阿里巴巴毋庸置疑是国内采购平台的行业龙头，其品牌影响力及雄厚的资本实力都是其傲视群雄的资格。阿里巴巴更是手持着淘宝、天猫两个 B2C 最有影响力的平台，使阿里巴巴如虎添翼。不过不可避免地，阿里巴巴也患上了最常见的大企业病——管理模式过于烦琐，效率难以提高，而平台也过于维护采购商的利益而忽略了供应商的利益。这几点是阿里巴巴目前最需要解决的几个问题，否则可能被其他平台超越。

（二）慧聪网

慧聪网是国内 B2B 领域历史最悠久的采购平台，在阿里巴巴未成立前一度是采购平台的王者。虽然它在与阿里巴巴的竞争中惨败，但其建立的口碑及影响力不是一时半刻就会消失殆尽的，而且其在线下的渠道建设及品牌影响力仍然十分强势。

（三）雀搜

虽然雀搜的知名度不如前两位，但是其受到的媒体关注度并不逊色于它们。这主要是因为雀搜创新性的商业模式给行业带来了新的方向。雀搜利用自身的大数据匹配引擎系统，彻底改革了过去采购商或供应商一步步搜索的方式。用户只需稳坐电脑前，打开雀搜，便可搜索到符合自己要求的采购需求或供应信息。对于采购商来说，只需要在雀搜发布采购需求，雀搜的大数据匹配引擎将自动把采购需求推送至相对应的供应商；而对于供应商来说，只要产品上线，雀搜系统将自动将该产品推送到相对应的采购商，且每天都会有十万量级的采购需求被推送给供应商。目前,雀搜是国内最有潜力的采购商信息数据营销平台之一。

(四)京东

京东虽然入局不久,但是凭借着其在B2C领域积累的强大的品牌影响力及背后投资人的支持,短短几年间,京东已然成为国内B2B领域不可忽略的重量级选手。京东不仅为用户提供产品与稳定的供应链,更为用户提供整体解决方案。由于其优质的服务,京东迅速地俘获了一大批供应商与采购商的支持。

(五)中国制造网

中国制造网作为老牌B2B采购平台之一,其服务与口碑已经家喻户晓。中国制造网在某些领域仍然具有显著优势。不过,考虑到国内竞争日益激烈,中国制造网将业务重心主要放在了海外市场,并处于良好的经营状况。在出口外贸方面,中国制造网仍然保持着较强的优势。

除了上述的五大平台,马可波罗、生意宝、敦煌网等平台也在某些特定的领域有一定的优势,但主要的采购平台还是以上述五大平台为主。

资料来源:https://www.6miu.com/read-306708.html.

二、采购员必备基本知识

(1)产品知识。原材料、生产加工工艺、行业标准、实验等知识。制造、出厂检验、运输、仓储等成本构成也非常重要。知道了这一点,采购员才有和供应商谈判的筹码和底气。

(2)合同知识。最好对相关法律、法规有所了解。许多大公司都有自己的法律事务部门。采购员不需要成为法律专家,但多了解一些法律知识也无妨。

(3)贸易知识。如果是全球采购,贸易知识就会显得非常重要。你必须精通贸易术语,了解T/T和L/C的含义,知道进口报关需要的各种费用和税收,以及供应商所在国的海关政策、当地情况,以及海关、税收、生产成本构成。

(4)金融知识。报表一定要通俗易懂,税务知识一定要清楚,发票一定要清晰。

(5)基本办公软件操作能力。掌握Excel,Word,PPT,Outlook等基础软件操作。

(6)谈判能力。在与老板谈判薪资、争夺资源,与供应商谈判合同条款,与其他部门合作时,尤其是存在利益冲突时,谈判能力是不可或缺的能力。

(7)沟通技巧。这一点非常重要,尤其是在采购进退两难的时候。良好的沟通和协调能力可以解决困难,缓解紧张的关系。例如,当公司需要紧急发货,但供应商的发货周期无法满足时;当公司没有足够的现金流,供应商坚持不发货时,都需要深入沟通协调。

(8)洞察力。简而言之,洞察力就是观察人们所说所见,快速捕捉对方的真实想法和意图及现场气氛的能力。这种能力不局限于采购领域,而是职场通用的核心能力。任何岗位上的人,如果具备出色的洞察力,就有可能轻松脱颖而出。

(9)执行力。强有力的执行力是实现目标的关键。这种能力也是职场通用能力。

(10)抗压能力。采购人员需要在压力下与外部供应商和内部客户一起工作,双方都得靠采购来维持和平衡,尤其是在有利益冲突时。在此期间,交货、付款、质量等问题势必对采购员造成很大压力。如果没有抗压能力,就很难胜任这一职位。

(11)成本控制能力。供应商报价并非最终决策,要控制成本,就要掌握产品的成本价,并结合目前的市场水平。由此可以计算出合理的成本,然后才能有针对性地控制成本。如果成本太高,就结合VAVE看哪个部分有降低的空间。这是成本控制的精髓。

（12）预测能力。预测能力很重要。通过分析政策的颁布,可以预测原材料市场的未来走势；关注国际事件的发生,可以预测运费可能的变化……这是一个很重要很核心的能力,但是需要知识和经验的支撑和积累。

（13）信息收集和整合能力。供应商的开发和定点、价格验证等环节,每一个决策都不是凭空想象而来的,都必须有内外多渠道的信息支持和有效的理论支撑。

知识技能应用

一、判断题

1. 采购成本是指企业为原材料、配套件、外协件而发生的相关费用。　　　　　（　　）
2. 相对成本控制是以预定成本限额为目标,绝对成本控制是以使成本最小化为目标。
　　　　　　　　　　　　　　　　　　　　　　　　　　　　　　　　　（　　）
3. 根据品种的市场性质和需求性质来选择合适的采购战略称为品种战略。（　　）
4. 常规品的共同特点是供大于求。　　　　　　　　　　　　　　　　　（　　）
5. 紧缺品的共同特点是供大于求。　　　　　　　　　　　　　　　　　（　　）
6. 单一品种采购战略是指某一品种大批量的订购战略。　　　　　　　　（　　）
7. 单一品种采购战略是指同类多品种、同地多品种联合订购战略。　　　（　　）
8. 一个完整的招标采购包括招标、投标、开标、评标、决标和签订合同。（　　）
9. 由采购行为所产生的业绩和效果及效率的综合程度就是采购绩效。　　（　　）
10. 采购效率是指通过特定的活动实现预先确定的目标和标准额的程度。（　　）

二、单选题

1. 由采购单位选出供应条件较为有利的几家供应商,同他们分别进行协商,再确定合适的供应商。这种供应商选择方法是（　　）。
　　A. 直观判断法　　　　　　　　　　B. 评分法
　　C. 采购成本比较法　　　　　　　　D. 协商选择法

2. 将采购的货物运进自己仓库的全过程的实施方案战略,属于（　　）。
　　A. 进货战略　　　　　　　　　　　B. 采购品种战略
　　C. 采购方式方案战略　　　　　　　D. 订货谈判战略

3. 对于进货难度和风险大的进货任务,首选的进货方式是（　　）。
　　A. 委托第三方物流　　　　　　　　B. 供应商送货方式
　　C. 用户自提进货　　　　　　　　　D. 程度均等式

4. 在市场上,供大于求的物品称为（　　）。
　　A. 常规品　　　B. 紧缺品　　　C. 单一品种　　　D. 联合品种

5. 预先确定订货点和订货批量,然后随时检查库存,当库存下降到订货点时,就发出订货,并且订货批量每次都相同。这种采购模式称为（　　）。
　　A. 定期订货法采购　　　　　　　　B. 定量订货法采购
　　C. MRP采购模式　　　　　　　　　D. JIT采购模式

6. 由企业采购人员采用应用软件,制订采购计划而进行采购的模式,称为(　　)。
    A. 定期订货法采购　　　　　　　　B. 定量订货法采购
    C. MRP 采购模式　　　　　　　　　D. JIT 采购模式
7. 一种完全以满足需求为依据,遵循 R 原则的采购模式,称为(　　)。
    A. 定期订货法采购　　　　　　　　B. 定量订货法采购
    C. MRP 采购模式　　　　　　　　　D. JIT 采购模式
8. 在确定采购需要量的几种方法中,不考虑订购成本和储存成本这两项因素的是(　　)。
    A. 固定数量法　　B. 固定期间法　　C. 批对批法　　D. 经济订购数量法
9. 下面对分散制采购制度缺点解释错误的是(　　)。
    A. 权力分散,不利于采购成本的有效降低
    B. 决策层次低,易于暗箱操作
    C. 难以适应零星、地域性及紧急采购状况
    D. 管理不善将会造成供应中断,影响生产活动的正常进行
10. 如果订购成本不高,则最适合用来确定采购需要量的方法是(　　)。
    A. 固定数量法　　B. 固定期间法　　C. 批对批法　　D. 经济订购数量法

三、案例分析题

为了提高医院药品采购透明度,纠正药品销售中的不正之风,保证药品品质,降低药品采购价格,减轻群众负担,国内不少省、区、市政府和卫生系统纷纷推行药品公开招标采购。由于药品集中招标采购,多家医院同时招标,参与竞标的药品经销商和厂家数量众多,招标药品种类繁杂,再加上招标步骤必须遵循法律法规,程序严格,导致招标工作量非常大。例如,使用传统的人工方法处理,不仅耗力、费时、效率低,也难以排除人为因素。

同时,药品是一种特殊商品,具备严格统一完善的技术标准、名称、品质,而且通量大,企业价值高,非常适合采用电子商务的方法购销。因此,卫生部门决定采用电子商务手段解决这个困扰已久的问题。

问题:请结合材料说明电子采购的优势。

项目二案例分析拓展

项目三

仓储管理

【项目导入】

电商大促来临之际,提到仓库,你想到了什么?是堆积如山的纸箱子、推着货车不断往返的拣货员,还是转动不息的传送托盘?是的,这些都是传统仓库的缩影。近年来,业界不断探寻两个维度的仓库优化方案:一是实现仓库占天不占地、更多货物"上楼";二是实现不同货物即便装进同一个箱子,也能被精准找到。

要想实现这样的优化,需要智能仓储带来自动化的整体解决方案。

北京市顺义区距离首都机场T2航站楼仅4公里,这里是融链·北京空港智慧物流园所在地。作为在中国内地运营了多个智能立体共享仓,为淘宝电商客户及部分大型客户提供一站式仓储物流服务的智能仓储运营商代表,其被命名为"鲸仓"的智能仓库给很多人留下的第一印象是干净、安静。事实上,在电商大促的忙碌时段,"鲸仓"6000平方米的北京仓库里存放的商品品牌超40个、数量超250万件。

"我们叫它'鲸仓'的原因是,鲸鱼是世界上最大的动物,我们这个仓库特别密集,存储量特别大。从名字上看,我们已经把使命确定了,那就是要最大化地利用空间,以便更有效地节约土地资源。"谈及鲸仓名字的由来,鲸仓创始人李林子这样说。

而总结鲸仓北京分公司总经理叶冀翔的话,我们发现,鲸仓与传统仓库相比有三大不同。

一是空间格局不同。传统仓库堆货有限高要求,一般以分拣员的平均身高作为参考标准。而在鲸仓,货架分为三层,按二到三层货架最多放7个标准箱(单个标准箱长×宽×高为60cm×40cm×28cm),同时考虑到货仓顶部装有"蜘蛛人"(全称"蜘蛛拣选系统"),则这个仓库实际利用率至少可以提高6倍,是名副其实的密集存储。

说起"蜘蛛人",叶冀翔说,人工智能就是它们的"大脑",它们的工作任务是"取箱子"。一旦接到下单指令,这些"蜘蛛人"会在毫秒之间精准定位到存放商品的箱子位置,并快速把它转运到拣货台,整个过程仅需两分钟。

二是箱内布局不同。传统标准箱内存放的往往是同一种货品,这便于人工分拣和搬运。而打开鲸仓内任意一个标准箱,我们看到的货品是按照节省空间的原则码放的。即便如此,智能仓储系统仍能实现3倍于人工的分拣包装效率。

三是所产生的价值不同。如果只是用一套智能仓储设备给传统仓库做数字化改造,那么鲸仓作为制造商赚的就只是设备钱。但如果既出售设备同时也出售人工智能管理系统,那就实现了从生产者向经营者的转变。

那么,实现这样的仓库优化方案,是否意味着需要更多的资金加持呢?"鲸仓的上游是持有大量仓储设备和厂房资产的资本方,下游对接的是大型电商企业。在实际的业务场景中,鲸仓会向产业资本方购买仓储设备和厂房,然后为终端电商客户提供仓储物流服务。"在李林子看来,边际成本低、可共享是智能仓的优势。但其劣势是一次性投资强度大,运营技术要求高。最终,这种"重资产、轻运营"的矛盾,通过产业间轻重结合的高效协同,得到了统一。

据了解,蚂蚁链的物联网技术主要确保设备数据的源头可信,区块链技术实现设备及其他商贸数据的可信流转。两项技术让仓储资产在所有权、经营权和使用权分离的情况下,实现了多方之间更信任的合作。这对鲸仓而言,降低了融资成本,扩大了融资规模;对资金方而言,降低了投资风险及贷前贷后的监管成本;对行业而言,则是降低了应用设备的初始投入门槛,加速了机器人的普及。

"在整个仓储产业链上,我们想证明设备这些科技资产的价值要远远大于钢筋水泥。"李林子说,上链的数据呈现了一个仓库真实的运营状态,让上下游形成了透明的协作关系。比如,"蜘蛛人"今天在仓库搬了100次箱子,背后连接的是200个订单,而每个订单有10元的收入。这有助于降低产业链的协作信任成本,让创新企业主导整个产业链的数字化升级,避免"马车车夫"指导汽车研发的窘境。

据了解,目前,基于"设备信用"的轻资产模式,嘉里大通物流投资了鲸仓北京仓的一期项目。在走访中我们也注意到,"鲸仓"二期项目已经在建,由中国融通地产主导投资。"降低成本,提高规模,明年我们整体的立体仓运营规模至少能增长200%,同时将帮助3倍于现在的零售商享受到更便捷的仓储服务。"李林子说。

资料来源:http://www.rmzxb.com.cn/c/2023-06-16/3363086.shtml。

【知识能力要求】

1. 掌握仓储基本的概念。
2. 掌握分区分类作业的方法。
3. 掌握仓库温/湿度的调节方法。
4. 了解霉变和虫害的防治方法。
5. 了解金属的防锈与除锈保管技术。
6. 了解危险品的安全储存技术。
7. 熟悉商品入库的操作流程。
8. 熟悉商品出库的操作流程。
9. 掌握ABC库存控制原理和方法。
10. 具备计算经济订购批量和订货点的能力。

仓库管理员职位描述

【职业素养要求】

1. 树立敬业精神、质量意识、环保意识、劳动意识和安全意识。
2. 具备仓管人员的职业操守,树立责任意识和诚信意识。
3. 树立危机意识和安全意识,培养抗挫折能力和应急处理能力。
4. 培养统筹规划、理论联系实际的能力。

在物流系统中,仓储是一个不可或缺的构成要素。仓储业是随着物资储备的产生和发展而产生并逐渐发展起来的,又随着生产力的发展而发展。仓储是商品流通的重要环节之一,也是物流活动的重要支柱。在社会分工和专业化生产的条件下,为保持社会再生产过程的顺利进行,必须储存一定量的物资以满足一定时期内社会生产和消费的需要。

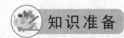

一、仓储的基本概念

（一）仓储的起源

人类社会自从有剩余产品以来就产生了储存。在原始社会末期，当某个人或者某个部落获得的食物自给有余时，就会把多余的产品储藏起来，同时还需要专门储存产品的场所和条件，于是就出现了"窖穴"。在仰韶遗址发现了许多储存食物和用具的窖穴，它们多集中在居住区内，和房屋交错在一起，这可以说是我国最早的仓库的雏形。

中国仓储发展史

在古籍中常常看到有"仓廪""窦窖"这样的词语。所谓"仓廪"，"仓"是指专门藏谷的场所，"廪"是指专门藏米的场所；所谓"窦窖"，是指储藏物品的地下室，椭圆形的叫作"窦"，方形的叫作"窖"。古代也有把存放用品的地方叫作"库"的情况，后人接着把"仓"和"库"两个概念合用，逐渐合成一个概念，即把储存和保管物资的建筑物叫作"仓库"，因此出现了"仓库"一词。

（二）仓储的含义

仓储是指通过仓库对暂时不用的物品进行储存和保管的活动。"仓"即仓库，为存放物品的建筑物和场地，可以是房屋建筑、洞穴、大型容器或特定的场地等，具有存放和保护物品的功能。"储"即储存、储备，表示收存以备使用，具有收存、保管、交付使用的意思，当适用有形物品时也称为储存。"仓储"则为利用仓库存放、储存未及时使用的物品的行为。简而言之，仓储是将物品存放在特定场所的行为。

仓储具有静态和动态两种：当产品不能被及时消耗掉，需要专门场所存放时，就产生了静态的仓储；将物品存入仓库及对存放在仓库里的物品进行保管、控制、提供使用等管理，形成了动态的仓储。可以说，仓储是对有形物品提供存放场所，并在储存期间对存放物品进行保管、控制的过程。

仓储包括以下几个要点：仓储是物质产品的生产持续过程，物质的仓储也创造产品的价值；仓储既有静态的物品储存，也包括动态的物品存取、保管、控制的过程；仓储活动发生在仓库等特定的场所；仓储的对象既可以是生产资料，也可以是生活资料，但必须是实物动产。

（三）仓储活动的作用

仓储是现代物流管理中的核心环节之一，是重要的物流节点。仓储活动的作用如下。

（1）仓储是社会生产顺利进行的必要过程。

（2）仓储可调整生产和消费的时间差，维持市场稳定。

（3）仓储可保证商品的保值和增值。

（4）仓储可衔接流通过程。

（5）仓储是市场信息的传感器。

（6）仓储是开展物流管理的重要环节。

（7）仓储可为贸易提供信用保证。

微课：仓储的含义和作用　　微课：仓储的功能和分类　　微课：仓储合理化

二、保管技术

商品在储存保管期间会发生各种质量变化，商品养护的目的在于维持商品的质量，保护商品的使用价值。采用科学的养护方法来安全储存商品，保证商品的质量，避免和减少商品损失，是至关重要的。

绿色科技守护大国粮仓

（一）常见商品的养护方法

1. 温度和湿度控制

1）通风

通风就是采用自然或机械方法来加快空气流通，使空气可以到达、穿过仓储环境，以形成卫生、安全、适宜的空气环境。例如，利用干燥的空气可降低货物中的含水量；利用低温空气，可降低货物温度，通风能增加空气中的氧气含量，消除货物散发的有害气体，如造成货物窒息的二氧化碳、使金属生锈的二氧化硫等酸性气体。当然，通风也会将空气中的水分、尘埃、海边空气中的盐分等带入仓库，影响货物质量。

2）温度控制

除冷库外，仓库的温度直接受天气的影响，库存货物的温度会随气温同步变化。温度太高，货物会融化、膨胀、软化，有些货物容易腐烂、变质、挥发、老化、自燃，甚至发生爆炸；温度太低，货物会变脆、冻裂、液体冻结膨胀等，造成货物损坏。一般来说，绝大多数货物在常温下都能保持正常的状态，普通仓库进行温度控制主要是为了避免阳光直接照射货物。

仓库遮阳通常采用仓库建筑遮阳和苫盖遮阳的方式。对于怕热的货物，应将其存放在不能被阳光直接照射的货位。对温度较敏感的货物，在气温高时可以采用洒水的方式给其降温，如直接对货物洒水等；对于怕水的货物可以通过向苫盖、仓库屋顶洒水来降温。在日照减少的傍晚或夜间，应将货物的苫盖适当揭开通风，这也是对露天堆场货物降温保管的有效方法。货物自热是货物升温损坏的一个重要原因，对于容易自热的货物，应经常检查货物温度，当发现货物升温时，可以采取通风、洒水等方式降温，或者翻动货物使货物散热降温。必要时，可以采取在货垛内存放冰块、释放干冰等措施降温。

在严寒季节气温极低时，可以采用加温设备对货物进行加温防冻。对突至的寒潮，可以在寒潮到达前对货物进行保暖。

3）湿度控制

湿度是表示大气干燥程度的物理量。在一定的温度下，一定体积的空气里含有的水汽越少，则空气越干燥；水汽越多，则空气越潮湿。仓库保管中的湿度控制包括对货物湿度和空气湿度的控制。货物湿度可用含水量指标表示；空气湿度可用百分比表示，有绝对湿度和相对湿度两种表示方式；空气中的水汽凝结成水滴，则用露点来表示。

（1）货物湿度。货物湿度是指货物的含水量，对货物质量有直接影响。货物含水量高，则容易霉变、锈蚀、降解、发热等,甚至发生化学反应等;货物含水量太低,则会产生干裂、挥发、燃烧等危害。控制货物的含水量是货物保管的重要工作。

(2) 空气湿度。空气湿度用绝对湿度和相对湿度两种方式表示。绝对湿度是空气中含水汽量的绝对值,用帕(Pa)或克/立方米(g/m^3)表示。例如,25℃时,空气的最高绝对湿度(也称为饱和湿度)为 $22.80g/m^3$。温度越高,空气中水分子的动能越大,空气含水汽量越高,空气的绝对湿度越高。相对湿度是空气中含有的水汽量与相同温度下空气能容纳的最大水汽量的百分比,最高为100%。相对湿度越大,表明空气中的水汽越接近饱和状态,表示空气越潮湿,相反,相对湿度越小,表明空气越干燥。

(3) 露点。露点是指在固定气压下,空气中所含的水汽达到饱和状态,降至凝结成液态水所需的温度。在这一温度下,凝结的水飘浮在空中时称为雾,而沾在固体表面上时则称为露,因而得名露点。露点用温度表示,如果气温下降到露点以下,空气中的水汽就会在物体表面凝结成水滴,俗称"汗水",会造成货物的湿损。

对于湿度的控制,首先应做好监测工作。仓库应经常进行湿度监测,包括空气湿度监测和仓内湿度监测。一般每天早、晚各监测一次,并做好记录。其次,应做好空气湿度太低时的处理措施。空气湿度太低意味着空气太干燥,这时应减少仓库内的空气流通,采取洒水、喷水雾等方式增加仓库内的空气湿度。最后,应做好空气湿度太高时的处理措施。对于封闭的仓库或密封的货垛,应避免空气流入仓库或货垛,或者在有条件的仓库中采用干燥式通风、制冷除湿等措施,或者在仓库或货垛内放置吸湿性材料(如生石灰、氯化钙、木炭等)。

2. 虫害防治

仓库中的害虫不仅会蛀食动植物商品和包装,还会危害塑料、化纤等化学合成的商品。因此,仓库虫害的防治工作是商品养护的一项十分重要的工作。

1) 杜绝仓库虫害的来源

虫害必然会造成极大的危害。因此,必须加强入库验收,根据具体情况将商品分别入库,隔离存放。在商品储存期间,要定期对易染虫害的商品进行检查,做好预测预报工作。同时,做好日常的清洁卫生工作,铲除库区周围的杂草,清除库区附近沟渠中的污水,并辅以药剂对空库进行消毒,在库房四周用药剂喷洒防虫线,有效杜绝害虫的来源。

2) 物理防治

物理防治就是利用物理因素(光、电、热、冷冻、原子能、超声波、远红外线、微波及高频振荡等)破坏害虫的生理机能与机体结构,使其不能生存或抑制其繁殖。常用的物理防治方法如下。

(1) 灯光诱集就是利用害虫对光的趋向性在库房内安装诱虫灯,晚上开灯时,使趋光而来的害虫被迫随气流吸入预先安置的毒瓶中(瓶内盛少许氰化钠或氯化钾),使其中毒而死。

(2) 高温杀虫就是将环境的温度调整到40℃以上,使害虫的活动受到抑制,繁殖率下降,使害虫进入热麻痹状态,直至死亡。

(3) 低温杀虫就是降低环境温度,让害虫机体的生理活动变得缓慢,使其进入冷麻痹状态,直至死亡。

(4) 电离辐射杀虫就是用几种电离辐射源放出来的X射线、γ射线或快中子射线等杀伤害虫或使其不育。

(5) 微波杀虫就是在高频电磁场的作用下,使害虫体内的水分、脂肪等物质剧烈振荡,从而使其体温上升,直至68℃时死亡。这种方法处理时间短,杀虫效力高。此外,还可使用远红外线、高温干燥等方法进行虫害防治。

3) 化学防治

化学防治就是利用化学药剂直接或间接毒杀害虫的方法。常用的药剂有以下几种。

(1) 杀虫剂。一些杀虫剂接触虫体后,能穿透害虫表皮进入害虫体内,使害虫中毒死亡,此为触杀剂,如敌敌畏、六六六等;还有一些杀虫剂可配成诱饵,杀虫剂被害虫吞食后通过胃肠吸收进入体内,使其中毒死亡,此为胃毒剂,如亚砒霜、亚砒霜钠等。

(2) 熏蒸剂。熏蒸剂散发的毒气通过害虫的气门、气管等进入害虫体内,使害虫中毒死亡。常用的熏蒸剂有磷化铝、溴甲烷、氯化苦等。

(3) 驱避剂。利用驱避剂(萘、樟脑精、对位二氧化苯等)发出的刺激性气味与毒性气体,使害虫被毒杀或使害虫不敢接近商品。

在化学防治中,宜选用对害虫有较高毒性的药剂,并在害虫抵抗力最弱的时期施药。施药时,应严格遵守药物使用规定,注意人身安全和被处理商品、库房建筑及备品用具的安全。应采取综合防治与轮换用药等方法,以防害虫产生抗药性。

3. 霉变防治

霉变是仓储商品发生质量变化的主要形式之一。霉变产生的条件包括商品受到霉菌污染,商品中含有可供霉菌利用的营养成分(如有机物构成的商品),商品处于适合霉菌生长繁殖的环境。霉菌往往寄生于能供给它养料的有机材料中,如木、皮革、麻制品等。要想防治霉变,必须根据霉菌的生理特点和生长繁殖的环境条件,采取相应的措施,抑制或杀灭霉菌。

(1) 常规防霉。常规防霉可以采用低温防霉法与干燥防霉法。低温防霉法就是根据商品的不同性能控制和调节仓库温度,使商品温度降至霉菌生长繁殖的最低温度界限以下,从而抑制霉菌的生长。干燥防霉法就是降低仓库环境中的湿度和商品本身的含水量,使霉菌得不到生长繁殖所需的水分,从而达到防霉的目的。

(2) 药剂防霉。药剂防霉是将对霉菌具有杀灭或抑制作用的化学药品喷洒到商品上,如苯甲酸及其钠盐对食品的防腐,托布津对果蔬的防腐保鲜,还有水杨酰苯胺及五氯酚钠等对各类日用工业品、纺织品及服装鞋帽等的防霉。防霉药剂能够直接干扰霉菌的生长繁殖。理想的防霉药剂应当灭菌效果好、对人体的毒害性小,常用的防霉药剂有水杨酰苯胺、五氯酚钠、氯化钠、多菌灵、托布津等。

(3) 气相防霉。气相防霉就是利用气相防霉剂散发出的气体,抑制或毒杀商品上的霉菌。这是一种较先进的防霉方法,需要把挥发物放在商品的包装内或密封垛内。对已经发生霉变但可以救治的商品,应立即采取救治措施。根据商品的性质选用晾晒、加热、消毒、烘烤、熏蒸等办法减少损失。

4. 防老化技术

高分子化合物又称大分子化合物或高聚物,由许多结构相同的单元组成,其分子量高达数万乃至数百万。以高分子化合物为主要成分的商品称为高分子商品,如塑料、橡胶、合成纤维等。高分子商品在储存和使用过程中会出现发黏、变硬、脆裂、失光、变色,以及丧失其物理性能和力学性能的现象,这些现象称为老化。导致高分子商品老化的外界环境因素主要是光(特别是紫外线)、氧气、热、水和溶剂、外力、生物等。要延缓高分子商品的老化,应尽量避免其接触不良因素,采取遮光、控氧、防热、防冻、防机械损伤、防虫蛀、防霉变等措施。

(二) 金属制品的保管与养护

金属制品在储存期间易发生锈蚀,不仅影响金属制品的外观质量,使其陈旧,还会使其机械强度下降,从而降低其使用价值,甚至使金属制品报废。例如,各种刀具因锈蚀而在表面形成斑点、凹陷,刀具难以保持平整和锋利;精密量具锈蚀可能会影响其精确度。因此,要对金属制品进行保管与养护。

1. 选择适宜的保管场所

保管金属制品的场所,无论是库内还是库外,均应保持清洁干燥,不得将金属制品与酸、碱、盐类的气体或粉末状商品混存。当将不同种类的金属制品存放在同一地点时,也应保持一定的距离,以防它们接触并被腐蚀。在金属制品的储存过程中,引起金属制品锈蚀的因素既有金属制品本身的原材料结构不稳定、化学成分不纯、物理结构不均匀等内部因素,也有空气温度和湿度、锈蚀性气体、金属表面的尘埃等外部因素。储存金属制品的仓库应干燥通风、远离有害气体,严禁将金属制品与化学药品、酸碱物质、化工商品及含水量较高的商品同库储存。

同时,应分类、有序存放金属制品,货架与货架之间、货架与墙壁之间应有一定的安全距离。不应将不便放在货架上的大件物品直接放在地上,应在其下面垫上枕木或方石,并在大件物品与枕木或方石间垫上油纸或油毛毡。

2. 温湿度防护

金属及其制品都有各自适宜储存的温湿度范围。一般仓库的温度要保持在 18~25℃,相对湿度应保持在 70% 以下。控制和调节仓库的温度和湿度的常用方法有通风、密封、吸潮等。

(1) 注意通风防护。通风是指根据空气流通的规律,有计划、有目的地使仓库内外的空气进行交换,以调节空气温度和湿度,从而更好地储存金属。通风的方法有自然通风法和机械通风法。在实际工作中,当仓库外的温度和湿度都低于仓库内的温度和湿度时,或者仓库内外温度相同而仓库外湿度低,或者仓库内外湿度相同而仓库外温度低时,都可以进行通风。

(2) 做好密封防护。密封是指利用防潮、绝热、不透气的材料把物品严密封闭起来,以隔绝空气,降低或减小空气温度和湿度对金属的影响,从而达到安全储存的目的。密封的方式有整库密封、整垛密封、整柜密封、整件密封等。在仓库中,主要采用前两种密封方式。

(3) 做好吸潮防护。吸潮是指当库内外的湿度都比较大且不易通风时,在密封条件下利用机械或吸潮剂来降低仓库内湿度的方法。机械降湿是使用去湿机的蒸发器将仓库内空气中的水分凝成水滴排出,把冷却干燥的空气送入库内,如此不断循环,排除空气中的水分,降低库内湿度。

3. 塑料封存

塑料封存就是利用塑料对水蒸气及空气中的腐蚀性物质的高度隔离的性能,来防止金属制品在环境因素的作用下发生锈蚀。常用的塑料封存方法如下。

(1) 塑料薄膜封存。用塑料薄膜直接在干燥的环境中封装金属制品,或封入干燥剂以保持金属制品长期干燥。

(2) 收缩薄膜封存。将薄膜纵向或横向拉伸几倍,处理成收缩性薄膜,使其在包装商品时紧紧黏附在商品表面。这种封存方式既可防止锈蚀,又可减少包装体积。

(3) 可剥塑料封存。以塑料为成膜物质,加入增塑剂、稳定剂、缓蚀剂及防霉剂等进行加热熔化或溶解,再将熔化或溶解后的物质喷涂在金属表面,待冷却后可在金属表面形成保护膜,从而阻隔腐蚀介质与金属制品发生作用,达到防锈的目的。这是一种较好的防锈方法。

4. 涂油防锈

涂油防锈是金属制品防锈的常用方法,可在金属表面涂刷一层油脂薄膜,使商品在一定程度上与大气隔离开来,从而达到防锈的目的。这种方法省时、省力、节约、方便,且防锈性能较好。涂油防锈一般按垛、按包装或按件进行涂油密封。给金属制品涂油前必须清理金属制品表面的灰尘等污垢,涂油后应及时将金属制品包装封存。

防锈油是以油脂或树脂类物质为主,向其中加入油溶性缓蚀剂组成的暂时性防锈涂料。防锈油中的油脂或树脂类物质为涂层和成膜物质,常用的有润滑油、凡士林、石蜡、沥青、桐油、松香及合成树脂等能溶于油脂的表面活性剂。将金属制品浸涂或给金属制品刷防锈油,可以在一定的时间内隔绝大气中的氧气、水分及有害气体与金属制品的接触,防止或减缓对金属制品的锈蚀。

5. 气相防锈

气相防锈是指利用挥发性缓蚀剂,在金属制品周围挥发出缓蚀气体,来阻隔腐蚀介质的腐蚀,以达到防锈的目的。气相防锈材料自身可持续产生抗锈蚀性气体,抑制包装物或包装封闭空间内的锈蚀反应机能,以此保护包装材料内的金属制品。在这种特殊的包装材料内,气相缓蚀剂分子迅速扩散,并附着在金属制品表面,形成保护膜,切断了金属离子从阳极向阴极移动的路径。气相缓蚀剂还可根据外部环境自动调节,使金属与外界的水分、酸、盐等完全隔离,杜绝金属制品发生锈蚀。

在使用气相缓蚀剂时无须将其涂在金属制品表面,只用于密封包装或容器中即可。气相缓蚀剂是挥发性物质,在很短的时间内就能充满包装或容器内的各个角落和缝隙,既不影响商品外观,也不影响商品的使用,又不污染包装,是一种有效的防锈方法。金属制品的养护处理方法各不相同,应根据商品的特点、储存环境、储存期的长短等因素来确定防锈材料及方法,同时还要考虑相关的成本及防锈施工的难易程度,以获得较好的防锈效果。

6. 涂层与涂料处理

金属制品防锈还有在金属制品表面涂层的方法。前面介绍的涂油防锈就是其中的一种,这里主要介绍热喷涂、电镀、钢铁氧化和金属磷化几种方式。

(1) 热喷涂是采用专用设备把某种固体材料熔化并使其雾化,将其快速喷射到金属制品表面,形成特制薄层,以提高金属制品的耐蚀、耐磨、耐高温等性能的一种工艺方法。该工艺因涂层材料的不同,可实现耐高温锈蚀、抗磨损、隔热、抗电磁波等不同功能。

热喷涂涂层材料一般有粉状、带状、丝状或棒状等形状,可根据需要选择;在进行热喷涂前,应对金属制品进行去油、除锈、表面粗糙化等预处理;喷涂后,要立即对金属制品进行封闭处理或热处理,并对金属制品进行精加工。

(2) 电镀是利用电解作用,使具有导电性能的金属制品表面与电解质溶液接触,通过外电流的作用,在金属制品表面形成与基体牢固结合的镀覆层,并赋予金属制品特殊的表面性能。例如,美丽的外观、较强的耐蚀性或耐磨性、较强的硬度、反光性、导电性、磁性、可焊性等。

(3) 钢铁氧化处理又称发蓝,也称发黑,是将钢铁在空气中加热或直接浸于浓氧化性溶液中,使钢铁表面产生极薄的氧化物膜的材料保护技术。根据处理温度的高低,钢铁氧化可分为高温化学氧化(碱性化学氧化)法和常温化学氧化(酸性化学氧化)法。

钢铁工件经过氧化处理后得到的氧化膜虽然能提高其耐蚀性,但其防护性仍然较差,经涂油、涂蜡或涂清漆后,其耐蚀性和抗摩擦性会有所改善。因此,钢铁工件经过化学氧化处理后还需进行皂化处理、浸油或在铬酸盐溶液中进行填充处理。

(4) 金属磷化处理就是用含有磷酸、磷酸盐和其他化学药品的稀溶液对金属进行处理,使金属表面形成完整的、具有中等防蚀作用的不溶性磷酸盐层,即磷化膜。磷化膜为微孔结构,与基体结合牢固,具有良好的吸附性、润滑性、耐蚀性及较高的电绝缘性等。

(三)危险品的保管与养护

1. 危险品的概念

危险品又称危险化学品,是指具有爆炸性、易燃性、毒害性、腐蚀性、放射性等特性,在运输装卸和储存过程中因容易造成人身伤亡和财产毁损而需要进行特别防护的货物。危险品除具有主要危险特性外,还可能具有其他危险特性。例如,大多数爆炸品除具有爆炸性外,还具有毒害性、易燃性等特性。

2. 危险品仓库的日常管理

(1) 建立严格和完善的管理制度。为确保危险品仓储安全,仓库需要依据危险品管理的法律法规的规定,根据仓库的具体情况和所储存的危险品的特性,制定严格的危险品仓储管理制度、安全操作规程,并具体落实到责任人。根据法规规定和管理部门的要求,履行登记、备案、报告的法律和行政义务。

(2) 严格出入库制度。危险品入库时,仓库管理人员要严格把关,认真核查品名、标志,检查包装,清点数目,细致地做好登记,重点危险品要实行双人收发制度。危险品出库时,仓库管理人员除要认真核对品名、标志、数目外,还要认真登记提货人,详细记录危险品的流向。

(3) 选择恰当的货位和堆垛。危险品的储存方式、数量必须符合国家的有关规定,选择合适的存放位置,妥善安排相应的通风、遮阳、防水、防湿、温控条件,根据危险品的性质和包装,合理确定堆放的垛形和垛的大小,以及合理的间距。另外,消防器材和配电箱周围禁止堆货或放置其他物品。

(4) 保管和装卸作业安全。在保管和装卸作业过程中,要严格遵守有关规定和操作规程,合理选用装卸器具,对包装不符合作业要求的要妥善处理再进行作业。保管人员要定期检查危险品品种、数量和相关设施,及时清扫库场,进行必要的消毒处理,严格禁止闲杂人员进库。

(5) 周密的应急处理和废弃物处理措施。当危险品仓库遇到紧急情况时,要有应对措施并安排应急处理指挥人员,这些措施包括汇报情况、进行现场紧急处理、组织人员疏散、封锁现场、人员分工等。应急处理指挥人员要有相关的专业知识,能熟练掌握操作技能。仓库要定期组织员工开展应急情况演习,新员工上岗时要进行培训。

对于废弃的危险品及包装容器等,要有妥善的处置措施。例如,封存、销毁、中和、掩埋等无害化处理,不得遗留隐患。处置方案要到相关部门备案,并接受监督。当剧毒危险品被盗、丢失、误用时,要立即向公安部门报告。

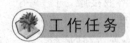
工作任务

一、入库作业

入库作业是指仓储部门按照存货方的要求合理组织人力、物力等资源,按照仓储入库作业程序,认真履行仓储入库作业各环节的职责。对仓储入库作业进行合理安排和组织,需要掌握仓储入库作业的基本业务流程,包括入库申请、入库作业计划及分析、入库准备、接运卸货、核查入库凭证、物品验收、办理交接手续、入库信息处理。

(一)入库申请

入库申请是指存货人对仓储服务产生需求,并向仓储企业发出需求通知。仓储企业接到入库申请后，对此项业务进行评估并结合仓储企业自身的业务状况做出反应。例如，拒绝该项业务并做出合理解释，以求得客户的谅解；或接受此项业务并制订入库作业计划，并将入库作业计划分别传递给存货人和仓库部门，做好各项准备工作。因此，入库申请是生成入库作业计划的基础和依据。

（二）入库作业计划及分析

入库作业计划是存货人发货和仓库部门进行入库准备的依据。入库作业计划主要包括到货时间，接运方式，包装单元与状态，存储时间，物品的名称、品种、规格、数量、单件体积与重量，以及物品的物理特性、化学特性、生物特性等详细信息。仓库部门应对入库作业计划的内容进行分析，并根据物品的入库时间和货物信息合理安排货位。仓库部门对入库作业计划进行分析后，即可处理入库信息，并进行物品入库准备工作。

对第三方仓储物流企业来说，处理入库信息一般由直接面对客户的商务部来完成。商务部将客户入库通知（可能来自电话、电子邮件、传真等）的关键信息转化成公司内部统一的入库作业计划单，即生成入库订单。入库订单作为入库作业的凭证，将传递给仓库保管员和收货人员，并作为他们进行入库准备的依据。

（三）入库准备

入库准备按照物品的不同性质，由仓库管理人员根据实际情况将物品进行分区分类，并为商品划分存放位置，具体方法如下。

1. 按物品的种类和性质分类储存

按物品的种类和性质分类储存是大多数仓库采用的分区分类储存方法。它要求按照物品的种类及性质分类存放，以便于物品的保养。一般应将存储和保养方式相同的物品放置在同一区域，将互相影响或保管条件相抵触的物品分开储存。

2. 按物品的危险性质分类储存

按物品的危险性质分类储存的方式主要适用于储存危险品的特种仓库。它按照物品的危险性质，对易燃、易爆、易氧化、有腐蚀性、有毒害性、有放射性的物品进行分类存放，避免这些物品互相接触，防止燃烧、爆炸、腐蚀、毒害等事故发生。

3. 按物品的归属单位分类储存

按物品的归属单位分类储存的方法适用于专门从事保管业务的仓库。根据物品的归属单位对其进行分区保存，可以提高物品出入库的作业效率，同时减少差错的发生。

4. 按物品的运输方式分类储存

按物品的运输方式分类储存的方法主要针对储存期短而进出量较大的中转仓库或待运仓库。它依据物品的发运地及运输方式进行分类储存。具体做法是先按运输方式把物品划分为公路运输的物品、铁路运输的物品、水路运输的物品，再按物品的到达车站、港口路线分类储存。

5. 按物品储存作业的特点分类储存

按物品储存作业的特点分类储存。例如，将出入库频繁、需严格按照先进先出的原则储存的物品存放在车辆进出方便、装卸搬运容易、靠近库门的区域；将储存期较长、无须严格按照先进先出的原则储存的物品储存在库房深处或多层仓库的楼上。

（四）接运卸货

货物到达仓库的形式不同，除了小部分货物由供货单位直接运送到仓库交货，大部分货物都要经过铁路、公路、航运、空运、短途运输等进行转运。凡经过交通运输部门转运的物品,都必须经过仓库接运后,才能进行入库验收。因此,货物的接运是入库作业流程的第一道作业环节,也是仓库直接与外部发生联系的环节,它的主要任务是及时而准确地向交通运输部门提取入库货物。因此,在进行接运卸货时,应手续清楚、责任分明,为仓库验收工作创造有利条件。

做好货物接运业务管理的主要意义是防止把在运输过程中或在运输前发生的物品损坏和各种差错带入仓库,减少或避免经济损失,为验收、保管、保养货物创造良好的条件。

1. 专用线接货

专用线接货是指仓库备有铁路专用线,承担大批量的货物接运。一般铁路专用线都会与公路干线联合使用。在这种联合运输的形式下,铁路承担长距离的货物运输,公路承担直接面向收货方的短距离的货物运输。

(1) 接车卸车准备。接货人员在接到车站到货的预报后,首先应确定卸车的位置,力求缩短场内搬运距离,并准备好卸车所需的人员和设备,确保能够按时完成卸车作业。在接到货物到站的确切报告后,接货人员要及时赶到现场,引导货车停靠在预定位置。

(2) 卸货前的检查及卸货作业。在进行卸货作业前,接货人员要先对车中的货物进行全面检查,以确保货物无误并防止误卸。如果在检查过程中发现问题,应及时记录并明确责任归属。检查货物后,接货人员可以安排相关人员进行卸车作业。

(3) 卸货后进行现场清理。检查车内物品是否已经全部卸完,然后关好车门、车窗,并通知车站取车。

(4) 填写到货台账。到货台账中应该包括到货名称、规格、数量、到货日期、货物发站、发货单位、货物有无异常等信息。

(5) 办理内部交接手续。此时,接货人员应将到货台账及其他有关资料与收到的货物一并交给仓库管理人员,并让仓库管理人员为货物办理入库手续。

2. 车站、码头提货

车站、码头提货是由外地托运单位委托铁路、水运、民航等运输部门或邮递货物到达本埠车站、码头、民航、邮局后,仓库依据货物通知单派车提运货物的作业活动,具体步骤如下。

(1) 安排接运工具。应根据货物的特性、单件重量、外形尺寸等信息,选择并安排接运工具。

(2) 前往承运单位。接货人员应带领接运人员前往承运单位,准备接货。

(3) 出示领货凭证。接货人员应向车站出示收到的由发货人寄来的领货凭证。如果没有收到领货凭证,接货人员也可凭单位证明或在货票存查联上加盖单位提货专用章。码头提货的手续与车站提货的手续稍有不同,接货人员需事先在收到的提货单上签名并加盖单位公章或附上单位提货证明,然后到港口货运处取得货物运单,并到指定的仓库提取货物。

(4) 检查货物状况。接货人员应先根据货物运单和有关资料认真核对物品的名称、规格、数量、收货单位等,然后仔细对货物进行外观检查。如果发现疑点或与货物运单记载不相符的情况,接货人员应当与承运部门当场检查确认,并让其开具文字证明。

(5) 装载并运回货物。对于检查无误的货物,应安排装卸人员进行装卸,并将货物运回仓库。

(6) 办理内部交接。将货物运到仓库后,接货人员应对货物逐一进行清点,将货物交给仓库管理人员,并办理相应的交接手续。

3. 自提货

自提货是指接货人员到供货单位提货,此时验收与提货同时进行。自提货应按以下要求办理。

(1) 提货人员在提货前要了解和掌握所提货物的品名、规格、数量及与入库验收相关的要求和注意事项,准备好提货所需的设备。当供货单位点交所提货物时,提货人员要负责查看货物的外观质量,点验货物件数和重量,并验看供货单位的质量合格证等有关证件。

(2) 现场点交,办理签收手续。将货物提运到库后,保管人员、提货人员、随车装卸工人要密切配合,对货物进行逐件清点交接。同时核对各项凭证、资料是否齐全,最后由保管人员在送货单上签字,并及时组织复验。

4. 送货到库

送货到库是指供货单位或其委托的承运单位将物品直接送达仓库的一种供货方式。当物品到达仓库后,接货人员及验收人员应直接与送货人员办理接货工作,当面验收并办理交接手续。如有差错,接货人员与验收人员应会同送货人员查实,并由送货人员出具书面证明,签章确认,以留作处理问题时的依据。

(五) 核查入库凭证

入库物品必须具备以下凭证。

(1) 入库通知单和订货合同副本(仓库接收物品的凭证)。

(2) 供货单位提供的材质证明书、装箱单、磅码单、发货明细表等。

(3) 物品承运单位提供的运单。如果在入库前发现物品有残损情况,还要有承运部门提供的货运记录或普通记录,作为向责任方交涉的依据。核查入库凭证,也就是将上述凭证加以整理并进行全面核对。要将入库通知单、订货合同与供货单位提供的所有凭证逐一核对,相符后,才可进行实物验收。仔细核查入库凭证是为了保证与入库物品有关的单证齐全、无差错、无短缺,核查入库凭证是实物验收的基础。

(六) 物品验收

1. 验收准备

仓库接到到货通知后,应根据物品的性质和批量提前做好验收前的准备工作。验收准备工作大致包括以下内容。

(1) 人员准备。安排好负责质量验收的技术人员或用料单位的专业技术人员,以及仓库管理人员、仓库调度人员及装卸搬运人员。

(2) 资料准备。收集并熟悉待验物品的有关文件,如技术标准、仓储合同、订货合同、合同未涉及的惯例资料等。

(3) 器具设备。准备好验收需要用的检验工具,如衡器、量具等,并检验其准确性。

(4) 货位准备。确定货物验收入库后的存放货位,计算和准备堆码苫垫材料、货架等。

(5) 设备防护用品准备。大批量物品的数量验收必须有装卸搬运机械的配合,应进行设备的申请调用。此外,对于某些特殊物品的验收,如有毒物品、腐蚀性物品、放射性物品等,还要准备相应的防护用品。

2. 实物检验

(1) 检验物品包装。对物品包装进行检验是检验物品质量的一个重要环节。物品包装的完整程度及干湿状况与内装物品的质量有着直接的关系。通过观察物品包装的外观,可以有效地判断出物品在运送过程中可能出现的损伤,并据此对物品制定进一步的检验措施。因此,在验收物品时,仓库管理人员首先需要对包装进行严格的检验。通常在初验时,主要检验物品的外包装,包括有无开缝、污染、破损、水渍等。同时,还要检查包装是否符合有关标准要求,包括包装选用的材料、规格、制作工艺、标志、打包方式等。

(2) 验收货物数量。验收货物数量是保证货物数量准确不可缺少的重要步骤,是在初验的基础上,于质量验收之前,对货物数量进行进一步验收的工作,即细数验收。按照货物性质和包装情况,验收货物数量可以分为三种形式:计件、检斤和检尺求积。

① 计件是指对按件数供货或以件数为计量单位的货物,在进行数量验收时清点货物件数。在一般情况下,计件货物应全部逐一清点,对于运输包装完好、销售包装数量固定的货物一般不拆包,只清点大包装数量。在特殊情况下,可拆包抽查,若有问题则扩大抽查范围,直至全查。对于固定包装的小件货物,如果包装完好,打开包装对保管不利,则可采用抽查的方式。其他情况只检查外包装,不拆包检查。

② 检斤是指对按重量供货或以重量为计量单位的物品进行数量验收时的称重。金属材料、某些化工产品一般采用检斤验收的方式。按理论换算供应物品的重量,先要进行检尺,然后按规定的换算方法换算重量。对于进口物品,原则上应全部检斤,但如果订货合同规定按理论换算重量,则按合同规定执行。对于所有检斤的货物,都应填写磅码单。

③ 检尺求积是对以体积为计量单位的物品,如木材、竹材、砂石等,先检尺后求体积所进行的数量验收。凡是经过数量检验的物品,都应该填写磅码单,在进行数量验收之前,还应根据物品来源、包装好坏或有关部门规定,确定到库商品是采取抽验方式还是全验方式。在一般情况下,数量检验应全验,即对以件数为计量单位的货物全部进行清点,对按重量供货的货物全部进行检斤,对按理论换算重量的货物全部进行检尺,再换算重量,以实际检验结果的数量作为实收数。如果物品管理机构有统一规定,则可按规定办理;如果合同有规定,则按合同规定办理。

(3) 验收货物质量。验收货物质量是指检验物品的质量是否符合规定。仓库对到库物品进行质量验收需根据仓储合同约定来实施;合同没有约定的,则按照物品的特性和惯例来实施。

感官验收法是用感觉器官,如视觉、听觉、触觉、嗅觉,来检查物品质量的一种方法。它简便易行,不需要专门的设备。但这种方法有一定的主观性,容易受检验人员的经验、环境等因素的影响。

理化检验是对物品的内在质量、物理性质和化学性质所进行的检验,一般主要是对进口物品进行理化检验。对物品内在质量进行检验,要求具备一定的技术和手段,但是大多数仓库并不具备这些条件,因此一般由专门的技术检验部门进行理化检验。例如,检验羊毛的含水量,花生、谷物中的黄曲霉毒素等。对于不需要进行进一步质量检验的物品,仓库管理人员在完成上述检验并判断物品合格后,就可以为物品办理入库手续了。而对于那些需要进一步进行内在质量检验的物品,仓库管理人员应该通知质量检验部门对产品进行质量检验,待物品检验合格后才能办理物品的入库手续。

3. 验收常见问题处理

(1) 包装问题。在清点大件物品时,如果发现包装有水渍、损坏、变形等情况,应进一步检查物品的内在数量和质量,并由送货人员开具包装异状记录,或在送货单上注明。同时,通知保管人员单独堆放此物品,以便处理。

（2）数量不符。如果经验收后发现物品的实际数量与凭证上所列的数量不一致,应由收货人在凭证上做好详细记录,按实际数量签收物品,并及时通知送货人和发货方。

（3）质量问题。在与交通运输部门进行初步验收时,如果发现质量问题,应向承运方清查点验,并由承运方编制商务记录或出具证明书,作为索赔的依据。如果确认责任不在承运方,也应做好记录,由承运方签字,以便作为联系供货方进行处理的依据。如果在拆包进一步验收时发现物品有质量问题,则应将有问题的物品单独堆放,并在入库单上标记,然后通知供货方,以划清责任。

（七）办理交接手续

交接手续是指仓库对收到的物品向送货人进行确认,表示已经接收物品的工作。办理完交接手续意味着划分清楚运输部门、送货部门和仓库的责任。完整的交接手续包括以下流程。

1. 接收物品

仓库通过理货、查验物品,将不良物品剔除、退回或编制残损单证等,以明确责任,确定收到物品的数量准确、物品表面的状态完好。

2. 接收文件

接收文件是指接收送货人送交的物品资料、运输的货运记录,并随货在运输单证上注明收文件的名称、文号等,如图纸、准运证。

3. 签署单证

仓库与送货人或承运人共同在送货人交来的送货单上签字,并留存相应单证。当送货单与交接清单不一致,或者物品与文件有差异时,还应附上事故报告或说明,并由相关当事人签字,等待处理。

（八）入库信息处理

1. 登记明细账

物品入库后,应登记明细账,以详细记录物品的存储状况。登记物品的出入库情况和结存情况,用以记录库存物品的动态。

2. 设置物品保管卡

物品保管卡又称货卡、货牌,是一种实物标签。在物品入库或上架后,应将物品名称、规格、数量或出入库状态等内容填在物品保管卡上,将物品保管卡插放在货架或货垛的明显位置。当新物品入库时,应为其设置专门的物品保管卡；当物品入库、出库、盘点后,要立即在物品保管卡上的相关位置填写具体信息；当某物品清库后,要将物品保管卡收回,并将其放置于该物品的档案中。

3. 建立档案

建立档案是对货物入库作业全过程的相关资料进行整理、核对,可以为货物的保管及出库作业创造良好的条件。

二、出库作业

商品出库与发运是商品储存阶段的终止,也是仓库作业的最后一个环节,它使仓库工作与运输部门、商品使用单位直接发生联系。商品出库直接影响运输部门和使用单位,因此,做好出库工作对改善仓库经营管理、降低作业费用、提高服务质量具有一定的作用。

做好出库工作必须遵循"先进先出"的原则，有保管期限的商品要在限期内发放完毕；对可以回收复用的商品在保证质量的前提下，按先旧后新的原则发放；零星用料要做到"分斤破两"；专用材料要做到保证重点，照顾一般。商品出库要核对准确，出库工作尽量一次完成，防止差错。出库商品的包装要符合交通运输部门的要求。另外，仓库必须建立严格的商品出库和发运程序，把商品的出库和发运工作做好。

（一）出库作业相关事项

商品出库业务是仓库根据业务部门或存货单位开出的商品出库凭证（提货单、调拨单），按其所列商品编号、名称、规格、型号、数量等项目，组织商品出库等一系列工作的总称。出库发放的主要任务包括：所发放的商品必须准确、及时、保质保量地发给收货单位；包装必须完整、牢固、标记正确清楚；核对必须仔细。

1. 商品出库的依据

商品出库必须依据出库凭证。无论在何种情况下，仓库都不得擅自动用、变相动用或者外借货主的库存商品。出库凭证的格式不尽相同，不论采用何种形式，都必须是符合财务制度要求的有法律效力的凭证，要坚决杜绝仅凭信誉或无正式手续的发货。

2. 商品出库的要求

商品出库要求做到"三不""三核"和"五检查"。

（1）"三不"即未接单据不翻账，未经审单不备货，未经复核不出库。

（2）"三核"即在发货时，要核实凭证、核对账卡、核对实物。

（3）"五检查"即要对单据和实物进行品名检查、规格检查、包装检查、件数检查、重量检查。

具体来说，商品出库要求严格执行各项规章制度，提高服务质量，使用户满意。它包括对品种规格要求，积极与货主联系，为用户提货创造各种方便条件，杜绝差错和事故。

（二）商品出库的形式

1. 送货

仓库根据货主单位预先送来的出库凭证，把应发商品送达收货单位指定的地点，这种发货形式就是通常所说的送货制。仓库送货要划清交接责任：仓储部门与运输部门的交接手续在仓库现场办理完毕；运输部门与收货单位的交接手续根据货主单位与收货单位签订的协议，一般在收货单位指定的到货地办理。

送货具有"预先付货、接车排货、发货等车"的特点。仓库实行送货具有几个方面的好处：仓库可预先安排作业，缩短发货时间；收货单位可避免因人力、车辆等不便而发生的取货困难；在运输上，可合理使用运输工具，减少运费。仓储部门在实行送货业务时，应考虑到货主单位不同的经营方式和供应地区的远近，要做到既可向外地送货，也可向本地送货。

2. 自提

由收货人或其代理人持出库凭证直接到库提取，仓库凭单发货，这种发货形式就是通常所说的提货制。它具有"提单到库，随到随发，自提自运"的特点。为划清交接责任，仓库发货人与提货人应在仓库现场对出库商品当面交接清楚，并办理签收手续。

3. 过户

过户是一种就地划拨的形式，商品虽未出库，但是所有权已从原货主转移到新货主。仓库必须根据原货主开出的正式过户凭证办理过户手续。

4. 取样

货主单位出于对商品质量检验、样品陈列等需要到仓库提取货样。仓库必须根据正式取样凭证给发样品,并做好账务记载。

5. 转仓

货主单位为了业务方便或改变储存条件,需要将某批库存商品自甲库转移到乙库,这就是转仓的发货形式。仓库必须根据货主单位开出的正式转仓单办理转仓手续。

6. 代办托运

仓库接受客户的委托,先根据客户所开的出库凭证办理出库手续,再通过运输部门把物资发运到指定的地方。代办托运的操作流程:由业务部门事先将发货凭证送到运输部门,运输部门经过制单托运,经运输部门批票或派车派船之后,运输部门委托搬运部门或使用自有车辆向仓库办理提货手续。

这种物资出库方式常用于内、外贸储运公司所属的仓库和产地,以及口岸批发企业所属仓库,是仓库推行优质服务的措施之一。它适用于大宗、长距离的货物运输。代运方式的特点:代办代提、整批发出,与承运部门直接办理物资交接手续。

(三) 出库作业流程

不同仓库在商品出库的操作程序上会有所不同,操作人员的分工也有粗有细。但就整个发货作业的过程而言,一般都是跟随着商品在库内的流向,或出库凭证的流转而构成各工种的衔接。出库程序一般包括核单→备货→复核→包装→点交→登账→现场和档案清理等过程。

1. 核单

发放商品必须有正式的出库凭证,严禁无单或凭白条发货。保管员在接到出库凭证后,应仔细核对,这就是出库业务的核单(验单)工作。

(1) 要审核出库凭证的合法性和真实性。

(2) 核对商品品名、型号、规格、单价、数量、收货单位、银行账号。

(3) 审核出库凭证的有效期等。

凡在证件核对中,有货物名称、规格型号不对的、印鉴不齐全、数量有涂改、手续不符合要求的,均不能发货出库。如属自提商品,还须检查有无财务部门准许发货的签章。

2. 备货

只有在对出库凭证所列项目进行核查之后,才能开始备货工作。出库商品应附有质量证明书或副件、磅码单、装箱单等。机电设备等配件产品,其说明书及合格证应随货同到。备货时应本着"先进先出、易霉易坏先出、接近失效期先出"的原则,根据领料数量下堆备货或整堆发货。备料的计量实行"以收代发",即利用入库检验时的一次清点数,不再重新过磅。备货后要及时变动料卡余额数量,填写实发数量和日期等。

3. 复核

为防止差错,备料后应立即进行复核。出库的复核形式主要有专职复核、交叉复核和环环复核三种。除此之外,在发货作业的各个环节中都贯穿着复核工作。例如,理货员核对单货、守护员(门卫)凭票放行、账务员(保管会计)核对账单(票)等。这些分散的复核形式起到分头把关的作用,有助于提高仓库发货业务的工作质量。

复核的主要内容包括品种、规格、型号、数量是否准确,商品质量是否完好,配套是否齐全,技术证件是否齐备,外观质量和包装是否完好等。复核后保管员和复核员应在出库凭证上签名。

4. 包装

出库的货物应按照运输方式的要求进行包装。根据商品的外形特点,选用适宜的包装材料,其重量和尺寸应便于装卸和搬运。出库商品的包装要求干燥、牢固。如出现破损、潮湿、捆扎松散等不能保障商品在运输途中安全的情况,应负责加固整理,做到破包破箱不出库。各类包装容器,若外包装上有水湿、油迹、污损等,均不许出库。另外,严禁将互相影响或性能互相抵触的商品混合包装。包装后要写明收货单位、到站、发货号、本批总件数、发货单位等。

5. 点交

商品经复核后,如果是本单位内部领料,则将商品和单据当面点交给提货人,办清交接手续;如果是送货或将商品调出本单位办理运输的,则与送货人员或运输部门办理交接手续,当面将商品交点清楚。交清后,提货人员应在出库凭证上签章。

6. 登账

点交后,保管员应在出库单上填写实发数、发货日期等内容,并签名。然后将出库单连同有关证件资料及时交给货主,以便货主办理货款结算。保管员把留存的一联出库凭证交给实物明细账登记人员登记做账。

7. 现场和档案的清理

经过出库的一系列工作程序之后,实物、账目和库存档案等都发生了变化,应及时对现场和档案进行清理。现场清理包括清理库存商品、库房、场地、设备和工具等。档案清理是指对收发、保养、盈亏数量和垛位安排等情况进行分析。具体应彻底清理下列几项工作,使保管工作重新趋于账、物、资金相符的状态。

(1) 按出库单核对结存数。

(2) 如果该批货物全部出库,应查实损耗数量,在规定损耗范围内进行核销,超过损耗范围的应查明原因,并进行处理。

(3) 一批货物全部出库后,可根据该批货物入出库的情况、采用的保管方法和损耗数量,总结保管经验。

(4) 清理现场,收集苫垫材料,妥善保管,以待再用。

(5) 代运货物发出后,当收货单位提出数量不符时,属于重量短少而包装完好且件数不缺的,应由仓库保管机构负责处理;属于件数短少的,应由运输机构负责处理。如果发出的货物品种、规格、型号不符,则由保管机构负责处理;如果发出的货物损坏,应根据承运人出具的证明,分别由保管及运输机构处理。

(6) 由于提货单位任务变更或其他原因要求退货时,可经有关方同意,办理退货。退回的货物必须符合原发的数量和质量,要严格验收,重新办理入库手续。当然,未移交的货物则不必检验。

在整个出库业务程序过程中,复核和点交是两个最为关键的环节。复核是防止差错的重要和必不可少的措施,而点交则是划清仓库和提货方两者责任的必要手段。

(四) 出库过程中出现的问题及处理

1. 出库凭证的问题及处理

(1) 凡出库凭证超过提货期限,用户前来提货的,必须先办理手续,按规定缴足逾期仓储保管费,方可发货。任何非正式凭证都不能作为发货凭证。提货时,如果用户发现规格开错,保管员不得自行调换规格发货,必须通过制票员重新开票后方可发货。

(2) 凡发现出库凭证有疑点，或者情况不清楚，以及出库凭证有假冒、复制、涂改等情况时，应及时与仓库保卫部门及出具出库凭证的单位或部门联系，妥善加以处理。

(3) 商品进库未验收，或者期货未进库的出库凭证，一般暂缓发货并通知货主，待货到并验收后再发货，如提货期顺延，保管员不得代验。

(4) 如客户因各种原因遗失出库凭证，客户应及时与仓库发货员、账务员联系挂失。如果挂失时货已被提走，保管员不承担责任，但要协助货主单位找回商品；如果货还没有被提走，经保管员和账务员查实后，做好挂失登记，将原凭证作废，缓期发货。

2. 提货数与实存数不符

如果出现提货数量与商品实存数不符的情况，一般是实存数小于提货数，造成这种问题的原因主要有以下几个方面。

(1) 商品入库时，由于验收问题，增加了实收商品的签收数量，从而造成账面数大于实存数。

(2) 仓库保管员和发货人员在以前的发货过程中，因错发、串发等差错而造成实际商品库存量小于账面数。

(3) 货主单位没有及时核减开出的提货数，造成库存账面数大于实际储存数，从而开出的提货单提货数量过大。

(4) 仓储过程中造成的货物的毁损。当遇到提货数量大于实际商品库存数量时，无论是何种原因造成的，都需要和仓库主管部门及货主单位及时取得联系后再做处理。如属于入库时错账，则可以采用报出报入的方法进行调整，即先按库存账面数开具商品出库单销账，然后再按实际库存数重新入库登账，并在入库单上签明情况；如果属于仓库保管员串发、错发引起的问题，应由仓库方面负责解决库存数与提单数的差数；如果属于货主单位漏记账而多开出库数的，应由货主单位出具新的提货单，重新组织提货和发货；如果是仓储过程中的损耗，需考虑该损耗数量是否在合理的范围之内，并与货主单位协商解决。合理范围内的损耗应由货主单位承担，而超过合理范围之外的损耗则应由仓储部门负责赔偿。

3. 串发和错发货

所谓串发和错发货，主要是指在发货人员对商品种类规格不是很熟悉的情况下，或者由于工作中的疏漏，把错误规格、数量的商品发出仓库的情况。如果提货单开具甲规格的某种商品出库，而在发货时错把乙规格的商品发出，造成甲规格账面数小于实存数，乙规格账面数大于实存数。在这种情况下，如果商品尚未离库，应立即组织人力重新发货；如果商品已经被提出仓库，保管员要根据实际库存情况，如实向本库主管部门和货主单位讲明串发和错发货的品名、规格、数量、提货单位等情况，会同货主单位和运输单位共同协商解决。一般在无直接经济损失的情况下，由货主单位重新按实际发货数冲单（票）解决。如果造成直接经济损失，应按赔偿损失单据冲转调整保管账。

4. 包装破漏

包装破漏是指在发货过程中因商品外包装破散、砂眼等现象引起的商品渗漏、裸露等问题。这些问题主要是在储存过程中因堆垛挤压、发货装卸操作不慎等引起的。发货时，商品都应经过整理或更换包装方可出库，否则造成的损失应由仓储部门承担。

5. 漏记账和错记账

漏记账是指在商品出库作业中，由于没有及时核销商品明细账而造成账面数量大于或小于实存数；错记账是指在商品出库后核销明细账时没有按实际发货出库的商品名称、数量等登记，从而造成账物不相符的情况。无论是漏记账还是错记账，一经发现，除及时向有关领导如实汇报情况外，还应根据原出库凭证查明原因调整保管账，使之与实际库存保持一致。如果由于漏记和错记账给货主单位、运输单位和仓储部门造成了损失，应给予赔偿，同时应追究相关人员的责任。

三、在库作业

物品在经验收合格入库后，就进入了在库作业流程。在库作业是对物资进行清理的同时，采取合理的堆码方式，以确保物资数量无误和在库期间的质量完好。物品堆码是指根据物品的包装、外形、性质、特点、种类和数量，结合季节和气候情况及储存时间的长短，将物品按一定的规律码成各种形状的货垛。合理堆码能保证物资的完好，提高仓容的利用率，便于对物品进行维护、盘点等管理。

（一）堆码的基本原则

1. 分类存放

分类存放是仓库储存规划的基本要求，是保证物品质量的重要手段，也是堆码需要遵循的基本原则。

（1）不同类别的物品需分类存放，甚至需要分区分库存放。

（2）不同规格、不同批次的物品要分位、分堆存放。

（3）残损物品要与原货分开。

（4）对于需要分拣的物品，在分拣之后应分位存放，以免混串。

此外，分类存放还包括按不同流向物品、不同经营方式物品进行分类分存。

2. 选择适当的搬运活性

为了减少作业时间、次数，提高仓库物流速度，应该根据物品作业的要求，合理选择物品的搬运活性。应注意整齐摆放搬运活性较高的物品，以免堵塞通道、浪费仓容。

3. 面向通道，不围不堵

货垛及存放物品的正面尽可能面向通道，以便查看；另外，所有物品的货垛、货位都应有一面与通道相连，处在通道旁，以便能对物品进行直接作业。只有所有的货位都与通道相同时，才能保证不围不堵。

4. 尽可能向高处码放

为充分利用仓容，存放的货物要尽可能码高，使货物占用地面的面积尽可能少，包括采用堆码堆高和使用货架存放的方式。在码高时要注意货垛的稳定，只有在稳定的情况下才能码高。同时，为保护货物，还要考虑可承受的压力。

5. 根据出入库频率选定货位

出入库频率高的货物应放在靠近出入口、易于作业的地方；出入库频率低的货物放在距离出入口稍远的地方。

6. 重下轻上

当货物叠放堆码时，应将重的货物放在下面，轻的货物放在上面。

7. 便于点数

每垛货物按一定的数量存放，如按 5 或 5 的倍数存放，方便清点计数。

8. 依据货物的形状安排堆码方法

例如,长条形货物就以货物的长度作为货垛的长度。

(二) 堆码的主要方式

1. 散堆方式

散堆方式适用于露天存放的没有包装的大宗物品,如煤炭、矿石等;也可适用于库内少量存放的谷物、碎料等散装物品。散堆方式是直接用堆扬机或者铲车在确定的货位后端,直接将物品堆高,在达到预定的货垛高度时,逐步后推堆货,后端先形成立体梯形,最后成垛。由于散货具有流动、散落性,堆货时不能太靠近垛位四边,以免散落使物品超出预定的货位。

2. 堆垛方式

对于有包装的物品(如箱、桶),包括裸装的计件物品,采取堆垛的方式储存。堆垛方式储存能够充分利用仓容,做到仓库内整齐,方便作业和保管。物品的堆码方式主要取决于物品本身的性质、形状、体积、包装等,一般情况下采取平放的方式,使重心最低,最大接触面向下,易于堆码,稳定牢固。

常见的堆垛方式包括重叠式、纵横交错式、仰伏相间式、压缝式、通风式、栽柱式等。

(1) 重叠式。重叠式也称直堆法,是逐件、逐层向上重叠堆码,一件压一件的堆码方式。为了保证货垛稳定性,在一定层数后改变方向继续向上,或者长宽各减少一件继续向上堆放,如图3-1所示。该方法方便作业、计数,但稳定性较差,适用于袋装、箱装、箩筐装物品,以及平板、片式物品等。

(2) 纵横交错式。纵横交错式是指每层物品都改变方向向上堆放,如图3-2所示。该方法较为稳定,但操作不便,适用于管材、捆装、长箱装物品等。

(3) 仰伏相间式。对上下两面有大小差别或凹凸的物品,如槽钢、钢轨等,将物品仰放一层,再反一面伏放一层,仰伏相向相扣,如图3-3所示。该方法极为稳定,但操作不便。

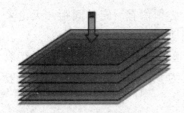 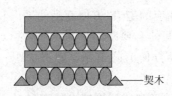 

图3-1 重叠式　　　图3-2 纵横交错式　　　图3-3 仰伏相间式

(4) 压缝式。将底层并排摆放,上层放在下层的两件物品之间,如图3-4所示。该方法稳固性比较好,不易倒垛,但不便于计数。

(5) 通风式。物品在堆垛时,任意两件相邻的物品之间都留有空隙,以便通风,并且层与层之间采用压缝式或者纵横交错式摆放,如图3-5所示。通风式堆码可以用于所有箱装、桶装及裸装物品堆码,起到通风防潮、散湿散热的作用。

(6) 栽柱式。码放物品前先在堆垛两侧栽上木桩或者铁棒,然后将物品平码在桩柱之间,堆码几层后用铁丝将相对两边的柱拴连,再往上摆放物品,如图3-6所示。此方法适用于棒材、管材等长条状物品。

3. 货架方式

采用通用或者专用的货架进行货架堆码,适用于小五金、小百货、交电零件等小件商品或不宜堆高的货物,如图 3-7 所示。

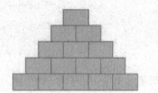
图 3-4 压缝式

图 3-5 通风式

图 3-6 栽柱式

图 3-7 货架方式

4. 成组堆码方式

采用成组工具使货物的堆存单元扩大。常见的成组工具有货板、托盘、网格等。成组堆垛一般每垛三四层。这种方式可以提高仓库利用率,实现货物的安全搬运和堆存,提高劳动效率,加快货物周转。

(三) 货垛"五距"要求

货垛"五距"应符合安全规范要求。货垛的"五距"指的是垛距、墙距、柱距、顶距和灯距。堆垛货垛时,不能倚墙、靠柱、碰顶、贴灯,不能紧挨旁边的货垛,必须留有一定的间距。无论采用哪一种垛型,房内必须留出相应的走道,方便商品的进出和消防用途。

(1) 垛距。货垛与货垛之间的必要距离称为垛距,常以支道作为垛距。垛距能方便存取作业,起通风、散热的作用,以及方便消防工作。库房垛距一般为 0.3~0.5m,货场垛距一般不少于 0.5m。

(2) 墙距。为了防止库房墙壁和货场围墙上的潮气对商品产生影响,也为了散热通风、消防工作、建筑安全、收发作业,货垛必须留有墙距。墙距可分为库房墙距和货场墙距,其中,库房墙距又分为内墙距和外墙距。内墙距是指货物离没有窗户的墙体的距离,此处湿度相对较小,一般距离为 0.1~0.3m;外墙距是指货物离有窗户的墙体的距离,这里湿度相对较大,一般距离为 0.1~0.5m。

(3) 柱距。为了防止库房柱子的潮气影响货物,也为了保护仓库建筑物的安全,必须留有柱距。柱距一般为 0.1~0.3m。

(4) 顶距。货垛堆放的最大高度与库房、货棚屋顶横梁间的距离称为顶距。顶距能便于装卸搬运作业,能通风散热,有利于消防工作,有利于收发、查点。顶距一般为 0.5~0.9m,具体视情况而定。

(5) 灯距。货垛与照明灯之间的必要距离称为灯距。为了确保储存商品的安全,防止照明灯发出的热量引起靠近商品燃烧而发生火灾,货垛必须留有足够的安全灯距。灯距按规定应有不少于0.5m的安全距离。

四、ABC库存分类管理

(一) 库存的作用

库存具有整合供给和需求、维持各项活动顺畅进行的功能。具体来讲,库存的作用主要包括以下几个方面。

1. 维持销售产品的稳定

销售预测型企业必须保持一定数量的库存,其目的是应付市场的销售变化。在这种方式下,企业预先并不知道市场的真正需求,只是按对市场需求的预测进行生产,因此产生一定数量的库存是必然的。但随着供应链管理的形成和完善,这种库存会逐渐减少直至消失。

2. 维持生产的稳定

企业按销售订单与销售预测安排生产计划,并制订采购计划,下达采购订单。由于采购的物品需要一定的提前期,这个提前期是根据统计数据或者是在供应商生产稳定的前提下制订的,因此存在一定的风险,有可能会拖后而延迟交货,最终影响企业的正常生产,造成生产的不稳定。为了防止短缺或防止生产过程中断,企业会增加材料的库存量。

3. 平衡企业物流

在采购材料和生产用料、制作产品及销售物品的物流环节中,库存起着重要的平衡作用。采购的材料会根据库存能力(资金占用等)协调来料收货入库。同时,对于生产部门的领料,应考虑库存能力、生产线物流情况(场地、人力等)平衡物料发放,并协调在制品的库存管理。另外,对销售产品的物品库存也要视情况进行协调(各个分支仓库的调度与出货速度等)。

4. 平衡流通资金的占用

库存的材料、在制品及成品占用企业流通资金的主要部分,因此对库存量的控制,实际上也是在平衡流通资金。例如,加大订货批量会降低企业的订货费用,保持一定量的在制品库存与材料会减少生产交换次数,提高工作效率,但这两方面需要寻找最佳控制点。

5. 储备功能

在价格下降时大量储存,可以减少损失,以应对灾害等不时之需。但库存的存在也有弊端,主要表现在以下几个方面。

(1) 占用企业大量资金。

(2) 增加了企业的产品成本与管理成本。库存材料的成本增加直接增加了产品成本,而相关库存设备、管理人员的增加也加大了企业的管理成本。

(3) 掩盖了企业众多管理问题,如计划不周、采购不力、生产不均衡、产品质量不稳定及市场销售不力等。

(二) 库存的分类

1. 按库存在企业中的用途分类

(1) 原材料库存。企业生产所需的原材料形成的库存,是用于支持企业内制造和加工过程的库存。

(2) 在制品库存。原材料经过初步加工,但尚未完工,还需要进一步加工的中间产品和正在加工中的产品的库存。

(3) 维修库存。企业的机器与设备在维修、维护过程中存储的配件、零件和材料形成的库存。

(4) 产成品库存。已经制造完成并等待装运，可以对外销售的产成品的库存。

(5) 包装物和低值易耗品库存。企业用于包装本企业产品而储备的各种包装容器和由于价值低、易损耗等原因不能作为固定资产的各种劳动资料所形成的库存。

2. 按库存在企业经营中的作用分类

(1) 周转库存指生产企业或流通企业为生产或流通周转而进行的不断流转的储备，主要是用来缓冲采购和生产不一致、采购与投产不一致、上下加工环节不一致而形成的矛盾，用来满足确定条件下的需求，其生成的前提是企业能够正确地预测需求和补货时间。

(2) 安全库存指为了应付需求、生产周期或供应周期等可能发生的不测变化而设置的一定数量的库存。安全库存在零售业总库存中所占的比重高达 1/3 左右。

(3) 调节库存指用于调节需求或供应的不均衡、生产速度与供应速度不均衡、各个生产阶段的产出不均衡而设置的库存。

(4) 在途库存指企业已经取得商品的所有权，但尚处于运输、检验、待运过程中的商品。在没有到达目的地之前，可以将在途库存看作周期库存的一部分。需要注意的是，在进行库存持有成本的计算时，应将在途库存看作运输出发地的库存。因为在途的物品还不能使用、销售或随时发货。

(5) 季节性库存指为了调节商品的生产与销售在季节上的差异而建立的库存。这种库存只有在特定的季节出现，目的在于保证稳定的劳动力和稳定的生产运转。

(6) 投资库存指不是为了满足目前的需求，而是出于其他原因，如由于价格上涨、物料短缺或是为了预防罢工等囤积的库存。

(7) 闲置库存指在某些具体的时间内不存在需求的库存。

此外，企业长期积压的物品库存被称为积压库存。积压库存对企业是有害的，仓库管理中要尽量避免。

（三）ABC 库存控制方法

ABC 分类法又称分类管理法，是指将仓储货物按照设定的分类标准和要求分为特别重要（A 类）、一般重要（B 类）和不重要（C 类）三个等级，然后针对不同等级分别进行控制的管理方法。

1. ABC 分类法的基本原理

ABC 分类管理法（activity based classification）又称帕累托分析法、柏拉图分析法、主次因素分析法、分类管理法。经济学家帕累托在研究财富的社会分布状态时，发现少数人的收入占全部人收入的大部分，而多数人的收入却只占小部分，即"关键的少数和次要的多数"关系，平常也称为"80/20"法则。将 ABC 分类管理法引入库存管理，就形成了 ABC 库存分类管理法。一般来说，企业的库存货物种类繁多，每个品种的价格不同，且库存数量也不等。有的货物品种不多但价值很大，而有的货物品种很多但价值不高。由于企业的资源有限，因此在进行存货控制时，要求企业将注意力集中在比较重要的库存货物上，依据库存货物的重要程度分 ABC 库存控制类管理，这就是 ABC 库存分类管理的思想。

ABC 分类法是根据库存品的年占用金额的大小，把库存品划分为 A、B、C 三类，分别实行重点控制、一般控制、简单控制的存货管理方法。其中，A 类存货的年占用金额占总库存金额的 70% 左右，其品种数却只占总库存品种数的 10% 左右；B 类存货的年占用金额占总库存金额的 20%左右,其品种数占总库存品种数的 20%左右;C 类存货的年占用金额占总库存金额的 10%左右,其品种数却占总库存品种数的 70%左右,如表 3-1 所示。

表 3-1　ABC 库存分类标准

分　类	占库存品种数	占库存金额
A 类	约 10%	约 70%
B 类	约 20%	约 20%
C 类	约 70%	约 10%

按库存资金占用额和品种数进行 ABC 分类时,以上比例为参考比例。然而,在实际工作中,还应考虑某类货物对生产的重要性等因素。在实际使用时,应根据需要进行具体分析和必要的调整。

2. ABC 分类法的一般步骤

ABC 分类法的实施,需要企业各部门协调与配合,并且建立在库存数据完整、准确的基础之上。其主要操作步骤如下。

(1) 搜集数据。根据分析要求、分析内容,搜集分析对象的有关数据。例如,要对库存货物占用资金情况进行分析,就可以收集各类库存物品的进库单位、数量、在库平均时间等信息,以便了解哪几类货物占用的资金较多,进行重点管理。如果要对货物的物动量进行分析,则可以搜集各类物品出库数量(或者入库数量)的历史数据。

(2) 处理数据。利用收集到的年需求量、单价,计算出各种库存品的年耗用金额。

(3) 绘制 ABC 分类管理表。把各种库存品按照年耗用金额从大到小的顺序排列,并计算累计百分比。

(4) 确定分类。按照 ABC 分类法的基本原理,对库存品进行分类。一般说来,各种库存品所占实际比例,由企业根据需要确定,并没有统一的数值。

(5) 绘制 ABC 分析图。把库存品的分类情况在曲线图上表示出来。

【例 3-1】　某小型企业有 10 项库存品,各种库存品的年需要量、单价见表 3-2。为加强库存管理,该企业计划采用 ABC 库存管理法。假如该企业决定按 20%的 A 类物品,30%的 B 类物品,50%的 C 类物品来建立 ABC 库存分析系统,应如何进行分类?

表 3-2　企业库存需求情况

库存品名称	年需求量/kg	单价/(元/kg)	金额/元
b	95000	8	760000
f	125000	5	625000
d	50000	4	200000
h	20000	8	160000
g	20000	5	100000
a	9000	8	72000
i	5000	5	25000
j	2500	7	17500
c	4000	4	16000
e	1000	10	10000
合　计			1985500

解:(1)将库存品按占用金额从大到小进行排列。

(2)计算各种库存品的品种数百分比、品种数累计百分比、资金占用额百分比和资金占用额累计百分比。

(3)按照ABC分类的基本原理进行分类,确定A、B、C三类存货。

最终形成的ABC分析表见表3-3。

表3-3 ABC分析表

库存品名称	年需求量/kg	单价/(元/kg)	金额/元	累计金额/元	累计百分比/%	类别
b	95000	8	760000	760000	38.3	A
f	125000	5	625000	1385000	69.8	A
d	50000	4	200000	1585000	79.8	B
h	20000	8	160000	1745000	87.9	B
g	20000	5	100000	1845000	92.9	B
a	9000	8	72000	1917000	96.5	C
i	5000	5	25000	1942000	97.8	C
j	2500	7	17500	1959500	98.7	C
c	4000	4	16000	1975500	99.5	C
e	1000	10	10000	1985500	100.0	C

3. ABC三类存货库存的控制

ABC分类明确了重点,可以对不同类别的存货按不同要求进行管理和控制,具体方法阐述如下。

(1)对A类货物的控制。对A类货物的控制要计算每个项目的经济订货量和订货点,尽可能地增加订购次数,以减少存货积压,也就是减少其昂贵的存储费用和大量的资金占用;还可以为A类货物设置永续盘存卡片,以加强日常控制。

(2)对B类货物的控制。对B类货物的控制也要事先为每个项目计算经济订货量和订货点,同时可以设置永续盘存卡片来反映库存动态。但其要求不必像A类货物那样严格,只要定期进行概括性的检查就可以了,以节省存储成本和管理成本。

(3)对C类货物的控制。由于C类货物为数众多,单价很低,存货成本也较低,因此可以适当增加C类货物的单次订货数量,减少全年的订货次数。

五、最佳订货量计算

(一)经济订货批量法的基本原理

经济订货批量(economic order quantity,EOQ)是指通过费用分析求得在库存总费用最小时的每次订购批量,用以解决独立需求物品的库存控制问题。企业的合理存货量标准是既能满足生产经营活动的正常进行,又使存货耗费的总成本最低,这个合理的存货量取决于经济订购批量的确定,于是EOQ在实际中得到了广泛的应用。

在企业年消耗量固定的情况下,一次订货量越大,订货次数就越少,每年花费的总订货成本就越低。因此,从订货费用的角度看,订货批量越大越好。但是,订货批量的加大必然使库存保管费用增加,所以从保管费的角度看,订货批量越小越好。订货费与保管费呈现此消彼长的关系,由于库存的每次订购数量直接影响库存总成本,因此经济订货批量是使年度总成本为最小时的订货批量。

经济订货批量模型中的年度总成本主要包括以下四种费用。

1. 订货成本（订货费）

订货成本是指在订货过程中发生的与订货有关的全部费用，包括办公费、差旅费、订货续费、通信费、招待费及订货人员的工资等。

订货成本可分为固定性订货成本和变动性订货成本两部分。固定性订货成本是指与采购次数没有直接联系的，用于维持采购部门正常活动所需的有关费用，如采购机构管理费、采购人员的工资等。变动性订货成本是指与订货数量没有直接关系，但随订货次数的变动而变动的费用，如差旅费、运输费等。订货成本与订货量多少无关，而与订货次数有关。要降低订货成本，就需减少订货次数。

2. 存储成本（库存保管费）

存储成本又称持有成本，是指货在储存过程中发生的费用。存储成本包括货物占用资金的利息、货物损坏变质的支出、仓库折旧费、维修费、仓储费、保险费、仓库保管员工资等费用。

存储成本按照其与存货数量和时间的关系，分为固定性存储成本和变动性存储成本两部分。固定性存储成本是指在一定时期内总额相对稳定，与存货数量和时间无关的存储费用，如仓库折旧费、仓库人员工资等。变动性存储成本是指总额随着存货数量和时间的变动而变动的有关费用，如仓储费、占用资金的利息等。

3. 进货与购买成本（采购成本）

进货与购买成本是指在采购过程中所发生的费用，包括所购物资的买价和采购费用。该成本取决于进货的数量和进货的单位成本。在没有数量折扣的条件下，进货与购买成本是企业无法控制的成本。

4. 缺货成本（缺货费）

缺货成本是指当存储供不应求时引起的损失，如失去销售机会的损失、停工待料的损失、临时采购造成的额外费用及延期交货不能履行合同而缴纳的罚款等。从缺货损失的角度考虑，存储量越大，缺货的可能性就越小，缺货成本也就越低。各种成本与年度总成本的关系如图 3-8 所示。

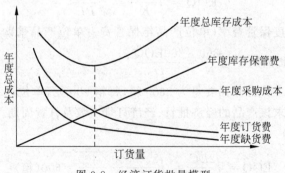

图 3-8　经济订货批量模型

EOQ 是用于解决独立需求库存控制问题的一种模型，基本公式为

年度库存总成本 ＝ 年度采购成本 ＋ 年度订货费 ＋ 年度库存保管费 ＋ 年度缺货费

即

$$TC = DP + \frac{DC}{Q} + \frac{QK}{2} + \frac{VH}{2}$$

式中,TC 为年度库存总成本;D 为年需求量;Q 为每次订货批量;C 为每次订货费;P 为产品价格;K 为单位产品年度保管费;V 为年度缺货量;H 为缺少单位产品的年度损失。

(二)经济订货批量的确定

由于假设条件不同,经济订货批量的具体形式也有区别,下面主要介绍经济订货批量的两种形式。

1. 不允许缺货的经济批量

为了确定经济订货批量 EOQ,先做以下些假设:

(1) 需求均衡、稳定,年需求量为固定常数;
(2) 存储成本和单价固定不变;
(3) 订货提前期不变;
(4) 每次订货批量一定;
(5) 每次订货费用为常数;
(6) 不存在缺货方面的问题;
(7) 库存补充过程瞬间完成。

通常情况下,年度库存总成本为

年度库存总成本＝年度采购成本＋年度订货费＋年度库存保管费＋年度缺货费

而在 EOQ 基本模型的假设条件下,年度缺货费为零,所以,

年度库存总成本＝年度采购成本＋年度订货费＋年度库存保管费

即

$$TC = DP + \frac{DC}{Q} + \frac{QK}{2}$$

式中,TC 为年度库存总成本;D 为年需求量;Q 为每次订货批量;C 为每次订货费;P 为产品价格;K 为单位产品年度保管费;

当 $Q=EOQ$ 时,对上述公式中的 Q 进行求导,可得出经济订货批量 EOQ 的计算公式,即

$$EOQ = \sqrt{\frac{2DC}{K}} = \sqrt{\frac{2DC}{PF}}$$

式中,F 为单位产品年度保管费率(单位产品年保管费占单位产品采购价格的百分比);年订货次数 $N = \frac{D}{EOQ}$;订货周期 $T = \frac{360}{N} = \frac{360 EOQ}{D}$。

【例 3-2】 某仓库一产品年需要量为 3600 箱,每箱 900 元,单位产品年保管费为 8 元,每次订货成本为 400 元,求该产品的经济批量、经济订货次数及订货周期。

解:经济订货批量

$$EOQ = \sqrt{\frac{2DC}{K}} = \sqrt{\frac{2 \times 3600 \times 400}{8}} = 600(箱)$$

经济订货次数

$$N = \frac{D}{EOQ} = \frac{3600}{600} = 6(次)$$

订货周期

$$T = \frac{360}{N} = \frac{360}{6} = 60(\text{天})$$

年度总成本

$$TC = 900 \times 3600 + 400 \times 3600 \div 600 + 8 \times 600 \div 2 = 3244800(\text{元})$$

2. 有折扣的经济订货批量

为了鼓励大批量购买,供应商往往在订货数量超过一定量时提供优惠的价格。在这种情况下,买方应进行计算和比较,以确定是否需要增加订货量去获得折扣。其判断的原则是:如果接受折扣所产生的年度总成本小于经济订货批量所产生的年度总成本,则应接受折扣;反之,应按不考虑折扣计算的经济订货批量购买。

【例 3-3】 该产品市场价格为每箱 900 元。当一次订货量达到 1000 箱时,可获 2% 的折扣;一次订货量达到 1500 箱时,可获 3% 的折扣,求该产品的经济订货批量。

解:经济订货批量

$$EOQ = \sqrt{\frac{2DC}{K}} = \sqrt{\frac{2 \times 3600 \times 400}{8}} = 600(\text{箱})$$

(1) 按经济订货批量计算的总成本

$$TC = DP + \frac{DC}{Q} + \frac{QK}{2} = 900 \times 3600 + \frac{400 \times 3600}{600} + \frac{8 \times 600}{2} = 3244800(\text{元})$$

(2) 考虑一次订货 1000 箱时数量折扣的总成本

$$P = 900 \times (1 - 2\%) = 882$$

$$TC = DP + \frac{DC}{Q} + \frac{QK}{2} = 882 \times 3600 + \frac{3600 \times 400}{1000} + \frac{8 \times 1000}{2} = 3180640(\text{元})$$

(3) 一次订货 1500 箱时数量折扣的总成本

$$P = 900 \times (1 - 3\%) = 873$$

$$TC = DP + \frac{DC}{Q} + \frac{QK}{2} = 873 \times 3600 + \frac{3600 \times 400}{1000} + \frac{8 \times 1500}{2} = 3149760(\text{元})$$

通过以上计算可知,在数量折扣为 3%,即订货量确定为 1500 箱时,年度总库存成本最小。因此,该产品的经济订货批量为 1500 箱。

六、订货点计算

(一)定量订货法

1. 定量订货法的概念

所谓定量订货法,就是预先确定订货点和订货批量,随时检查库存,当库存下降到订货点时就发出订货请求,订货批量一般取经济订货批量。定量订货法的订货点和订货批量都是事先确定的,而且检查时刻是连续的,需求量是可变的。

有时将定量订货法称为库存控制策略,即连续对库存进行盘点,当剩余库存量下降至 R 时,立即订货,补货量 $Q = S - R$,以使其库存水平达到 S,其中,R 为订货点(或称为最低库存量),S 为最大库存水平。

2. 定量订货法的基本原理

当库存量下降到订货点 R 时,就按预先确定的订购量发出订单,经过平均订货周期(订货至到货的间隔时间)LT,库存量继续下降,到达安全库存 S 时,收到订货 Q、库存水平上升。定量订货法的基本原理图如图 3-9 所示。

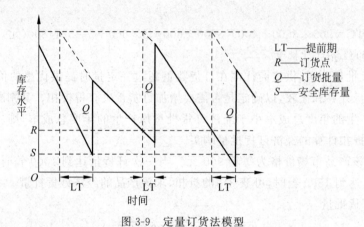

图 3-9 定量订货法模型

3. 控制参数

(1) 订货点。在定量订货法中,订货点直接控制着库存水平。影响订货点的因素有三个:订货提前期、平均需求量和安全库存。

① 在需求确定、订货提前期不变的情况下,不存在突发需求,因此不需要设置安全库存,可以根据需求和提前期的时间直接求出订货点。计算公式为

$$订货点 = 订货提前期 \times 每天需求量$$
$$= 订货提前期 \times (全年需求量 \div 360)$$

② 在需求和订货提前期都不确定的情况下,安全库存的作用是满足需求变动和提前期变动所导致的库存需求量的增加。计算公式为

$$订货点 = 平均需求量 \times 最大订货提前期 + 安全库存$$

(2) 订货批量。订货批量就是一次订货的数量。订货批量直接影响库存量的高低,直接影响货物供应的满足程度。在定量订货法中,每一个具体的品种每次的订货批量都是相同的,通常是以经济批量作为订货批量。当然,批量的确定还应在考虑其他因素的基础上,运用经济订货批量的强壮性进行适当调整。

4. 定量订货法的优缺点

(1) 优点:由于每次订货之前都要详细检查和盘点库存(看是否降低到订货点),因此能及时了解和掌握库存的动态;由于每次订货数量固定,且是预先确定好了的经济订货批量,因此该方法运用起来十分简便。

(2) 缺点:经常对库存进行详细检查和盘点,工作量大且需花费大量时间,从而增加了库存保管维持成本;该方式要求对每个品种单独进行订货作业,这样会增加订货成本和运输成本。

5. 定量订货法的适用范围

基于上述的优点和缺点,定量订货法有一定的适用范围,通常在以下几种情况采用定量订货方式。

(1) 所储存的物资具备进行连续检查的条件。

(2) 价值虽低但需求数量大的物资及不便于少量采购的物资。

(3) 易于采购的物资。
(4) 价格昂贵物资。

【例 3-4】 某商品每月需要量为 300 件, 备运时间 8 天, 保险储备量 40 件, 求订购点。

解: 订购点=(300÷30)×8+40=120 件

(二) 定期订货法

1. 定期订货法的概念

定期订货法, 是以定期检查盘点和固定订购周期为基础的一种库存量控制方法。它要求按固定的检查周期对库存量进行盘点, 并根据检查盘点的实际库存量和下一个进货周期的预计需求量来确定订购批量。因此, 定期订货法是以"定期不定量"为特征的, 即订货周期固定, 如果备运时间相同, 则进货周期也固定, 而订购点和订购批量不定。

2. 定期订货法的基本原理

每隔固定时间周期检查库存项目的储备量。根据盘点结果与最高库存量 $Q_{\max}$ 差额确定每次的订购批量。由于需求是随机变化的, 每次盘点时的储备量都是不相等的, 需要补充的数量随最高库存量 $Q_{\max}$ 变化。因此, 这类系统的决策变量包括检查时间周期 T、最高库存量 $Q_{\max}$, 库存控制系统的储备量变化情况如图 3-10 所示。

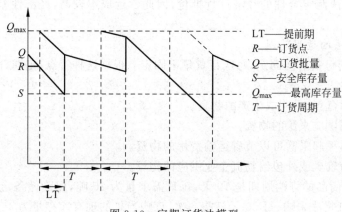

图 3-10 定期订货法模型

3. 控制参数

(1) 订货周期 T 的确定。采用定期订货法时, 每两次订货的间隔时间总是相等的。订货周期的长短直接决定最高库存量的大小, 进而决定库存成本的多少。因此, 订货周期太长会使库存成本上升; 太短会增加订货次数, 使得订货费用增加, 进而增加库存总成本。从费用角度出发, 要使总成本达到最低, 可以用经济订货批量的计算公式, 确定使库存成本最低的经济订货周期。具体计算公式为

$$T = \sqrt{\frac{2C}{DK}}$$

式中, C 为每次的订货成本; D 为年需求量; K 为每件物品平均每年储存保管费用; T 为经济订货周期。

在实际操作中, 结合供应商的生产周期或供应周期来调整经济订货期, 从而确定一个合理可行的订货周期。也可以结合人们比较习惯的单位时间, 如周、旬、月、季等来确定经济订货周期, 从而与企业的生产计划、工作计划相吻合。

(2) 最高库存量 Q_{max} 的确定。定期订货法的最高库存量是为了满足周期 T 和订货提前期 LT 期间外，考虑到不确定因素，增加的安全库存 S。因此，Q_{max} 由两部分组成。一部分是 $T+LT$ 的平均库存需求量，另一部分是为防止随机性需求而设置的安全库存量 S。最高库存量的计算公式为

$$Q_{max}=d(T+LT)+S$$

式中，Q_{max} 为最高库存量；d 为 $(T+LT)$ 期间的平均库存需求量；T 为订货周期；LT 为平均订货提前期；S 为安全库存量。

(3) 订货量的确定。定期订货法没有固定不变的订货批量，每个周期订货量的大小等于该周期的最高库存量与实际库存量的差值。这里的实际库存量是指检查库存时仓库实际具有的能够用于销售供应的全部物品的数量。订货量的确定方法为

订货量 = 最高库存量 − 现有库存量 − 订货未到量 + 待出库货数量

4. 定期订货法的优缺点

(1) 优点：定期订货法可以将多种货物合并订购，这样可以降低订购费用和运输成本等费用；由于定期订货法将多种货物合并订购，因此可以编制较实用的采购计划；周期盘点比较彻底、精确，减少了工作量，可以使仓储效率得到显著提高。

(2) 缺点：不宜利用经济订货批量模型，因此得到的储备定额有时不是最佳的；每次的订货批量不一致，无法制定合理的经济订货批量，因此营运成本较高，经济性差；要花费一定的时间来盘点库存。

5. 定期订货法的适用范围

定期订货法的订货时间固定，每次订货量不固定。根据这种特点，定期订货法适合在以下几种情况下采用。

(1) 需要定期盘点、采购或生产的物资。
(2) 具有相同供应来源的物资。
(3) 多种商品一起采购可以节省运输费用的物资。
(4) 供货渠道较少或外包给物流企业供应的物资。

【例 3-5】某商品的订购周期是 10 天，每日需求量为 20 吨，保险储备定额为 200 吨。如果企业采取定期订货法采购，每 30 天订购一次，订购当日的现有库存量为 450 吨，已定尚未到货的数量为 45 吨，求订购批量。

解： $Q=20\times(10+30)+200-450-45=505$（吨）

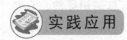

中诺思智慧物流仓储实训软件应用

仓储管理系统选择的是深圳市中诺思科技股份有限公司的智慧物流仓储实训软件。指导教师演示后，学生在仓储管理系统软件上模拟练习，从而熟练掌握仓储管理信息系统的操作方法，掌握订单管理、入库管理、出库管理、补货管理、移库管理、盘点管理、数据查询等。

打开谷歌浏览器，输入访问地址：http://IP:915（其中 IP 为服务器 IP 地址），进入智慧物流仓储软件登录界面，如图 3-11 所示。

输入学生用户账号和密码（用户名：01，密码：01），单击"登录"按钮，进入系统首页，如图 3-12 所示。

图 3-11 登录界面

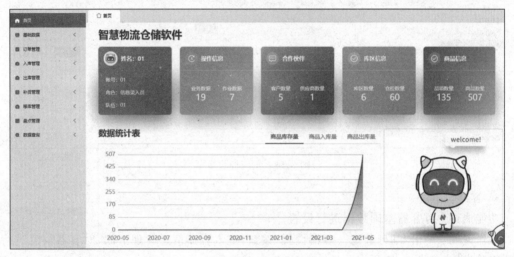

图 3-12 学生端首页

1．基础数据

功能概述：对仓储软件的基础数据进行设置及管理操作，如客户、供应商、容器、商品、库区、仓位。

注意事项：学生有没有对基础数据进行删除、编辑等操作的权限是由管理员设置的。如果管理员开放权限，则学生可使用基础数据所有功能；否则，学生仅可查询和新增基础数据。存在业务数据时，相关联的基础数据也不能进行删除或者编辑操作。

1）客户设置

功能概述：对客户基础数据进行设置。

操作说明：单击"基础数据—客户设置"按钮，进入客户信息管理页面，对客户信息进行增删改查，如图 3-13 所示。

2）供应商设置

功能概述：对供应商基础数据进行设置。

操作说明：单击"基础数据—供应商设置"按钮，进入供应商信息管理页面，对供应商信息进行增删改查等操作，如图 3-14 所示。

图 3-13　客户设置

图 3-14　供应商设置

3）容器设置

功能概述：对容器基础数据进行设置。

操作说明：单击"基础数据—容器设置"按钮，进入容器信息管理页面，对容器信息进行增删改查等操作，如图 3-15 所示。

图 3-15　容器设置

4）商品设置

功能概述：对商品基础数据进行设置。

操作说明：单击"基础数据—商品设置"按钮，进入商品信息管理页面，对商品信息进行增删改查等操作，如图 3-16 所示。

图 3-16　商品设置

5）库区设置

功能概述：对库区基础数据进行设置。

操作说明：单击"基础配置—库区设置"按钮，进入库区信息管理页面，对库区信息进行增删改查等操作，如图 3-17 所示。

图 3-17　库区设置

6）仓位设置

功能概述：对仓位基础数据进行设置。

操作说明：单击"基础配置—仓位设置"按钮，进入仓位信息管理页面，对仓位信息进行增删改查等操作，如图 3-18 所示。

2. 订单管理

功能概述：对客户订单进行管理及处理操作。

1）客户订单

功能概述：对客户订单进行管理，客户订单是出库的前提。

操作说明：单击"订单管理—客户订单"按钮，进入客户订单管理页面，对订单进行相关操作，如图 3-19 所示。

图 3-18 仓位设置

图 3-19 客户订单管理

单击"新增"按钮,新增订单页面如图 3-20 所示。

注意事项:在添加订单商品信息时,同一种商品仅可被选中一次,且系统默认添加最小单位的商品,包装单位不显示。在处理订单时,通过转换系数转换包装单位进行出库。客户订单上的商品必须有库存,否则在处理订单时,由于没有商品库存,从而无法完成订单的处理。

2)订单处理

功能概述:将订单处理转化为拣选计划单,对客户的订单进行合并处理,选择出库包装、拣选库区及拣选仓位。处理完毕后,生成出库管理计划和拣选计划。

操作说明:单击"订单管理—订单处理"按钮,进入处理订单的管理页面,进行相关操作,如图 3-21 所示。

单击"订单处理"按钮,进入订单处理页面,选择需要处理的订单(可多选),如图 3-22 所示。

图 3-20　新增订单

图 3-21　订单管理

图 3-22　订单处理

单击"下一步"按钮,选择商品的出库包装单位,如图 3-23 所示。

单击"下一步"按钮,选择商品的拣选库区(系统根据商品库存默认自动分配),如图 3-24 所示。

可手动单击下拉更改选择库区。

单击"下一步"按钮,选择商品的拣选仓位(系统根据商品库存自动分配),如图 3-25 所示。

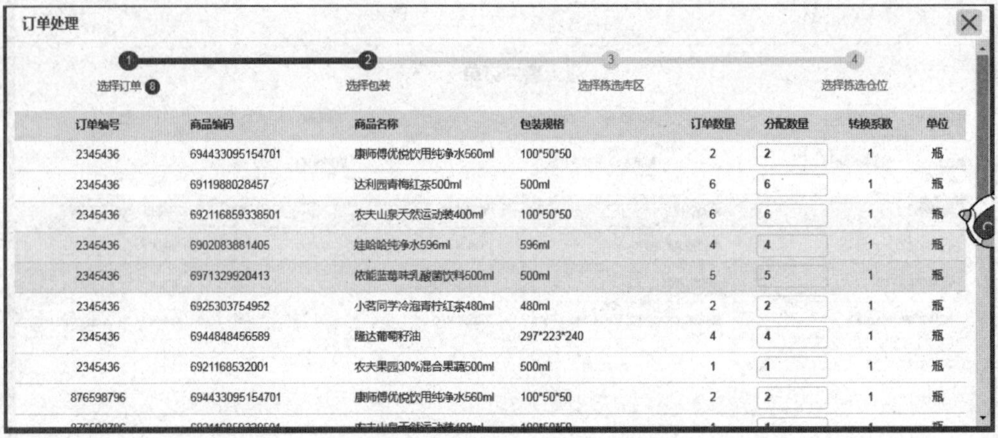

图 3-23 商品的出库包装单位选择

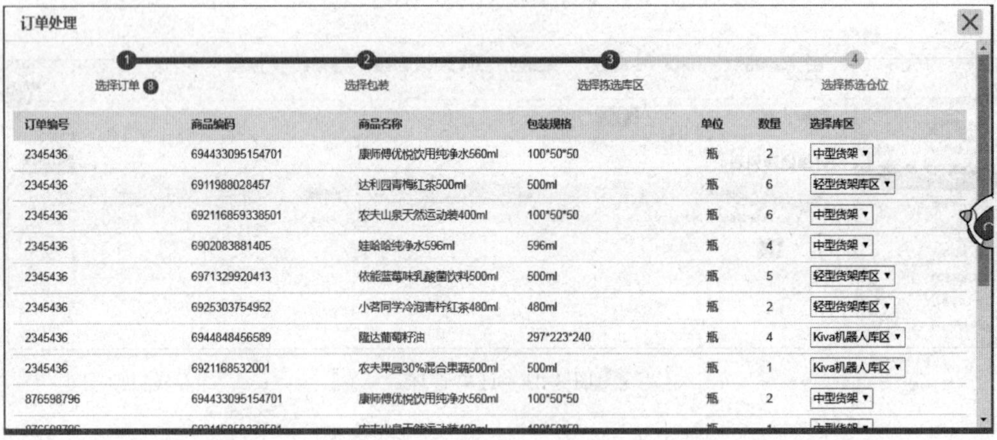

图 3-24 拣选库区选择

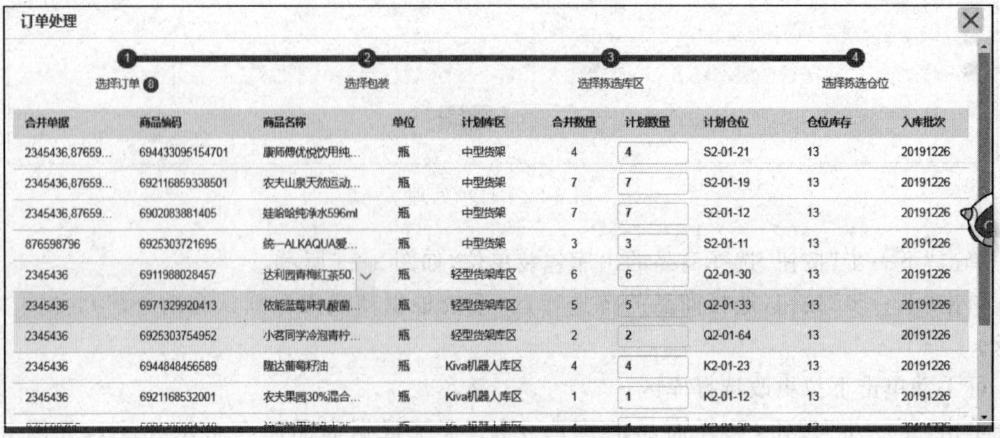

图 3-25 拣选仓位选择

可手动更改选择拣选仓位。

单击"确定"按钮,完成订单的处理,不同的库区生成不同的拣选计划单。

注意事项:在处理多客户订单时,订单合并后自动对相同商品数量进行合并。处理完成后,电子标签库区、立体库、密集库按客户分别生成拣选单,其他库区可将客户订单合并。在选择仓位时,同种商品需在同一个库区进行完全分配。在生成拣选单时,如果商品存在电子标签库区及密集库区,则两个库区商品合并生成一个拣选单(暂不考虑同类型多库区情况)。

3. 入库管理

功能概述:创建入库计划,进行入库作业。

1) 入库计划

功能概述:创建入库计划单,对计划单进行管理。

操作说明:单击"入库管理—入库计划"按钮,进入入库计划单管理页面,如图 3-26 所示。

图 3-26 入库计划单创建

单击"新增"按钮进入入库计划单填写页面,如图 3-27 所示。

图 3-27 入库计划单填写

选择入库库区和供应商后,双击"选择商品"按钮,进行商品的选择及计划数目填写操作,如图 3-28 所示。

单据编辑页面,如图 3-29 所示。

图 3-28　商品选择操作

图 3-29　单据编辑

单据详情页面,如图 3-30 所示。

图 3-30　单据详情页面

【发送作业】：将入库计划单标记为已发送状态。

注意事项：如果没有商品,则可新增商品；如果更换库区,则清空已选中商品信息；如果暂无需要商品的基础数据,可直接进行商品基础数据的新增。

2）入库作业

功能概述：对入库作业单进行管理。入库计划与入库作业单实际上是同一单据,只是展示在不同的模块中。入库作业数据提交后,即生成入库作业单数据。

操作说明：单击"入库管理—入库作业"按钮,进入入库作业管理页面,如图 3-31 所示。

图 3-31 入库作业管理

4. 出库管理

功能概述：出库管理包括拣选计划、拣选作业、装箱单，主要是根据客户订单进行不同库区的出库作业操作。

1）拣选计划

功能概述：订单处理后生成拣选计划，随后可以对拣选计划进行管理。然后，拣选计划将作为作业发送至相应库区中的设备。

操作说明：单击"出库管理—拣选计划"按钮，该页面显示了所有的拣选计划，如图 3-32 所示。

图 3-32 出库拣选计划

注意事项：用户是否需要选择拣选设备是由管理员设定的。如果系统显示选择设备字段，则选项为所有已配置的拣选设备；否则系统会使用默认设备执行发送作业。

库区对应的拣选设备如下。

重型货架：手持或智能穿戴设备；中型货架：拣选台车；轻型货架：B2C 电子标签；KIVA：电商播种墙；立库：立体仓库；密集库：密集库；电子标签库区：电子标签货架。

2）拣选作业

功能概述：对已经发送的拣选计划单生成对应的拣选作业单进行管理，拣选计划单发送后，显示拣选作业单。

操作说明：单击"出库管理—拣选作业"按钮，该页面显示了所有的拣选作业单，如图 3-33 所示。

图 3-33 拣选作业单

功能按钮说明如下。

单击【≡】，可以查看拣选作业单详情，如图 3-34 所示。

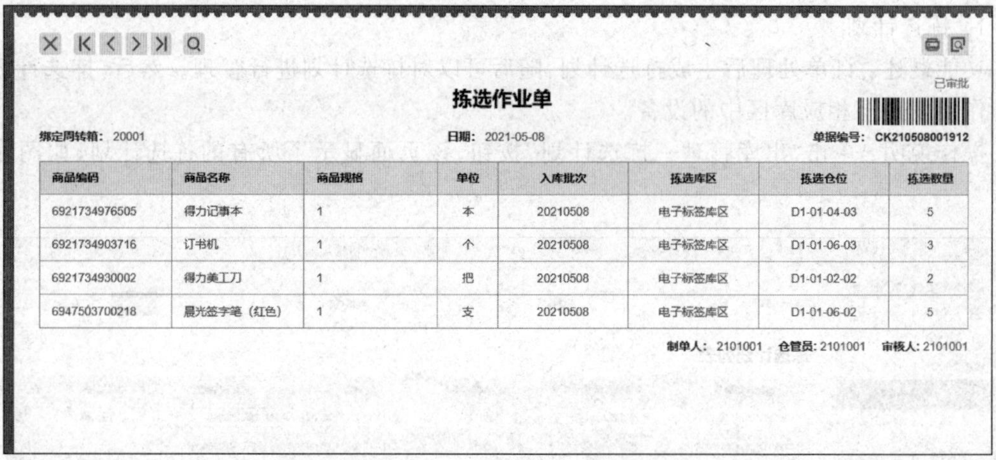

图 3-34 拣选作业单详情

单击【▭】按钮，如图 3-35 所示。
单击【按拣选单打印】按钮，打印拣选作业单据。
单击【按客户打印】按钮，作业未完成时，打印客户分拣单；作业完成后，打印客户装箱单。

3）装箱单

功能概述：对装箱单进行管理，拣选数据提交后，即生成装箱单。

操作说明：点击"出库管理—装箱单"，该页面显示装箱单列表，如图 3-36 所示。

图 3-35 拣选作业单据打印

图 3-36 生成装箱单

5. 补货管理

1）补货计划

功能概述：创建补货计划，仅支持重型货架区拆零补货到其他类型库区（重散库区、轻型货架区、电子标签区、kiva 库区），支持一个仓位补货到一个或多个仓位。

操作说明：单击"补货管理—补货计划"按钮，该页面显示补货计划单列表，如图 3-37 所示。

图 3-37 补货计划创建

功能按钮说明：

【新增】：填写补货计划单相关信息，填写完毕单击【 】按钮保存补货计划，如图 3-38 所示。

图 3-38 补货计划单

注意事项：补货目标库区自动获取拆零货品关联单位货品所在库区或空仓位库区，目前仅支持电子标签货架、轻型货架、中型货架、kiva货架作为补货入库仓，补货目标仓位自动获取拆零货品关联单位货品所在仓位及空仓位。

2）补货作业

功能概述：可查看提交上来的补货数据，补货数据提交后显示补货作业单。

操作说明：单击"补货管理—补货作业"按钮，该页面显示了所有的补货作业单，如图3-39所示。

图3-39 补货作业单

6. 移库管理

1）移库计划

功能概述：对移库计划进行管理，仅支持轻型货架区、重型货架库区、中型货架库区（散货）。移库操作，支持一个仓位移库到另一个仓位。

操作说明：单击"移库管理—移库计划"按钮，该页面显示了移库单列表，如图3-40所示。

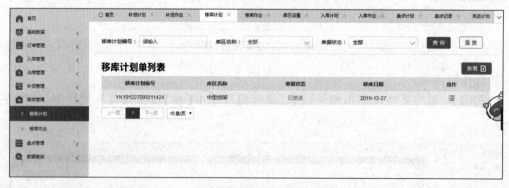

图3-40 移库计划单

功能按钮说明：

【新增】：新增移库计划单据，如图3-41所示。

【≡】：查看移库计划单详情，如图3-42所示。

【↶】：撤回该移库计划单，撤回后需要重新发送。

2）移库作业

功能概述：对移库作业进行管理，提交移库数据后展示移库作业单。

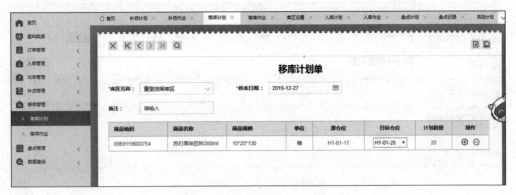

图 3-41　新增移库计划单

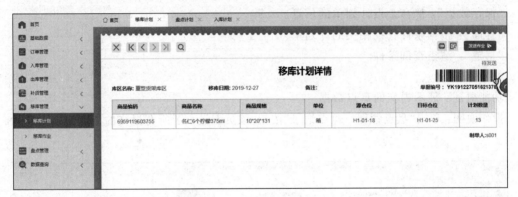

图 3-42　移库计划单详情

操作说明：单击"移库管理—移库作业"按钮，该页面显示所有移库作业单，如图 3-43 所示。

图 3-43　移库作业单

7. 盘点管理

1）盘点计划

功能概述：进行盘点计划管理，支持明盘或者暗盘两种方式，密集库、立体库不支持盘点。

注意事项：当库区存在未完成的作业时，不能生成盘点计划。

操作说明：单击"盘点管理—盘点计划"按钮，该页面显示所有的盘点计划，如图 3-44 所示。

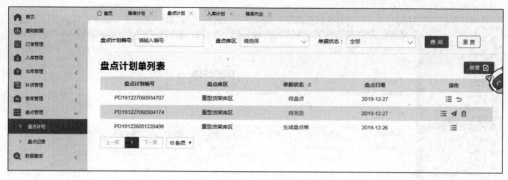

图 3-44　盘点计划单

"选择商品":选择需要盘点的商品。
"保存数据":保存盘点计划单的信息。
"查询":根据条件查找相关的计划单。
"重置":清空查询条件。

2) 盘点记录

功能概述:展示提交的盘点数据。

操作说明:单击"盘点管理—盘点记录"按钮,该页面显示了所有提交的盘点记录,如图 3-45 所示。

图 3-45　盘点记录

8. 数据查询

1) 库存查询

功能概述:查看商品库存信息。

操作说明:单击"数据查询—库存查询"按钮,进入库存查询页面,如图 3-46 所示。

2) 可视化查询

功能概述:库区可视化查看各个库区库存信息。

操作说明:单击"数据查询—可视化查询"按钮,进入库区可视化页面,如图 3-47 所示。
单击要查询的库区,进入查看库区仓位的详细信息,如图 3-48 所示。

3) 收发结存

功能概述:查询汇总商品收发结存数量信息。

操作说明:单击"数据查询—收发结存"按钮,该页面显示所有商品的入库/出库的情况,如图 3-49 所示。

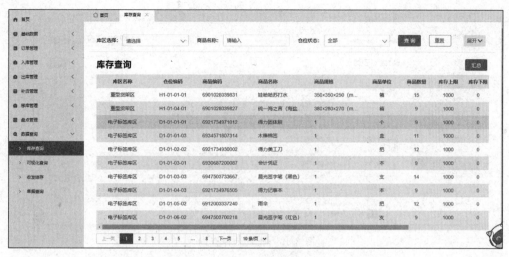

图 3-46　库存查询

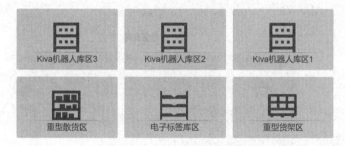

图 3-47　库区可视化查询

图 3-48　库区仓位的详细信息查询

4）单据查询

功能概述：查询生成的计划单、作业单。

操作说明：单击"数据查询—单据查询"按钮，如图 3-50 所示。

图 3-49 收发结存查询

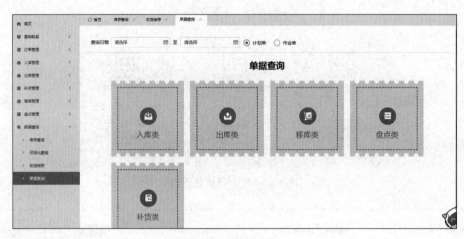

图 3-50 单据查询

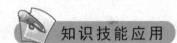

一、判断题

1. 仓储就是在特定的场所储存物品的行为,其对象必须是实物动产。（   ）
2. 无形资产可以作为仓储物。（   ）
3. 良好的仓储管理可以提高客户服务水平,但也会相应提高物流成本。（   ）
4. 仓储是物流系统最主要的核心功能之一。（   ）
5. 入库验收是商品入库业务流程的第一道作业环节。（   ）
6. 所有商品进入仓库储存必须经过检查,只有验收后的货物方可入库保管。（   ）
7. 当批量大、规格和包装整齐,存货单位的信誉较高,人工验收条件有限的情况下,通常采用抽验的方式。（   ）
8. 入库物品的形态决定物品入库时的装卸搬运作业方式,仓储企业在进行人员配置、装卸搬运设备的选择时,应充分考虑仓储对象的形态以做出经济合理的科学决策。（   ）
9. 理化检验是对物品内在质量和物理化学性质所进行的检验,一般主要是对进口物品进行理化检验。（   ）

10. 保质期短的物品入库存储宜选用驶入式货架,以严格保证"先进先出",延长物品后续的销售周期和消费周期。（ ）

二、单选题

1. 对化学品储存,应依据(   )分区分类储存。
   A. 不同货主　　　　　　　　B. 商品的流向
   C. 商品的危险性　　　　　　D. 货物的种类与性质
2. 对砂石进行数量检验,应采用的形式是(   )。
   A. 计件　　　B. 检斤　　　C. 检尺求积　　　D. 尺寸检验
3. 下列物品入库质量检验适合抽验的是(   )。
   A. 珠宝等贵重物品　B. 机械设备　C. 袋装牛奶　D. 都不是
4. 一般由专门的技术检验部门进行的检验是(   )。
   A. 数量检验　　B. 质量检验　　C. 理化检验　　D. 都不是
5. 下列各项货物中,入库检验时适宜检斤方式的是(   )。
   A. 矿石　　　B. 粉煤灰　　　C. 电冰箱　　　D. 小麦
6. 下列各项货物中,入库检验时适宜检尺求积方式的是(   )。
   A. 汽车　　　B. 粉煤灰　　　C. 电冰箱　　　D. 小麦
7. 下列适合于仓库接货的接货方式是(   )。
   A. 零担货物　B. 小批量货物　C. 整车大批量货物　D. 仓库与接货单位同城
8. (   )是存货人对仓储服务产生需求,并向仓储企业发出需求通知。
   A. 入库申请　　B. 入库计划　　C. 入库准备　　D. 货物装卸
9. 以下检验中,直接通过人的感觉器官进行检验的是(   )。
   A. 数量检验　B. 商品外观检验　C. 商品的尺寸检验　D. 理化检验
10. 检查商品有无潮湿、霉腐、生虫等属于(   )。
    A. 商品外观检验　B. 理化检验　C. 机械物理性能检验　D. 化学成分检验

三、案例分析题

A公司是一家汽车维修公司,2024年8月,该公司从广州B公司订购了50箱PVA擦车毛巾(100条/箱,5元/条)和30箱喷头式百洁液(20瓶/箱,3元/瓶)。B公司委托C物流公司托运这批货物到C物流公司的货运营业点,由A公司自行去营业点提货。A公司接货员小李接到C物流公司的到货通知后,前去提货验收时发现以下问题。

(1) 有2箱PVA擦车毛巾外箱破损,其中一箱的外包装已经破裂并露出毛巾。小李点查后,发现此箱毛巾少了8条。经查明,是因外包装受压破裂后,毛巾从裂口丢失。

(2) 有3箱喷头式百洁液因不堪货物重压,瓶盖被压坏且瓶内百洁液挥发了。小李根据实际情况填写了接运记录表,并请C物流公司负责人签字证明,然后提货返回。在货物入库开箱验收时,验收员发现有100条毛巾存在质量问题。

问题：

(1) A公司采用的是哪种接运方式?

(2) 接货员小李在办理PVA擦车毛巾的接运手续时,还需要注意哪些问题?

(3) 对于入库验收时发现的存在质量问题的100条毛巾,该如何处理?

项目三案例分析拓展

项目四

运输与配送管理

【项目导入】

交通运输力量助力"一带一路"绘宏图

推动构建人类命运共同体,携手建设更加美好的世界,是各国人民的美好愿望。共建"一带一路",是推动构建"人类命运共同体"的时代新平台。作为共建"一带一路"的重要参与者、建设者,交通运输行业以人类命运共同体理念为指引,以关键通道、关键城市、关键项目为抓手,在设施联通、贸易畅通上"打前阵""当先锋",为实现共同繁荣注入强劲动力。

【知识能力要求】
1. 掌握运输和配送的概念。
2. 掌握不同运输方式的特点。
3. 熟悉运输合理化的措施与运输设施设备。
4. 熟悉配送的种类、职能、作业内容。

【职业素养要求】
1. 培养爱国主义精神和民族自信。
2. 培养科技强国意识和创新精神。
3. 培养新时代工匠精神。

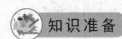 知识准备

一、运输概述

(一) 运输的概念

广义的运输是指人和物通过运力在空间的移动,具体指人和物的载运和输送,包括客运和货运。物流领域所研究的运输对象是物,不包括人。根据《物流术语》的定义,物流领域的运输是指用专用运输设备将物品从一个地点向另一个地点运送,其中包括集货、分配、搬运、中转、装入、卸下、分散等一系列操作。运输是在不同地域范围内以改变物品的空间位置为目的,对物品进行空间位移。

微课:运输概述

（二）运输的功能

运输提供了两大功能：物品转移和物品储存。

1. 物品转移

通过运输活动，商品从效用价值低的地方被转移到价值高的地方，商品的使用价值得到实现，即创造商品的最佳效用价值。运输的主要功能就是使物品在价值链中移动，通过改变物品的地点或位置创造出空间效用，或称场所效用。物品在不同的位置，其使用价值实现的程度是不同的。

2. 物品储存

运输不仅创造了物品的空间效用，还创造了物品的时间效用，具有一定的存储功能。时间效用是指物品处在不同的时刻，其使用价值实现的程度不同。通过储存保管，将商品从效用价值低的时刻延迟到价值高的时刻，再进入消费市场，使商品的使用价值得到更好的实现。运输物品需要时间，特别是长途运输需要的时间更长。在这个过程中，物品实际储存在运输工具内。为避免物品损坏或丢失，还要为运输工具内的物品储存创造一定的条件，这在客观上创造了物品的时间效用。

（三）运输的地位

1. 运输是物流的主要功能之一

由物流的概念可知，物流是指物品实体的物理性运动，这种运动不仅改变了物品的时间状态，而且改变了物品的空间状态。运输承担了改变物品空间状态的主要任务，是改变物品空间状态的主要手段；运输再配以搬运、配送等活动，就能圆满完成改变物品空间状态的全部任务。在现代物流观念诞生之前，甚至就在今天，仍有不少人将运输等同于物流，其原因是物流中很大一部分责任是由运输承担的。运输是物流的主要功能之一。

2. 运输是社会物质生产的必要条件之一

运输是国民经济的基础和先行。马克思曾将运输称为"第四个物质生产部门"，是生产过程的继续。这个"继续"虽然以生产过程为前提，但如果没有它，生产过程就不能完成。虽然运输和一般的生产活动不同，不创造新的物质产品，不增加社会产品数量，不赋予产品新的使用价值，只改变其所在的空间位置，但是这一变动能使生产继续，使社会再生产不断推进，并且这是一个价值不断增值的过程，所以可将其看成一个物质生产部门。

3. 运输可以创造"场所效应"

"场所效应"的含义是同种物品由于空间场所不同，即使用价值的实现程度不同，因此其效益的实现也不同。物品由于改变场所而发挥出使用价值，最大限度地提高了投入产出比，这种效应被称为"场所效应"。通过运输，将物品运到场所效应最高的地方，就能最大限度地发挥物品的潜力，实现资源的优化配置。从这个意义上讲，运输提高了物品的使用价值。

4. 运输是社会生产领域和消费领域的中介、纽带和桥梁

运输需求几乎是所有经济主体都具有的普遍需求，运输是生产过程在流通领域的继续，是属于流通领域的物质生产过程。在经济活动中，它连接着生产和生产、生产和交换、生产和消费、交换和消费等各个环节。因此，运输在社会再生产和经济生活中处于十分重要的地位，它与国民经济各部门有着密切的关系，是解决众多经济问题、社会问题、生态问题和其他问题的重要途径，是社会生产领域和消费领域的中介、纽带和桥梁。

5. 运输可以创造利润

首先，运输是运动中的活动，它和静止的保管不同，要靠大量的动力消耗才能实现，且运输又承担大跨度空间转移的任务，所以活动的时间长、距离远、消耗大。由于消耗的绝对数量大，因此其节约的潜力也很大。其次，从运费来看，它在物流总成本中占据最大的比例。一般综合分析计算社会物流费用，运费在其中占有近50%的比例，有些产品的运费甚至高于其生产成本。最后，由于运输总里程远、运输总量大，通过体制改革和运输合理化可大幅减少运输吨公里数，从而实现比较大的节约。

二、运输方式

（一）运输方式分类

1. 按运输的范围分类

（1）干线运输是指利用铁路、公路的干线，以及大型船舶的固定航线进行的长距离、大批量的运输，是物品实现远距离空间位置转移的重要运输形式。干线运输一般速度比同种工具的其他运输方式要快，成本也较低。干线运输是运输的主体。

（2）支线运输是指与干线相接的分支线路上的运输。支线运输是干线运输与收、发货地点之间的补充性运输形式，路程较短，运输量相对较小。

（3）二次运输是一种补充性的运输形式，它指的是干线、支线运输到站后，从站到用户仓库或指定地点之间的运输。由于这种运输方式主要是满足特定单位的需要，因此其运输量较小。

（4）厂内运输是指在大型工业企业范围内，直接为生产过程服务的运输。小企业内的这种运输称为搬运。在工具使用方面，厂内运输一般使用卡车，而搬运则使用叉车、输送机等。

2. 按运输的作用分类

（1）集货运输是指将分散的物品汇集起来进行集中运输的形式，一般是短距离、小批量的运输。物品集中后才能利用干线运输形式进行远距离及大批量运输。因此，集货运输是干线运输的一种补充形式。

（2）配送运输是指将节点中已按用户要求配装好的物品分送到各个用户的运输，一般是短距离、小批量的运输。从运输的角度讲，它是对干线运输的一种补充和完善。

3. 按运输的协作程度分类

（1）一般运输是指孤立地采用不同运输工具或同类运输工具而没有形成有机协作关系的运输。

（2）联合运输允许用户一次委托，是由两家以上运输企业或用两种以上运输方式共同将某一批物品运送到目的地的运输方式。也就是使用同一运输凭证，由不同运输方式或不同运输企业进行有机衔接接运输物品，利用每种运输手段的优势以充分发挥不同运输方式效率的运输形式。采用联合运输可以简化托运手续，方便用户，同时可以加快运输速度，有利于节省运费。

4. 按运输中途是否换载分类

（1）直达运输是指物品由发运地到接收地，中途不需要换装和在储存场所停滞的运输方式。即在组织物品运输时，利用一种运输工具从起运站、港一直到到达站、港，中途不换载、不入库储存的运输形式。直达运输可避免中途换载所出现的运输速度减缓、货损增加、费用增加等一系列弊病，从而能缩短运输时间、加快车船周转、降低运输费用。

（2）中转运输是指物品由生产地运达最终使用地，中途经过一次以上落地并换装的运输方式。也就是在组织物品运输时，物品在运往目的地的过程中，在途中的车站、港口、仓库进行转运换装，称为中转运输。中转运输可以将干线、支线运输有效地衔接起来，可以化整为零或集零为整，从而方便用户、提高运输效率。

5. 按运输设备及运输工具不同分类

在运输管理过程中，经常根据运输设备及运输工具的不同，将运输方式进行分类，主要包括铁路运输、公路运输、水路运输、航空运输和管道运输。

（二）运输方式及设施设备

1. 铁路运输

1）铁路运输的概念

铁路运输是指利用机车、车辆等技术设备沿铺设轨道运行的运输方式。

2）铁路运输的优缺点

铁路运输的优点：①运输能力大，适用于大批低值商品的长距离运输；②由于单车装载量大及有多种类型的车辆，因此它几乎能承运任何商品，并且不受货物重量和容积的限制；③铁路运输的车速较高，平均车速在五种基本运输方式中排第二位，仅次于航空运输；④铁路运输受气候和自然条件的影响较小，在运输的经常性方面占优势；⑤铁路运输可以方便地实现驮背运输、集装箱运输及多式联运。

铁路运输的缺点：①由于铁路线路是专用的，其固定成本很高，原始投资较大，建设周期较长；②铁路按列车组织运行，在运输过程中需要有列车的编组、解体和中转改编等作业，占用时间较长，因此增加了货物的在途时间；③铁路运输中的货损率比较高，而且由于装卸次数多，货物毁损或丢失事故通常也比其他运输方式多；④不能实现"门到门"运输，通常要依靠其他运输方式的配合，才能完成运输任务，除非托运人和收货人均有铁路专线。

综合分析铁路运输的优缺点可知，铁路运输的主要功能是：承担大宗低值货物的中、长距离（经济里程一般在 200km 以上）运输，也较适合于运输散装货物（如煤炭、金属、矿石、谷物等）和罐装货物（如化工产品、石油产品等）。

3）铁路运输的设施与设备

铁路运输的设施与设备主要包括铁路机车、铁路货车、铁路线路、铁路枢纽及货运站场。

铁路机车是铁路运输的动力装置，包括蒸汽机车、内燃机车和电力机车。

铁路货车包括：①棚车（通用型），即标准化的有顶货车，侧面有拉门，用于装运普通商品；②棚车（专用型），即专门改装的棚车，用以装运特种商品，如汽车配件；③漏斗车，货车地板斜向有一个或几个可开关的底门，便于卸出散装物料；④有盖漏斗车，用于装运需要防风雨的散粒货物；⑤平板车，即没有侧墙、端墙和车顶的货车，主要用于驮背运输；⑥冷藏车，即加装有冷冻设备以控制温度的货车；⑦敞车，即没有车顶，有平整地板和固定侧墙的货车，主要用于装运长大货物；⑧罐车，即专门用于运送液体和气态货物的车辆。

铁路线路是为进行铁路运输所修建的固定路线，是铁路固定基础设施的主体。

铁路枢纽是指铁路网中，在铁路与铁路交汇处、衔接处或铁路与港口、工矿企业专用铁路衔接地点，由若干个专用车站（编组站、客运站、货运站）、站间联络线及各方向进站线路和信号等技术装备组成的铁路运输综合体。铁路枢纽是客货流从一条铁路转运到其他接轨铁路的中转处，也是枢纽所在地区客货到发及联运处。

2. 公路运输

1) 公路运输的概念

公路运输是指利用特定的载运工具(汽车、拖拉机、畜力车、人力车等)沿公路实现旅客或货物空间位移的过程。物流运输中的公路运输专指汽车货物运输。

2) 公路运输的优缺点

公路运输的优点：①汽车运输途中无须中转,运送速度比较快；②汽车运输可以实现"门到门"的直达运输,货损货差少；③机动灵活,运输方便；④原始投资少,经济效益高；⑤驾驶技术容易掌握。

公路运输的缺点：装载量小,运输成本高,燃料消耗大,环境污染严重等。

基于上述特点,公路运输的主要功能如下。①独立承担经济运距内的运输,主要是中短途运输(我国规定 50 千米以内为短途运输,200 千米以内为中途运输)。由于高速公路的兴建,汽车运输从中短途运输逐渐形成短、中、远程运输并举的局面,这将是一个不可逆转的趋势。②补充和衔接其他运输方式。所谓补充和衔接,是指当其他运输方式作为主要运输方式时,由汽车承担起点和终点处的短途集散运输,完成用其他运输方式到达不了的地区的运输任务。

3) 公路运输的设施与设备

公路运输的技术装备与设施主要由公路货运车辆、公路、桥隧和货运站组成。

(1) 公路货运车辆。公路货运车辆按其载运功能不同,可以分为载货汽车、牵引车和挂车。

载货汽车是指专门用于运送货物的汽车,又称载重汽车。载货汽车按其厂定最大总质量不同可分为微型(最大总质量小于或等于 1.8 吨)、轻型(最大总质量大于 1.8 吨及小于或等于 6 吨)、中型(最大总质量大于 6 吨及小于或等于 14 吨)、重型(最大总质量大于 14 吨)四种。目前在我国,中型载货汽车是主要车型,数量较多。

载货汽车根据车身形式不同,可以分为厢式汽车、敞式汽车、平板汽车、自卸汽车、专用车辆。厢式汽车指具有独立的封闭结构车厢或与驾驶室连成一体的整体式封闭结构的车厢,装备有专用设施,用于载运人员、货物或承担专门作业的专用汽车和专用挂车,如图 4-1 所示。敞式汽车是顶部敞开的挂车,可装载高低不等的货物,如图 4-2 所示。平板汽车即挂车,无顶也无侧厢板,主要用于运输钢材和集装箱货物,如图 4-3 所示。自卸汽车可以自动卸货,适用于运送散装货物,如煤炭、矿石、沙子等,如图 4-4 所示。专用车辆是按照运输货物的特殊要求设计的,适用于装运某种特定的、用普通货车或厢式车装运效率较低的货物,包括汽车搬运车、混凝土搅拌车(图 4-5)、油罐车(图 4-6)、冷藏车等。

图 4-1 厢式汽车

图 4-2 敞式汽车

图 4-3 平板汽车

图 4-4　自卸汽车　　　　图 4-5　混凝土搅拌车　　　　图 4-6　油罐车

牵引车又称拖车，是专门用于拖挂或牵引挂车的汽车。牵引车如图 4-7 所示可分为全挂式牵引车和半挂式牵引车两种。挂车本身没有发动机驱动，它是通过杆式或架式拖挂装置，由牵引车或其他汽车牵引行驶。只有与牵引车或其他汽车一起组成汽车列车，方能构成一个完整的运输工具。挂车有半挂车、全挂车、轴式车(无车厢)，以及重载挂车等类型，如图 4-8～图 4-10 所示。半挂车与半挂式牵引车一起使用，它的部分重量是由牵引车的底盘承受的；全挂车则由全挂式牵引车或一般汽车牵引；轴式挂车是一种单轴车辆，专用于运送长、大货物；重载挂车是大载重量的挂车，它可以是全挂车，也可以是半挂车，专用于运送笨重、特大货物，其载重量可达 300 吨。由于挂车结构简单，保养方便，而且自重小，在运输过程中使用挂车可以提高运送效率，因此在汽车运输中应用较广。

图 4-7　牵引车　　　　　　　　　　图 4-8　半挂车

图 4-9　全挂车　　　　　　　　　　图 4-10　轴式挂车

(2) 公路。公路是为行驶汽车而按照一定技术规范修建的道路(包括城市道路)。公路是一种线型工程构造物，是汽车运输的基础设施，由路基、路面、桥梁、涵洞、隧道、防护工程、排水设施与设备以及山区特殊构造物等基本部分组成，此外还需设置交通标志、安全设施、服务设施及绿化栽植等。

《公路工程技术标准》(JTG B01—2014)(以下简称《标准》)中，根据公路的使用任务、功能和适应的交通量，将公路分为 5 个等级。

① 高速公路是供汽车分向、分车道行驶并全部控制出入口的多车道公路。它有 4、6、8 车道数，设有中央分隔带、全部立体交叉。并具有完善的交通安全设施、管理设施和服务设施。高速公路的年平均日设计交通量宜在 15000 辆小客车以上。

② 一级公路为供汽车分方向、分车道行驶，可根据需要控制出入的多车道公路。一级公路的年平均日设计交通量宜在15000辆小客车以上。

③ 二级公路为供汽车行驶的双车道公路，连接政治、经济中心或大型矿区等地的干线公路，或运输任务繁忙的城郊公路。二级公路的年平均日设计交通量宜为5000～15000辆小客车。

④ 三级公路为供汽车行驶的双车道公路，同时允许拖拉机、畜力车、人力车等通行，沟通县及县以上城市的一般公路。三级公路的年平均日设计交通量宜为2000～6000辆小客车。

⑤ 四级公路为主要供汽车行驶的双车道或单车道公路，同时也允许拖拉机、畜力车、人力车等非汽车交通通行，是沟通县、乡、镇的支线公路。双车道四级公路年平均日设计交通量宜在2000辆小客车以下；单车道四级公路年平均日设计交通量宜在400辆小客车以下。

（3）桥隧。桥隧是桥梁、涵洞和隧道的统称，都是为车辆通过自然障碍（河流、山岭）或跨越其他立体交叉的交通线而修建的构造物。桥梁和涵洞的共同点在于车辆在其上运行，主要用来跨越河流。一般桥梁的单跨径较涵洞大，总长较涵洞长。根据公路的有关规定，凡是单孔标准跨径小于5m的，或多孔跨径总长小于8m的是涵洞；大于上述规定的为桥梁。隧道主要用于穿越山丘，车辆在隧道内运行。

（4）货运站。货运站的主要功能包括货物的组织与承运、中转货物的保管、货物的交付、货物的装卸，以及运输车辆的停放、维修等。货运站的规模可大可小，功能完善程度不一，没有严格的定义。简易的货运站仅有供运输车辆停靠与货物装卸的场地。

3. 水路运输

1）水路运输的概念

水路运输是指利用船舶、排筏和其他浮运工具，在江、河、湖泊、人工水道及海洋上运送旅客和货物的一种运输方式。

2）水路运输的优缺点

水路运输的优点如下。

我国港口吞吐量连续多年位居世界第一

（1）运输能力强大。运输条件良好的航道，其通过能力几乎不受限制。

（2）运输成本低。尽管水路运输的站场费用很高，但因其运载量较大，运输距离较长，因此单位运输成本较低。美国沿海运输成本只有铁路运输成本的1/8。

（3）投资节省。海上运输航道的开发几乎不需要支付费用，内河运输虽然有时需要花费一定的费用以疏浚河道，但比修筑铁路的费用少很多。同时，航道建设还可以结合兴修水利水电站，具有明显的综合效益。

（4）劳动生产率高。由于船舶运载量大，配置船员少，因此其劳动生产率较高。

水路运输的缺点如下。

（1）船舶平均航速较低。

（2）船舶航行受气候条件影响较大，如在冬季存在断航的可能性。断航将使水运用户的存货成本上升，这决定了水运主要承运低值商品。

（3）可达性较差。如果托运人或收货人不在航道上，就要依靠汽车或铁路运输进行转运。

（4）相较于其他运输方式，水运（尤其是海洋运输）对货物的载运和搬运有更高的要求。

根据水路运输的上述特点可知，水路运输的主要功能如下：①承担大批量货物，特别是散装货物的运输；②承担原料、半成品等低价货物的运输，如建材、石油、煤炭、矿石、粮食等；③承担国际贸易运输，是国际商品贸易的主要运输工具之一。

3）水路运输的设施与设备

水路运输的设施与设施主要包括船舶和港口。

（1）船舶。船舶一般按照货轮功能和货物载重量分类。

① 按照货轮功能（或船型）的不同，划分为以下几种类型。

杂货船以装运零星件杂货为主，有 2~3 层全通甲板，4~8 个舱口，甲板上有带围壁的舱口，舱口上有水密舱盖，一般能自动启闭，航速在 13 海里/h（节）左右（1 海里≈1852m），如图 4-11 所示。

散装船多用于装运煤炭、粮食、矿砂。这种船大多为单甲板，在舱内设有挡板以防货物移动，航速在 15 海里/h（节）左右，如图 4-12 所示。

图 4-11 杂货船

图 4-12 散装船

多用途船可以根据营运需要而改变其运载功能。

冷藏船上有制冷设备，温度可调节，以适应不同货物的需要。这种船吨位不大，在 2000~6000 吨，航速在 15 海里/h（节）左右，如图 4-13 所示。

油轮又称油槽船，其船体分隔成若干个油舱，均为一层，并有纵向舱壁，以防未满载时，液体随船倾倒造成翻船。主机设在船尾，有油管通向油舱，最大的油轮载重在 50 万吨以上，航速 16 海里/h（节），如图 4-14 所示。

木材船船舱宽大，无中层甲板，舱口大，甲板上也可装载木材，有各种系木设备和起重设备，载重在 7000~15000 吨，如图 4-15 所示。

图 4-13 冷藏船

图 4-14 油轮

图 4-15 木材船

集装箱船上甲板平直，无梁拱与舷弧，舱内设格栅结构，航速在 20~26 海里/h（节），最快的可达 35 海里/h（节），如图 4-16 所示。

滚装船的一侧或船的尾部可以打开并有伸缩跳板，装卸时，货物由拖车拖带（或自行开车）驶进、驶出船舱，其装载速度较快，如图 4-17 所示。

载驳船又称子母船，每条母船可载 70~100 条子船，每条子船载重 300~600 吨。母船载重多在 5 万~6 万吨，最小的为 2 万余吨，最大的为 20 万余吨。在港口设备不齐全、港口拥挤或港口至内地之间无合适的运输工具而又需要依靠江河运输的情况下，可利用这种船，子船可以吊上吊下或驶进驶出，如图 4-18 所示。

图 4-16　集装箱船　　　　图 4-17　滚装船　　　　图 4-18　载驳船

② 按照货物载重量的不同，划分为以下几种类型。

巴拿马型船的载重量在 6 万～8 万吨，船宽为 32.2m。

超巴拿马型船是指船宽超过 32.3m 的大型集装箱船，如第五代集装箱船的船宽为 39.8m，第六代集装箱船的船宽为 42.8m。

灵便型船的载重量为 3 万～5 万吨，可用作沿海运输、近洋运输和远洋运输谷物、煤炭、化肥及金属原料等散装货物的船。

(2) 港口。港口是水路运输的主要设施，是指具有一定面积的水域和陆域，供船舶出入和停泊、货物集散的场所。港口既为水路运输服务，又为内陆运输服务，现代化的港口成为城市海陆空立体交通的重要枢纽。

① 按地理位置不同，分为以下几类。

海湾港(bay port)是指地濒海湾，又据海口，常能获得港内水深地势的港口。海湾港具有同一港湾容纳数港的特点，如大连港、秦皇岛港等。

河口港(estuary port)是指位于河流入海口处的港口，如上海港、伦敦港、汉堡港等。

内河港(inland port)是指位于内河沿岸的港口，居水陆交通的据点，一般与海港有航道相通，如南京港、芜湖港等。

② 按用途目的不同，分为以下几类。

存储港(enter port)一般地处水陆联络的要道，交通十分方便。同时，它又是工商业中心，港口设施完备，便于货物的存储、转运，为内陆和港口货物集散的枢纽。

转运港(port of transshipment)位于水陆交通衔接处，一方面将陆运货物集中，转由海路运出；另一方面将海上运入货物转由陆路疏运，而港口本身对货物需要不多，主要经办转运业务。

停靠港(port of call)地处航道要冲，为往来船舶必经之地，途经船舶如有需要，可作短暂停泊，以便添加燃料，补充食物或淡水。

港口水域是指港界之内的水上面积，供船舶进出港，以及在港内运转、锚泊和装卸作业。一般将港池以外的部分称为港外水域，包括进出港航道和港外锚地；而将港池内的水面部分称为港内水域，包括港内航道、港内锚地、码头前沿水域和船舶调头区等。港口陆域是指港口范围内的陆地面积，包括码头、泊位、仓库、堆场、铁路、道路、装卸机械等。其中码头是供船舶停靠、货物装卸的水中建筑物。码头前沿线即为港口的生产线，也是港口水域和陆域的交界线。泊位是指供船舶停泊的位置，一个泊位可供一艘船只停泊。通常一个码头往往要同时停泊几艘船只，因此应具备多个泊位。

4. 航空运输

1) 航空运输的概念

航空运输简称空运，是指使用飞机运送客货的运输方式。航空运输因具有其他运输不可比拟的优势,已经在商业上普遍使用。

2) 航空运输的优缺点

航空运输的优点如下。

(1) 运输速度快。航空运输的速度位居五种运输方式之首,并且两点之间航空运输通常取最短路径,与各种地面运输方式存在距离差。

(2) 受地形条件限制小。航空运输具有空中飞行的优势,能够跨越高山和低谷,仅需修建两端点的起降设施,无须地面线路。

(3) 航空运输服务质量高、安全可靠。各航空公司对航空飞行实行严格管理,有较好的服务保障措施,货物保险费用较低。

(4) 货主使用航空运输,可以节约大量运输时间,获得更高的市场灵活性,对市场变化进行快速反应。

航空运输的缺点如下。

(1) 运输成本高。由于飞机造价较高,燃油消耗量大,航空运输仍然是最昂贵的运输方式。

(2) 载运能力小。航空运输的载重量相当有限,空运货物的体积和重量限制较多。

(3) 受天气影响较大。恶劣天气可能造成飞机延误和偏航。

航空运输的上述特点决定了它适合于贵重、紧急或时效性强的小批量货物运输和邮政运输。

3) 航空运输的设施与设备

航空运输的设施与设备主要包括飞机及航空港(机场)。

飞机是航空货物运输的运输工具,是指具有机翼和一台或多台发动机,靠自身动力能在大气中飞行的重于空气的航空器。货运飞机的类型如下。

(1) 按机身尺寸划分,可分为窄体飞机与宽体飞机。

窄体飞机指机身宽度约为3m,舱内只有一条通道,一般只能在下舱内装载包装尺寸较小的件杂货的飞机。例如,B737、B757、A320、A321等。

宽体飞机指机身宽度不小于4.72m,舱内有两条通道,下舱可装机载集装箱的飞机。例如,B787、B777、B767、B747、A350、A340、A330等。

(2) 按机舱载货方式划分,可分为全货机与客货两用机。

全货机是指机舱全部用于装载货物的飞机。全货机一般为宽体飞机,主舱可装载大型集装箱。目前世界上最大的全货机装载量达250吨,通常的商用大型全货机载重量在100吨左右。全货机如麦道MD-11大型全货机和波音747-400型飞机。

客货两用机即普通客机,上舱(主舱)用于载客,下舱(腹舱)用于载货。此外,客货两用机还有两种机型:第一种是"COMBINE"(康比)机型,即上舱半载货机型,主要是B747;第二种是"QC"机型,即根据市场需要可临时拆装座椅的机型。

航空港是指经营客货运输的民用机场及其系列配套服务设施的总称。航空港是航空运输的重要设施和货运枢纽,主要任务是完成客货运输服务,保养与维修飞机,保证旅客、货物和邮件正常运送及飞机安全起降。

航空港按照所处的位置分为干线航空港和支线航空港。按业务范围分为国际航空港和国内航空港。其中,国际航空港需经政府核准,可以用来供国际航线的航空器起降营运,空港内配有海关、移民、检疫和卫生机构;而国内航空港仅供国内航线的航空器使用,除特殊情况外,不对外国航空器开放。

5. 管道运输

1）管道运输的概念

管道运输是用管道作为运输工具的一种长距离输送液体物资和气体物资的运输方式，是统一运输网中干线运输的特殊组成部分。管道运输是中国的新兴运输方式，是继铁路运输、公路运输、水路运输、航空运输之后的第五大运输方式。它在国民经济和社会发展中起着十分重要的作用。管道运输利用地下管道将原油、天然气、成品油、矿浆、煤浆等介质送到目的地。

2）管道运输的优缺点

管道运输的优点如下。

（1）运量大。根据其管径的大小不同，其每年的运输量可达数百万吨到几千万吨，甚至超过亿吨。

（2）土地占用少。运输管道埋藏于地下的部分占管道总长度的95%以上，因此管道运输对土地的永久性占用很少，分别仅为公路运输的3%，铁路运输的10%左右。在交通运输规划系统中，优先考虑管道运输方案，能够极大地节约土地资源。

（3）建设周期短、费用低。管道运输系统的建设周期与相同运量的铁路运输系统的建设周期相比，一般来说要短1/3以上。统计资料表明，管道建设费用比铁路建设费用低60%左右。

（4）安全可靠、连续性强。采用管道运输方式，不仅能够保障石油、天然气等物资运输安全，还能减少物资挥发损耗，降低物资泄漏对环境的污染风险。此外，由于管道基本埋藏于地下，其运输过程受恶劣多变的气候条件影响小，可以确保运输系统长期稳定地运行。

（5）耗能少、成本低。管道运输是一种最为节能的运输方式，发达国家采用管道运输石油，每吨千米的能耗不足铁路运输的1/7，在大量运输时的运输成本与水路运输接近。管道运输是一种连续性工程，系统的运输效率高。在运输成本方面，管道口径越大，运输距离越远，运输量越大，运输成本就越低。

管道运输的缺点如下。

（1）只能运输特定的物料。管道运输系统只能运输特定的物料，例如，特定的石油、天然气或固体料浆，运输对象单一。

（2）只能定向定点运输。管道运输系统只能运输大宗、特定、适用于管道运输的物料，不论是运输石油、天然气还是粉粒状物料，对物料的质量均有严格的要求。

（3）管道运输系统的运输能力不易改变。每个管道运输系统的运输能力一经确定，运输系统的设备和管道就是确定的，不能改变。如果要增加运输能力，就必须增加设备和管道的运输能力。

（4）浆体需脱水处理。浆体管道运输物料到达终点后，需进行脱水（过滤甚至干燥）处理，以供用户使用。

3）管道运输的设施与设备

管道运输系统的基本设施包括管道、储存库、压力站（泵站）和控制中心。

管道是管道运输系统中最主要的部分。管道的制造材料有金属、混凝土、塑胶，其完全依靠输送的货物种类及输送过程中所要承受的压力大小决定。管道分类如下。

（1）按所输送物品分类，可分为输油管道、输气管道与固体料浆管道。

输油管道又可分为原油管道和成品油管道。原油运输主要是从油田将原油输送给炼油厂或输送给转运原油的港口或铁路车站,或两者兼而有之。成品油管道输送汽油、煤油、柴油、航空煤油和燃料油,以及从油气中分离出来的液化石油气等。成品油管道的任务是将炼油厂生产的大宗成品油输送到各大城镇附近的成品油库,然后用油罐汽车转运给城镇的加油站或用户。

输气管道是输送天然气和油田伴生气的管道,包括集气管道、输气干线和供配气管道。

固体料浆管道主要用于输送煤、铁矿石、磷矿石、铜矿石、铝矾土和石灰石等矿物,配置浆液主要用水,还有少数采用燃料油或甲醇等液体作载体。其输送方法是将固体粉碎后与适量的液体配置成可泵送的浆液,再用泵按液体管道输送工艺进行输送。到达目的地后,将固体与液体分离送给用户。

(2) 按用途分类,可分为集输管道、输油(气)管道与配油(气)管道。

集输管道(或集气管道)是指从油(气)田井口装置经集油(气)站到起点压力站的管道,主要用于收集从地层中开采出来的未经处理的原油(天然气)。

以输气管道为例,输油(气)管道是指从气源的气体处理厂或起点压气站到各大城市的配气中心、大型用户或储气库的管道,以及气源之间相互连通的管道,输送经过处理符合管道输送质量标准的天然气,是整个输气系统的主体部分。

配油(气)管道是指在炼油厂、油库和用户之间的管道。配气管道是指从城市调压计量站到用户支线的管道。该类管道压力低、分支多、管网稠密、管径小,除大量使用钢管外,低压配气管道也可使用塑料管或其他材质的管道。

由于管道运输的过程是连续进行的,因此管道两端必须建造能容纳其所载货物的储存库。压力站是管道运输动力的来源,靠压力推动货物经由管道从甲地输送到乙地。一般管道运输压力的来源有气压式、水压式、重力式及最新的超导体磁力式。通常气体的输送动力来源由压缩机提供,液体的输送动力来源则是靠泵提供。

管道运输虽然具有高度自动化的特点,但是它仍需要有良好的控制中心,并配合最现代化的监测器及熟练的管理与维护人员,随时检测、监视管道运输设备的运转情况,以防止意外事故发生,造成漏损及危害。

三、配送概述

(一) 配送的概念

《物流术语》(GB/T 18354—2021)将配送的概念定义为:根据客户要求,对物品进行分类、拣选、集货、包装、组配等作业,并按时送达指定地点的物流活动。配送是按用户订货的要求,以现代送货形式,在配送中心或其他物品据点进行货物配备,以合理的方式送交用户,实现资源的最终配置的经济活动。配送的内涵如下。

微课:配送的
概念与内涵

1. 配送提供的是物流服务

配送的前提是满足顾客对物流服务的需求,原因如下。

(1) 由于在买方市场条件下,顾客的需求是灵活多变的,消费的特点是多品种、小批量。因此,从这个意义上说,配送活动绝不是简单的送货活动,而是建立在市场营销策划基础上的企业经营活动。

(2) 由于买方市场条件的限制,单一的送货功能无法较好地满足广大顾客对物流服务的需求,因此配送活动是多项物流活动的统一体(参见我国《物流术语》)。有些学者甚至认为,配送就是"小物流",只是相比大物流系统在程度上有所降低,在范围上有所缩小罢了。从这个意义上说,配送活动所包含的物流功能应比我国《物流术语》中提出的功能还要多而全。

2. 配送是"配"与"送"的有机结合

在送货活动之前,必须依据顾客需求对其进行合理的组织与计划。只有"有组织有计划"地"配"才能实现现代物流管理中所谓的"低成本、快速度"地"送",进而有效地满足顾客的需求。

3. 配送是指在积极合理的区域范围内的送货

配送不宜在大范围内实施,通常仅局限在一个城市或地区范围内进行。

(二)配送的特点

1. 配送是从物流据点至用户的一种特殊送货形式

配送的特殊性主要表现在以下几个方面。

(1)从事送货的是专职流通企业或企业的物流部门或公司。

(2)除工厂至用户的货物配送是直达型送货,大部分配送是中转型送货。

微课:配送的特点与功能

(3)一般送货是生产什么就送什么,配送则是用户需要什么就送什么。

(4)送货只是企业的一种推销手段,而配送则是实现企业物流战略的重要组成部分,已经上升到提升企业竞争力的经济活动管理层次。

总之,一般送货可以是一种偶然的行为,而配送却是一种固定的形态,甚至是一种有确定组织、确定渠道,有一套装备的管理力量、技术力量,有一套制度的体制形式。因此,配送是一种高水平的送货形式。

2. 配送运输是短距离的末端运输

配送一般以中转形式出现,并且大多数局限在一个区域内,因此是短距离、小批量货物的运输,与一般的长距离、大批量货物运输有着本质的区别。如果采用一般意义上的运输方式,配送就没有必要作为物流的一项单独职能出现,这也就失去了自身的研究价值。

3. 配送是物流活动的组合体,是"配"和"送"的有机结合

配送不单指短距离的运输与输送,除了运输,还包含其他物流作业活动。配送是以"配"为重点的物流活动组合体,是备货、储存、分拣、拣货等在小范围内的整合。需要注意的是,配送过程中所包含的那部分运输,处于"二次运输""支线运输"位置,只是完成配送业务的重要保证而已,并不是配送业务的精髓所在。

配送与一般送货的重要区别在于,配送通过有效的分拣、配货等理货工作,使送货达到一定的规模,以利用规模优势取得较低的送货成本。如果不进行分拣、配货,有一件运一件,需要一点送一点,就会极大地增加动力的消耗。在这种情况下,送货并不优于取货。因此,为了追求整个配送的优势,分拣、配货等各项工作是必不可少的。

4. 配送以用户需求为出发点,体现共同收益的原则

配送的定义中强调必须"按用户的订货要求",说明用户的主体地位。因此,配送企业或组织在观念上必须明确"用户第一""质量第一"的思想,配送企业的地位是服务地位而不是主导地位,因此不能从企业利益出发,而应从用户利益出发,在满足用户利益的基础上取得本企业的利益。更重要的是,不能利用配送损伤或控制用户,不能将配送作为部门分割、行业分割、割据市场的手段,而应该从用户利益出发,按用户要求进行配送活动。在配送过程中,配送企业

必须完全按用户要求(包括品种搭配、数量、时间等方面)进行配送,并且以最合理的方式满足用户要求,在经济利益上体现共同受益的原则,实现配送方和需求方双赢。

"以最合理的方式"并不完全等同于"按用户要求",过分强调"按用户要求"是不妥的,因为用户要求受用户本身的局限,有时实际上会损害自身或双方的利益。对于配送者来说,必须以"要求"为依据,但是不能盲目,应该追求合理性,进而指导用户,实现共同受益的商业原则。

5. 配送是一种"中转"形式

配送是从物流结点至用户的一种特殊送货形式。从送货功能来看,其特殊性表现为:从事送货工作的是专职流通企业,而不是生产企业;配送是中转型送货,而一般送货,尤其是从工厂至用户的送货,往往是直达型送货;一般送货是生产什么送什么、有什么送什么,配送则是企业需要什么送什么。因此,要做到需要什么送什么,就必须在一定的中转环节筹集这种需要,从而使配送必然以中转形式出现。当然,从广义上说,也可以将非中转型送货纳入配送范围,将配送外延,从中转扩大到非中转,仅以"送"为标志来划分配送外延也是有一定道理的。

(三) 配送的分类

按实施配送的节点不同来划分,配送可分为以下几种。

1. 商品配送中心配送

组织者是专职配送的配送中心,规模较大。有的配送中心还需要储存各种商品,因此储存量比较大。也有的配送中心专注于配送,储存量很小,货源主要依靠附近的仓库进行补充。配送中心的专业性较强,和用户建立了固定的配送关系,一般实行计划配送。由于配送中心的覆盖面广泛,因此它是大规模配送的主要形式,也是商品配送的主体形式。

微课:物流结点

2. 仓库配送

仓库配送是以一般仓库为据点进行配送的形式。它可以将仓库完全改造为配送中心,也可以在保留仓库原有功能的前提下,增加一部分配送功能。在我国现有条件下,这是一种较易实现的配送方式。仓库经过改造,也可以发展成配送中心。仓库配送是我国目前开展配送业务的主要方式之一。

微课:物流线路

3. 商店配送

组织者是商业或物资的门市网点,这些网点主要承担商品的零售业务,虽然规模一般不大,但经营品种较齐全。除了日常零售业务,这些网点还可以根据用户的要求,将商店经营的品种配齐,或代用户订购一部分本商店平时不经营的商品,和商店经营的品种一起配齐送给用户。这种配送的组织者实力有限,往往只是进行小量、零星商品的配送。因此,商店配送是配送中心配送的辅助及补充形式。

4. 生产企业配送

生产企业配送方式避免了物流中转环节,但生产企业,尤其是现代生产企业,往往是大批量、低成本生产,产品品种较单一,因此它们不能像配送中心那样依靠产品凑整运输来取得优势。生产企业配送更多的是作为配送的一种辅助形式。

(四) 配送的作用

发展配送对于完善物流系统、促进流通企业和生产企业的发展,以及提升整个经济社会效益,具有重要的作用。

(1) 配送可以降低整个社会物资的库存水平。发展配送,实行集中库存,整个社会物资的库存总量必然低于各企业分散库存总量。同时，配送有利于灵活调度，充分发挥物资的作用。此外，集中库存还可以发挥规模经济优势，降低库存成本。

（2）配送有利于提高物流效率，降低物流费用。通过采用批量进货、集中发货的配送方式，以及多个小批量集中在一起进行大批量发货的方式，都可以有效地节省运力，实现经济运输，降低成本，提高物流经济效益。

（3）对生产企业来讲，配送可以实现低库存。在实行高水平的定时配送方式之后，生产企业可以依靠配送中心实现准时配送或即时配送，而无须维持自有库套。这样，生产企业就可以实现"零库存"，从而节约储备资金，进一步降低生产成本。

（4）配送可以成为流通社会化、物流产业化的战略选择。实行社会集中库存、集中配送可以从根本上打破条块分割的分散流通体制，进而实现流通社会化、物流产业化。

四、运输和配送的区别与联系

一方面，以流通的观念来看，运输和配送都是指将被订购的物品，使用交通工具从制造厂和生产地或物流据点送到顾客手中的物流活动。

运输是指长距离、大量货物的移动，是物流据点之间及区域之间的货物的移动。运输可以使用包括汽车在内的其他交通运输工具。

配送是指短距离、少量货物的移动，是从供货企业或供货枢纽将商品送达商店、顾客手中的商品移动，属于区域内的货物移动。配送一般以汽车作为运输工具。

另一方面，以配送中心作为物流据点，由制造厂将货物送到配送中心的过程是运输，其特点是少品种、大批量、长距离的运送；而将货品从配送中心送到客户手中的活动是配送，其特点是多频率、多样少量、短距离的运送。运输较重视运输效率，以尽可能多装满载为目标；而配送则以服务为宗旨，在许可的情况下，尽可能满足客户的服务要求。

中国快递业发展
成绩显著

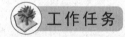
工作任务

一、运输方式的选择

运输方式的选择是运输决策的重要内容，是根据运输物品的特性及对运输的要求，选择一种或多种适合的运输方式和运输工具，以最少的时间、最优的路径、最低的成本将物品从一个地点运送至另一个地点。运输方式的选择受运输物品种类、运输数量、运输距离、运输时间及运输成本五个方面因素影响。

微课：运输
方式的选择

（1）在运输物品种类方面，物品的形状、单件重量、危险性、易腐性、易碎性等性质是运输方式选择的制约因素。

（2）在运输数量方面，运输批量不同，选择的运输的方式也不同，往往原材料等大批量的物品运输适合采用铁路运输或水路运输。

（3）从运输距离角度看，物品运输距离的长短直接影响运输方式的选择。一般而言，中短距离的运输适合采用公路运输，长距离适合采用铁路运输、水路运输和航空运输。

（4）在运输时间方面，物品运输时间长短与交货时间、运输紧急程度有关，应该根据交货期、运输紧急程度来选择适合的运输方式。

（5）在运输成本方面，物品的价值高低关系到运费的负担能力，因此也成为选择运输方式的重要考虑因素之一。

上述因素紧密联系且互相影响，其中运输物品种类、运输数量、运输距离代表运输需求的内容和特点，运输时间和运输成本会因选择的运输方式不同而有差异。此外，在运输过程中，货主的身份和所属行业等因素也会影响运输方式的选择。一般来说，货主关注的重点是运输的安全性和准确性，运输费用的低廉性及缩短时间等因素；制造业重视运输费用的低廉性；批发业和零售业重视运输的安全性和准确性，以及运输总时间的缩短等运输服务方面的质量。

二、运输合理化

（一）运输合理化的概念

运输合理化是指从物流系统的总体目标出发，运用系统理论和系统工程的原理和方法，充分利用各种运输方式的优点，合理规划运输路线和运输工具，科学组织运输活动，以最短的路径、最少的环节、最快的速度、最小的损耗、最低的成本，把物品从生产地运到消费地。运输是物流的最重要的功能之一，也是物流系统的重要组成部分。因此，运输合理化是物流系统优化的重要内容，充分体现了物流合理化水平。

微课：运输合理化

（二）运输合理化的作用

（1）物流运输合理化有利于加速社会再生产的进程，促进国民经济持续、稳定、协调发展。

（2）物流运输合理化能节约运输费用，降低物流成本。

（3）物流运输合理化可缩短运输时间，加快物流速度。

（4）物流运输合理化可以节约运力，缓解运力紧张的状况和节约能源。

（三）运输合理化的因素

影响运输合理化的内部因素很多，其中起决定作用的因素有五个方面，被称为运输合理化的"五要素"。

（1）运输距离。在运输过程中，运输时间、运输货损、运费、车辆或船舶周转等运输技术经济指标，都与运输距离有一定比例关系。运输距离的长短是评判运输是否合理的基本因素。从宏观和微观层面来看，缩短运输距离都会带来益处。

（2）运输环节。每增加一个运输环节，不仅会增加起运的运费和总运费，还要增加其他相关的物流活动，如装卸、搬运、包装等，导致各项技术经济指标下降。因此，减少运输环节，特别是同类运输工具的环节，对合理化运输有促进作用。

（3）运输工具。由于各种运输工具都有其使用的优势领域，因此对运输工具进行优化选择，按运输工具的特点进行装卸、运输作业，最大限度地发挥所用运输工具的作用，是运输合理化的重要一环。

（4）运输时间。运输是物流过程中需要花费较多时间的环节，尤其是远程运输。在全部物流时间中，运输时间占了绝大部分。因此，缩短运输时间对于减少整个流通时间具有决定性的作用。此外，运输时间短，有利于加速运输工具的周转，充分发挥运力，促进货主资金周转，同时也有助于提升运输线路的通过能力,对实现运输合理化意义重大。

(5)运输费用。运费在全部物流费用中所占比例很大,运费的高低在很大程度上决定整个物流系统的竞争能力。事实上,无论对货主企业还是对物流经营企业,降低运输费用都是实现运输合理化的一个重要目标。

(四)不合理运输的形式

1. 返程或起程空驶

空车无货载行驶是最严重的不合理运输形式,其主要原因是调度不当、货源计划不周或不采用社会化的运输。在实际的运输管理中,偶尔调运空车,则不能视为不合理运输。

2. 对流运输

对流运输也称相向运输、交叉运输,是指同一种货物,或相互间可以代用的而不影响管理、技术及效益的货物,在同一线路上或平行路上作相对方向的运送,而与对方运程的全部或部分发生重叠交错的运输。

3. 迂回运输

迂回运输是舍近求远的一种运输,是指本可以选取短距离进行运输,却选择路程较长的路线进行运输的不合理形式。如果最短距离有交通事故发生、道路情况不好,或对噪音、排气等有特殊限制而不能通行时发生的迂回,则不能称作不合理运输。

4. 重复运输

重复运输是指本来可以直接将货物运到目的地,但是在未达目的地或目的地之外的其他场所将货物卸下,之后再重复装运并送达目的地,这是重复运输的一种形式。另一种形式是同一品种货物在同一地点一边被运进,同时又被运出。

5. 倒流运输

倒流运输是指货物从销地或中转地向产地或起运地回流的一种现象,其不合理程度要大于对流运输。因为往返两程的运输都是不必要的,造成了双程的浪费。从某种程度上说,倒流运输可以看成是隐蔽对流的一种特殊形式。

6. 过远运输

过远运输是指调运物资舍近求远,近处有资源不加以利用,反而从远处调运,这就造成原本能采用近程运输的货物被拉长了运输距离,从而造成了浪费。过远运输占用运力时间长,运输工具周转慢,物资占用资金时间长,远距离运输自然条件相差大,易出现货损,从而增加费用的支出。

7. 运力选择不当

运力选择不当是指没有选择具有优势的运输工具,从而造成各种不合理现象,常有以下几种形式。

(1)弃水走陆。在同时可以利用水运及陆运时,不利用成本较低的水运或水陆联运,而选择成本较高的铁路运输或汽车运输,使水运优势不能发挥。

(2)铁路、大型船舶的过近运输。不是在铁路及大型船舶的经济运行里程范围内,却利用这些运力进行运输的不合理做法。主要的不合理之处在于火车及大型船舶起运及到达目的地的准备、装卸时间长,且机动灵活性不足,发挥不了过近距离的优势。相反,由于装卸时间长,反而会延长运输时间。另外,和小型运输设备比较,火车及大型船舶装卸难度大、费用也较高。

(3)运输工具承载能力选择不当。不根据承运货物的数量及重量来选择运输工具,而盲目决定,造成过分超载、损坏车辆或货物不满载而浪费运力的现象。

8. 托运方式选择不当

托运方式选择不当是指对货主而言,在可以选择最好的托运方式时却未做出正确选择,从而造成运力浪费及费用支出加大的一种不合理运输。例如,应选择整车却未选,反而采取零担托运;应当选择直达运输却选择了中转运输;应当选择中转运输却选择了直达运输等,都属于这一类型的不合理运输。它们都是在特定条件下表现出来的。因此,在进行判断时,必须注意其不合理的前提条件,否则就容易判断失误。以上对不合理运输的描述,必须将其放在物流系统中做综合判断,如果不做系统分析和综合判断,很可能出现"效益背反"现象。也就是说,单从一种情况来看,尽管避免了不合理,做到了合理,但这种合理却使其他部分出现不合理。因此,只有从系统的角度出发,进行综合判断,才能有效避免"效益背反",从而优化整个系统。

(五) 运输合理化的措施

实现运输合理化可以采取以下措施。

1. 提高运输工具实载率

实载率有两层含义。一层含义是单车实际载重与运输距离的乘积和标定载重与行驶里程的乘积的比率。它是在安排单车、单船运输时判断装载合理与否的重要指标。另一层含义是车船的统计指标,即一定时期内车船实际完成的货物周转量(以吨千米计)占车船载重吨位与行驶公里的乘积的百分比。在计算时,车船行驶的千米数,不但包括载货行驶,也包括空驶。提高实载率的目的是充分利用运输工具的额定能力,减少车船空驶和不满载行驶的时间,减少浪费,从而实现运输合理化。

2. 减少动力投入,增加运输能力

运输的投入主要是能耗和基础设施的建设。在基础设施建设已定型和完成的情况下,尽量减少能源投入是少投入的核心。只要做到了这一点,就能大幅节约运费,降低单位货物的运输成本,达到运输合理化的目的。

减少动力投入,增加运输能力的有效措施有以下几种。

(1) 满载超轴。超轴的含义就是在机车能力允许的情况下,多加挂车皮。我国在客运紧张时,也采取加长列车、多加挂车皮的办法,在不增加机车的情况下增加运输量。

(2) 水运拖排和拖带法。竹、木等物资的运输,利用竹、木本身的浮力,不使用运输工具载运,采取拖带法运输,可省去运输工具本身的动力消耗,从而实现运输合理化;将无动力驳船编成一定的队形,一般是"纵列",使用拖轮拖带行驶,这种方式具有比使用船舶载乘运输更大的运量优势,从而实现运输合理化。

(3) 顶推法。这是我国内河货运采取的一种有效方法,是将内河驳船编成一定队形,由机动船顶推前进的航行方法。其优点是航行阻力小,顶推量大,速度较快,运输成本很低。

(4) 汽车挂车。汽车挂车的原理和船舶拖带、火车加挂基本相同,都是在充分利用动力能力的基础上,增加运输能力。

3. 发展运输社会化体系

运输社会化的含义是发展运输的大生产优势,实行专业分工,打破一家一户自成运输体系的状况。一家一户的运输小生产,由于车辆自有、自我服务,不能形成规模,且每户的运量需求有限,难于进行自我调剂,因此经常容易出现空驶、运力选择不当(因为运输工具有限,选择范围太窄)、不能满载等浪费现象。此外,配套的接发货设施和装卸搬运设施也很难有效运行,导致较大的浪费。通过实行运输社会化,可以统一安排运输工具,避免对流、倒流、空驶、运力不当等多种不合理形式,不仅提升了组织效益,还能实现规模效益。因此,发展运输社会化体系是运输合理化的重要措施。

当前火车运输的社会化运输体系已经较完善,然而在公路运输中,小生产方式仍非常普遍,这成为建立社会化运输体系的重点关注对象。

在社会化运输体系中,联运体系是水平较高的运输方式。它充分利用面向社会的各种运输系统,通过协议进行一票到底的运输,有效打破了一家一户的小生产模式,因此备受欢迎。我国在利用联运社会化运输体系时,创造了"一条龙"货运方式。对于产、销地及产、销量都较稳定的产品,事先通过与铁路、交通等社会运输部门签订协议,规定专门的收、到站,专门航线及运输路线,以及专门船舶和泊位等,从而有效保证了许多工业产品的稳定运输。

4. 开展中短距离铁路公路分流,"以公代铁"运输

在公路运输经济里程范围内,或者经过论证,虽超出通常平均经济里程范围,但仍可利用公路运输的,应尽量利用公路运输。这种运输合理化的表现主要有两点:一是通过公路分流,能够缓解铁路运输的紧张状况,从而提升该区段的运输通过能力;二是充分利用公路运输从门到门和在中途运输速度快且灵活机动的优势,可以实现铁路运输服务难以达到的水平。

5. 尽量发展直达运输

直达运输是追求运输合理化的重要形式,其核心要点是通过减少中转、过载和换载,提高运输速度,节省装卸费用,并降低中转过程中的货损率。直达运输的优势在于,在一次运输批量和用户一次需求量达到了一整车时,其效益表现最为突出。此外,在生产资料和生活资料运输中,通过直达运输,建立稳定的产销关系和运输系统,也有利于提高运输的计划水平,用最有效的技术来实现这种稳定运输,从而大幅提高运输效率。特别值得一提的是,如同其他合理化措施一样,直达运输的合理性也是在一定条件下才会有所表现,不能绝对地认为直达运输一定优于中转运输。这要根据用户的要求,从物流总体出发进行综合判断。如果从用户需求量看,当批量大到一定程度时,选择直达运输是合理的;批量较小时,选择中转运输是合理的。

6. 配载运输

配载运输是充分利用运输工具载重量和容积,合理安排装载的货物及载运方法,以求得运输合理化的一种运输方式。配载运输也是提高运输工具实载率的一种有效形式。配载运输往往是轻重商品的混合配载,在以重质货物运输为主的情况下,搭载一些轻泡货物,如海运矿石、黄沙等重质货物,在舱面捎运木材、毛竹等,铁路运矿石、钢材等重物上面搭运轻泡农、副产品等,在基本不增加运力投入和基本不减少重质货物运输量的情况下,解决了轻泡货的搭运,效果显著。

7. "四就"直拨运输

"四就"直拨运输是减少中转运输环节,力求以最少的中转次数完成运输任务的一种形式。一般批量到站或到港的货物,首先要进入分配部门或批发部门的仓库,然后再按程序分拨或销售给用户。这样一来,往往会出现不合理运输。"四就"直拨,首先是由管理机构预先筹划,然后就厂、就站(码头)、就库、就车(船)将货物分送给用户,而无须再入库。

8. 发展特殊运输技术和运输工具

依靠科技进步是运输合理化的重要途径。例如,专用散装及罐车,解决了粉状、液状物运输损耗大、安全性差等问题;袋鼠式车皮,大型半挂车解决了大型设备整体运输问题;"滚装

船"解决了车载货的运输问题;集装箱船比一般船能容纳更多的箱体,集装箱高速直达车船加快了运输速度等,它们都是通过先进的科学技术实现了运输合理化。

9. 通过流通加工使运输合理化

有不少产品,由于产品本身的形态及特性问题,很难实现运输的合理化。但是如果对这些产品进行适当加工,就能够有效解决合理化运输问题。例如,将造纸材在产地预先加工成干纸浆,然后压缩体积运输,就能解决造纸材运输不满载的问题;将轻泡产品预先捆紧并包装成规定尺寸,可以更容易提高装载量;水产品及肉类预先冷冻,可以提高车辆装载率并降低运输损耗。

三、配送作业

(一)配送模式

配送模式是企业对配送采取的基本战略和方法,是指构成配送运动的诸要素的组合形态及其运动的标准形式,是适应经济发展需要并根据配送对象的性质、特点及工艺流程而相对固定的配送规律。随着配送所服务的企业的性质、使命和目标不同,采用的配送模式也不同。按照配送主体来划分,配送模式可以分为企业自营配送模式、共同配送模式和第三方配送模式。

微课:配送模式

1. 企业自营配送模式

企业自营配送是工商企业为了保证生产或销售需要,独自出资建立自己的物流配送系统,对本企业所生产或销售的产品进行配送活动。其配送活动根据其在企业经营管理中的作用一般分为两个方面:企业的分销配送、企业的内部供应配送。根据服务的对象,企业的分销配送又可分为企业对企业的分销配送和企业对消费者的分销配送两种形式。

(1)企业对企业的分销配送。根据服务对象的不同,企业对企业的分销配送又分为为生产企业进行的配送和为商业企业(即中间商)进行的配送。企业对企业的分销配送运行管理一般由销售部门负责。随着社会分工的专业化程度不断提高,为发挥物流系统化管理的优势,企业最好专门成立专职的物流部门或分公司来负责这一业务。

对于生产企业配送,尤其是进行多品种生产的生产企业,直接由本企业开始进行配送,由于避免了经商业部门的多次物流中转,因此具有一定优势。但是生产企业,尤其是现代生产企业,往往是进行大批量低成本生产,品种较单一,不能像社会专业配送中心那样依靠产品凑整运输取得规模优势,因此生产企业配送存在一定的局限性。

生产企业配送在地方性较强的产品生产企业中应用较多,如就地生产、就地消费的食品、饮料、百货等。在生产资料方面,某些不适于中转的化工商品及地方建材也采取这种方式。

(2)企业对消费者的分销配送。企业对消费者的分销配送主要是指商业零售企业对消费者配送。由于企业对消费者的分销配送是在社会大的开放系统中运行,其运行难度比较大。虽然零售企业可以通过会员制、贵宾制等方式锁定一部分消费者,但在多数情况下,消费者是一个经常变换的群体,需求的随机性大,服务水平的要求高,配送供给与配送需求之间的差距难以弥合,因此配送的计划性差。另外,消费者需求数量小,地点分散,配送成本相对较高。这种配送方式为电子商务的发展起到支撑与保证的作用。

2. 共同配送模式

共同配送是由多个企业联合组织实施的配送活动。共同配送模式是企业追求配送合理化，经长期发展和探索优化出的一种配送形式，也是现代社会中采用较广泛、影响面较大的一种配送模式。简单来讲，共同配送是两个或两个以上的有配送业务的企业相互合作或对多个用户共同开展配送活动的一种物流模式。共同配送一般采取生产、批发或零售、连锁企业共建一家配送中心来承担他们的配送业务的运作方式，以获取物流集约化的规模效益，从而解决个别配送效率低下的问题。其配送范围可以是生产企业生产所用的物料、商业企业所经销的商品的供应，也可以是生产企业生产的产品和经销企业销售的商品，具体根据商家参与共同配送的目的而定。

3. 第三方物流配送方式

第三方物流配送方式是一个新兴的行业，已经得到社会各方越来越多的关注，在物流配送领域正发挥着积极的作用。目前，企业越来越重视与各种类型的物流服务供应商的紧密合作，并与之建立长期战略联盟关系，以解决企业物流问题。

第三方物流企业从事商品运输、库存保管、订单处理、流通加工、包装、配送、物流信息管理等物流活动，利用现代物流技术与物流配送网络，依据与第一方（供应商）或第二方（需求者）签订的物流合同，以最低的物流成本，快速、安全、准确地为客户在特定的时间段，按特定的价格提供个性化的系列物流服务。另外，合同物流、物流外协、全方位物流服务公司、物流联盟等，也基本能表达与第三方物流相同的概念。第三方物流是运输、仓储等基础服务行业的一个重要的发展。

（二）配送作业流程

配送作业的一般流程主要有备货、储存、订单处理、加工、分拣、配货、配装、运送、送达服务等基本作业环节。

1. 备货

备货是配送作业的第一道环节，完成的是配送的集货功能。在生产企业的销售配送中心，备货工作一般由企业的销售部门或企业的配销中心负责，供应配送一般由采购部门完成。在专业的社会物流配送企业中，则由配送中心完成备货职能。

一般备货工作包括用户需求测定、筹集货源、订货或购货、集货、进货及有关货物的数量检查、结算交接等。特别是在第三方配送企业，其备货需求预测与采购进货管理非常重要，可以说是配送业务成功的关键。

2. 储存

储存是按照一定时期的配送经营要求，形成的对配送的资源保证，有储存和暂存两种形态。储存数量较大，储存结构也较完善，根据货源及到货情况，可以有计划地确定周转储存及保险储存的结构及数量。暂存是具体执行日配送时，按分拣、配货要求，在理货的场地所做的少量储存准备。

3. 订单处理

订单处理是指配送企业从接受用户订货或配送要求开始到货物发运交客户为止，整个配送作业过程中，有关订单信息的工作处理。其具体包括：接受用户订货或配送要求，审查订货单证，核对库存情况，下达货物分拣、配组、输送指令，填制发货单证，登记账簿，回应或通知用户，办理结算，退货处理等一系列与订单密切相关的工作活动。

4. 加工

在配送中,配送加工这一功能要素不具有普遍性,但是往往是有重要作用的功能要素。这主要是因为通过配送加工,可以显著提高用户的满意程度。配送加工是流通加工的一种,但配送加工具有不同于一般流通加工的特点,即配送加工一般只取决于用户要求,其加工的目的较为单一。

5. 分拣及配货

分拣及配货是配送不同于其他物流形式特点的功能要素,对配送的成败起着重要的支持作用,是完善送货、支持送货的准备性工作,是配送企业在送货时提升竞争力、实现经济效益增长的关键环节。

6. 配装

在单个用户配送数量不能达到车辆的有效载运负荷时,就需要考虑如何集中不同用户的配送货物,通过合理搭配装载以充分利用运能、运力,这就凸显了配装工作的重要性。配装不仅可以大幅提高送货效率,还能有效降低送货成本。

7. 运送

运送即配送运输,包括如何组合最佳路线,如何根据客户要求的运送时间和运送地点使车辆配装与运输路线进行有效搭配等,是配送运输需要解决的难度较大的工作。

8. 送达服务

将配好的货品运输到用户还不算配送工作完结,不仅需要确保货品顺利移交,有效、方便地处理相关手续完成结算,还要注重卸货地点、卸货方式等送达服务工作。特别是在为消费者配送大件家电产品或为工矿企业配送机电仪器设备时,可能还要负责对设备进行安装调试等工作。因此,在市场经济环境下,强调配送业务的送达服务也是非常必要的,这也是配送与运输的主要区别之一。

(三)配送合理化

1. 不合理配送的表现形式

(1) 资源筹措不合理。配送是利用较大批量的资源并形成规模,从而通过实现规模效益来筹措资源,并以此来降低资源筹措成本,使配送资源筹措成本低于用户自己筹措资源的成本,从而取得优势。如果不是集中多个用户的需要进行批量筹措资源,而仅是为一两户代购代筹,对用户来讲,就不仅不能降低资源筹措费用,反而要向配送企业多支付一笔代筹代办费用,因而是不合理的。资源筹措不合理还有其他表现形式,如配送量计划不准、资源筹措过多或过少、在进行资源筹措时不考虑建立与资源供应者之间长期稳定的供需关系等。

微课:配送中心与配送合理化

(2) 库存控制不合理。在商品配送系统中,库存总量从各个用户转移到商品配送中心,商品配送中心和用户的总库存量应低于商品配送前的用户总库存量。因此,配送企业必须依靠科学管理来降低库存总量,否则就仅是库存转移,而并未使库存量降低。如果某个用户的库存量上升而总量下降,这也是不合理的。配送企业库存控制不合理还表现为储存量不足、无法满足随机需求,从而失去了应有的市场机会等。

(3) 价格不合理。总的来说,配送的价格应低于实行配送前,用户自行进货的总成本,包括产品购买、提货、运输等费用,这样才会确保用户有利可图。尽管有时由于配送具有较高的服务水平,导致价格稍高,但用户仍然可以接受,不过这并不是普遍的原则。如果配送价格普遍高于用户自己的进货价格,损害了用户的利益,就是一种不合理的表现。同样,价格过低导致配送企业处于无利或亏损状态,损害销售者的利益,这也是不合理的。由于配送企业、用户是各自独立的以利润为中心的个体,因此不仅要看商品配送的总效益,而且还要看社会的宏观效益和两个个体的微观效益。忽视任何一方的利益,都会导致不合理的情况。

（4）配送与到达的决策不合理。从表面上看,商品配送中心增加了一道流通环节,但这个环节在专职商品配送企业出现之前,其实已经隐含在了生产企业（企业自己送货）和用户（用户取货）的活动之中。但是这个环节的增加却降低了用户的平均库存水平,因此不仅抵消了增加环节的支出,而且还能取得剩余效益。但是如果用户进货的批量大,可以直接通过社会物流系统均衡批量进货,较之通过配送中转送货可能更节约费用。因此,在这种情况下,不直接进货而通过配送中转送货,就属于决策不合理的范畴。

（5）送货过程中运力使用不合理。运力使用的合理化是依靠送货运力的规划、整个商品配送系统的合理流程,以及与社会运输系统的合理衔接实现的。送货运力的规划是任何商品配送中心都需要花力气解决的问题。与用户自提相比,配送对小用户而言更具优势,通过集中配装一车送几家,能够显著节省运力和运费。如果不能利用这一优势,仍采取逐个用户送货的方式,导致车辆达不到满载（即使配送过多时也会出现这种情况）,则是不合理配送。此外,不合理运输也有若干表现形式,在配送过程中都有可能出现。

（6）经营观念不合理。在配送实施中,有许多经营观念不合理,使配送优势无从发挥,反而损害了配送的形象,这是在配送时尤其需要注意的。例如,配送企业利用配送手段,向用户转嫁资金、库存困难;在库存过大时,强迫用户接货,以缓解自己的库存压力;在资金紧张时,长期占用用户资金;在资源紧张时,将用户委托资源挪为他用以从中获利等。

2. 配送合理化的措施

（1）推行一定综合程度的专业化商品配送。通过采用专业设施、设备及操作程序,取得较好的商品配送效果,并降低商品配送综合化的复杂程度及难度,从而实现商品配送合理化。

（2）推行加工商品配送。通过加工和商品配送相结合,充分利用既有中转,避免增加新的中转,从而实现商品配送合理化。同时,借助商品配送,加工的目的更明确,和用户的联系更紧密,有效避免了盲目性。这两者有机结合,不仅投入增加不多,而且能够获得双重优势和效益,是商品实现配送合理化的重要方式。

（3）推行共同商品配送。通过共同商品配送,可以以最近的路程、最低的商品配送成本完成商品配送,从而实现合理化。

（4）实行送取结合。如果商品配送企业与用户建立了稳定、密切的协作关系,那么商品配送企业就不仅成为用户的供应代理人,而且成为用户的储存据点,甚至成为其产品的代销人。在进行商品配送时,商品配送企业将用户所需的物资送到,再将该用户生产的产品用同一车辆运回,使这些产品也成为商品配送中心的配送产品之一,或者由配送企业代存代储,从而有效减轻生产企业的库存压力。这种送取结合的配送方式,不仅使运力得到充分利用,也使商品配送企业的功能得到更大的发挥,从而实现配送合理化。

（5）推行准时商品配送系统。准时商品配送是配送合理化的重要内容。只有配送做到准时,用户才能准确掌握资源情况,进而放心地实施低库存或零库存,有效地安排接货的人力、物力,从而实现最高效率的工作。另外,保证供应能力也取决于准时供应。准时供应配送系统是现在许多配送企业追求配送合理化的重要手段。

(6)推行即时配送。即时配送是最终解决用户企业的断供之忧,大幅度提高供应保证能力的重要手段。即时配送是配送企业快速反应能力的具体化表现,也是配送企业能力的体现。即时配送为客户创造了时间价值和空间价值,尽管即时配送成本较高,但它免去了客户仓库建设投资和库存维护成本。因此,即时配送不仅是整个商品配送合理化的重要保障手段,也是用户实现零库存的重要保障手段。

(7)扩大配送服务对象,开展社会化配送。社会化配送就是将商品配送业务委托给由多家生产厂家和批发企业共同设立的配送中心,以提高商品物流的效率。其基本运作思路是:将原来由许多连锁配送系统或厂家分别向分散在某个地区的连锁店铺送货,改为先将许多厂家的商品集中到社会化配送中心,在配送中心将商品按店铺要求进行分拣、配货,最后统一向各店铺送货。

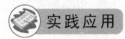

一、数字化助力物流企业降低运输成本

1. 充分发挥物流信息化智能决策的作用

信息化的快速发展为物流运输行业提供了智慧化发展的基础,以及运营数据的反馈,从而为物流企业的运营决策提供参考。例如,可借助大数据来预测哪个时段车流量少,通过对车流量少的时段施行分时段降费来激发企业自身的主动性,从而减少企业开支。从物流收费来讲,高速公路、海运都有高峰和低峰期,有旺季和淡季,政府可以分时段降费,从而激发物流企业自身的主动性减少开支。

2. 合理利用多样化运输方式

多式联运利用不同运输方式的技术经济优势,通过有效的信息化协调配合,达到最优运输组合、最低运输成本、最佳运输效果,是中长途运输的最有效方式。物流企业为了解决卡车经济运输半径过大问题,应主动实践以物流为中心的多式联运生产线模式,建立一体化的协同关系,将成为物流运输发展的主要趋势。

3. 依托大数据优化运输成本

在物流信息化的基础上,物流企业可以通过对运输业务成本的全盘核算,得到各部分开支的比例,从而能够有方向、有针对性地对每一部分开销进行更合理的优化调整,通过有效的措施来降低某些环节的开销,以降低总的物流成本。

二、网络货运平台介绍

1. 运满满

运满满(图4-19)创立于2013年,是国内首家基于云计算、大数据、移动互联网和人工智能技术开发的货运调度平台,成为公路物流领域高新技术综合应用的典型代表。运满满通过大数据、云计算、人工智能等先进技术,极大地提高了物流效率,降低了物流成本。

2. 货拉拉

货拉拉(图4-20)创立于2013年,成长于粤港澳大湾区,是一家从事同城/跨城货运、企业版物流服务、搬家、零担、汽车租售及车后市场服务的互联网物流商城。货拉拉通过共享模式整合社会运力资源,实现多种车型的即时智能调度,为个人、商户及企业提供高效的物流解决方案。

图 4-19　运满满

图 4-20　货拉拉

3. 快狗打车

快狗打车(图 4-21)是 58 到家推出的同城货运品牌,以搬家、货运为切入点,实现基于用户位置下单、服务者上门的全闭环货运服务流程。通过国际水准的物流交付服务及智能运力系统,快狗打车在满足物流需求的同时,还能够帮助客户降低成本、提高运输效率。

4. 滴滴货运

滴滴货运(图 4-22)是天津快桔安运货运有限公司推出的服务平台,拥有人脸识别、行程录音、行程分享、号码保护、实时位置保护等功能。2020 年 6 月 23 日,滴滴货运上线,首批试运营城市为成都和杭州。

5. G7

G7(图 4-23)成立于 2010 年,总部位于北京,是公路物流行业领先的物联网科技平台。G7 以物联网技术为核心,逐步发展了车队管理平台、主动安全服务、数字能源结算、智能挂车租赁、金融保险、卡车后市场等一系列业务。

图 4-21　快狗打车

图 4-22　滴滴货运

图 4-23　G7 数字货舱

三、电商物流配送模式

目前电商物流主要有十种配送模式,分别是自营物流配送模式、第三方物流配送模式、联盟物流配送模式、"O-S-O"物流模式、第四方物流模式、"自营物流＋第三方物流配送"模式、"自营物流＋消费自提/自营配送"模式、"第三方物流"消费者自提/第三方配送模式、第五方物流模式、云物流云仓储模式,等等。

1. 自营物流配送模式

所谓自营配送模式,是指电子商务企业着眼于企业的长远发展,自行组建配送系统,并对整个企业内的物流运作进行计划、组织、协调、控制管理的一种模式。自营物流配送模式也可以叫垂直一体化模式,即从配送中心到运输队伍,全部由电商企业自己整体建设。它将大量的资金用于物流队伍、运输车队、仓储体系建设。典型企业有京东商城、苏宁电器等。目前,自营物流配送模式主要分为两种类型：一类是资金实力雄厚且业务规模较大的 B2C 电子商务公司；另一类是传统的大型制造企业或批发零售企业经营的 B2C 电子商务网站。这些企业自身拥有非常强大的物流体系，在开展电子商务物流配送时，他们只需根据 B2C 电子商务的特点在原有基础上稍加改善，就能基本满足 B2C 电商物流配送的需求。

2. 第三方物流配送模式

第三方物流配送模式以签订合同的方式，在一定时期内将部分或全部物流活动委托给专业的物流企业来完成，这种模式也称为外包物流配送模式。目前，我国的第三方物流配送模式提供商主要包括一些快递公司（如顺丰、申通、圆通等）和国内邮政体系（e 邮宝）两种。

3. 联盟物流配送模式

物流联盟是指物流配送需求企业或者物流企业之间为了提高配送效率及实现配送合理化，所建立的一种功能上互补的配送联合体。电子商务物流联盟模式是为了实现长期合作而组合到一起的方式，主要是指多家电子商务企业与一家或者多家物流企业进行合作，共同提供物流服务；或者多家电子商务企业共同组建一个联盟企业，为其成员提供物流服务。

4. "O-S-O"物流模式

这种模式即物流外包—自建渠道—渠道外包模式。此模式不是简单的开始、发展、回归过程，而是哲学意义上的发展模式。这一模式与中国物流发展水平、电子商务企业自身发展水平、客户需求水平相联系，从最初的业务外包，到中期的选择自建，再到最后业务趋于平稳，社会化物流服务水平的提升，必然会要求电商企业开放自身的物流服务渠道以供全社会使用。同时，自建渠道的不足又会吸纳优秀供应商进入服务体系，最终形成一个波浪式前进、螺旋上升的发展模式。

5. 第四方物流模式

这种模式是专业化的物流咨询公司，应物流公司的要求为其提供物流系统的分析和诊断，或提供物流系统优化和设计方案等。

6. "自营物流＋第三方物流配送"模式

这一模式是有经济实力的企业可以采取的模式，因为即使再有实力的企业，也不可能是"全能型企业"。因此，与第三方物流企业配合，建立协同关系，是必然的选择。

7. "自营物流＋消费自提/自营配送"模式

这种模式是企业在选择自营物流的同时，利用现有渠道企业的作用和消费者的作用，如可以利用便利店、社区店的业态进行创新。例如，京东的自营服务站。

8. "第三方物流"消费者自提/第三方配送模式

通过利用第三方物流并发挥消费者自提的积极性，将商品直接送到消费者手中，从而发挥第三方配送的作用，扩大物流配送的社会化功能。

9. 第五方物流模式

这种模式是指既从事物流人才培训，又为第四方物流提供信息支持，为供应链物流系统优化、资本运作等提供全程物流解决方案的模式。

10. 云物流云仓储模式

云物流云仓储模式借鉴了云计算、云制造等概念，它充分利用分散、不均的物流资源，通过统一的体系、标准和平台进行整合。与此相关的概念还有云快递、云仓储，如物联云仓等。这种模式除了提供仓储服务，还提供物流配送服务。

知识技能应用

一、判断题

1. 运输在开拓市场过程中,不仅能创造出明显的空间效用,同时也具有明显的"时间效用"。（　　）
2. 国际运输业快速发展使运输工具不断更新,运输费用也随之上升。（　　）
3. 直达运输一定优于中转运输。（　　）
4. 在资本结构方面,运输业的固定资本比重小,流动资本比重大,资本的周转速度相对较快。（　　）
5. 支线运输是利用铁路、公路干线、大型船舶的固定航线进行的长距离大载量的运输。（　　）
6. 对于所有商品的运输而言,铁路运输是运输成本最低的方式。（　　）
7. 航空运输不能实现"门到门"运输。（　　）
8. 对流运输是最严重的不合理运输现象。（　　）
9. 电商物流配送都采用第三方物流配送模式。（　　）
10. "四就"直拨运输是指在流通过程组织货物调运时,对当地生产或外地到达的货物,不运进流通批发仓库,采取直拨的办法,把货物直接分拨给市内基层批发、零售店或用户,从而减少一道中间环节。（　　）

二、单选题

1. 与运距有关的不合理运输是（　　）。
   A. 过远运输　　B. 对流运输　　C. 无效运输　　D. 迂回运输
2. 与运量有关的不合理运输是（　　）。
   A. 过远运输　　B. 对流运输　　C. 重复运输　　D. 迂回运输
3. 评价运输合理化的要素有（　　）。
   A. 运输距离　　B. 运输环节　　C. 运输时间　　D. 运输线路
4. 铁路运输的优点是（　　）。
   A. 运输能力大　　B. 单车装载量大　　C. 车速快　　D. 原始投资少
5. （　　）为沟通县、乡(镇)、村等的公路。
   A. 一级公路　　B. 二级公路　　C. 三级公路　　D. 四级公路
6. 航空运输的特点有（　　）。
   A. 速度快　　B. 运输路程短　　C. 灵活　　D. 可达性好

三、案例分析题

宝洁(P&G)中国有限公司在广州黄埔工厂生产的产品要分销到中国内地的全市场区域。宝洁公司为这个分销网络设计了一个配套的物流网络,其中运输是这个物流网络中的主要业务之一。宝洁公司在北方的一个区域配送中心在北京,商品从广州黄埔工厂到北京(宝洁)区域配送中心的运输可以采用公路、铁路、航空,也可以将以上几种方式进行组合,不同的商品品种可以采取不同的运输方式。宝洁公司的物流目标是保证北方市场的销售,尽量降低库存水平,降低物流的系统总成本。宝洁公司对市场销售需求和降低成本的目标要求进行了权衡和协调,最后确定了运输成本目标。在锁定的运输目标成本的前提下,宝洁公司要在铁路、公路和航空运输之间进行选择。铁路运输能够为宝洁公司大批量地运送商品,同时由于铁路运价"递远递减",从广州到北京采用铁路运输的运价是比较合算的,而且铁路能提供全天候的运输服务,等等。但是铁路部门致命的弱点就是手续复杂,影响办事效率,运作机制缺乏灵活性。同时,在采用铁路运输时,两端还需要公路运输配套,增加了装卸搬运环节和相关的费用,这样使铁路的待运期增加。另外,铁路部门提供的服务与宝洁公司的要求有不少差距。如果采用公路运输,宝洁公司将需要大批卡车为其服务,在绵延1000多公里的京广公路运输线上的宝洁货运车队遇到的风险明显比铁路运输要大得多。同时,卡车运输的准时性、商品的破损率等都不会比铁路运输有优势。再者,超过1000公里的距离采用公路运输,从运输成本上来说是不合算的。但是公路运输的最大优势是机动灵活,手续简便。如果气候条件好,卡车能够日夜兼程,在途时间还比铁路运输短。从总体上来说,采用公路运输比铁路运输合算。如果采用航空运输,必然在运输速度上比铁路运输和公路运输都快,可以为企业带来时间上的竞争优势,但是航空运输的成本要远远大于另外两种运输方式。

鉴于以上几种运输方式各自存在利弊,其运输成本也各不相同,因此,企业在运输方式之间进行权衡和选择是非常重要的。

问题:如果你是宝洁公司的物流经理,你会如何选择运输方式?

项目四案例分析拓展

项目五

物流信息管理

【项目导入】

现代物流业在高速发展的同时,用户的货物信息泄露等问题给人们的生活带来了不容小觑的威胁。现实生活中,用户的货物信息一般可以分为两部分,一是用户的私人信息,包括用户的真实姓名、电话、收货地址、商品描述等;二是货物运输过程中产生的物流相关信息,具体包括始发地址、运输司机、运输路径、途经的物流站点等。目前大多数的货物信息保护方案往往只关注用户的个人信息,而忽视对物流信息的保护。

因此,物流信息指的是货物始发地、运输司机、运输路径、途经的物流站点、运输目的地、配送站、配送人、收货地址,这些是在物流流通环节中产生的相应数据。

中国陷入高端芯片
制造困境,华为
正在突破重围

【知识能力要求】

1. 了解物流、信息和物流信息的概念及其关系,掌握物流和物流信息的作用,以及物流信息管理的意义、内容和方法。
2. 熟悉物流信息系统的概念。
3. 了解电子标签、条码技术、GPS 技术、地理信息系统技术、EDI 等物流信息系统需要的技术。
4. 了解物流信息系统的工作任务、目的和意义。
5. 认识物流信息系统实施的任务。

【职业素养要求】

1. 增强历史责任感、使命感,树立勇于追梦、自强不息的精神。
2. 树立科学精神,增强民族自信。
3. 培养遵守规则、严谨认真、肯吃苦的职业素养。
4. 培养团队精神,切实体会"实践出真知"的道理。

 知识准备

一、物流信息与物流信息系统

信息是经过加工处理后对人们有价值的数据。数据在经过处理后,其表现形式仍然是数据,这也说明了信息与数据是"成品"与"原料"的关系。信息是有一定含义的数据,也是经过提

炼、筛选、分析和加工等处理过程的数据。

（一）物流信息

1. 物流信息的概念

狭义角度的物流信息是指与物流活动（运输、保管、包装、搬运、流通加工等）直接相关的信息，如库存信息（库存品种、数量、时间、地点等）、物流设施信息等。

广义角度的物流信息不仅指与物流活动直接相关的信息，而且包括与物流活动间接相关的信息，如商品交易信息、市场信息等。

2. 物流信息的作用

（1）沟通联系的作用。物流系统是由多个行业、部门及企业群体构成的大系统，系统内部通过各种指令、计划、文件、数据、报表、凭证、广告、商情等物流信息建立起各种联系，结合沟通生产厂、批发商、零售商、物流服务商和消费者，从而满足各方的需要。因此，物流信息是沟通物流活动各环节的桥梁。

（2）引导和协调的作用。物流信息随着物流、资金流、凭证流及物流当事人的行为等信息载体进入物流供应链中，同时信息的反馈也随着信息载体反馈给供应链上的各个环节，依靠物流信息及其反馈可以引导供应链结构的变动和物流布局的优化；协调物资结构，使供需之间平衡；协调人、财、物等物流资源的配置，促进物流资源的整合和合理利用。

（3）管理控制的作用。通过移动通信、计算机信息网络、电子数据交换（EDI）、全球定位系统（GPS）、短信平台（GMS）、物流一卡通等技术实现物流活动的电子化，如货物实时跟踪、车辆实时跟踪、库存自动报警、代收款实时查询等，这些信息化手段逐步取代传统的手工作业，实现物流运行、服务质量和成本等的管理控制。

（4）缩短物流流程的作用。为了应对需求波动，在物流供应链的不同节点上通常设置有库存，包括中间库存和最终库存，如零部件、制成品的库存等。这些库存增加了供应链的长度，提高了供应链成本。但是，如果能够实时地掌握供应链上不同节点的信息，如货物到达时间、地点和数量，那么就可以发现并减少供应链上的过多库存，从而缩短物流链，提高物流服务水平。

（5）辅助决策分析的作用。物流信息是制定决策方案的重要基础和关键因素，物流管理决策过程本身就是对物流信息进行深加工的过程，是认识物流活动发展规律的过程。物流信息可以协助物流管理者鉴别、评估并比较物流战略和策略后的可选方案，如车辆调度、库存管理、设施选址、流程设计及成本—收益分析等，均是在物流信息的帮助下才能做出的科学决策。

（6）价值增值的作用。物流信息本身是有价值的，而在物流领域中，流通信息在实现其使用价值的同时，其自身的价值又呈现增长的趋势，即物流信息本身具有增值特征。另外，物流信息是影响物流的重要因素，它把物流的各个要素及有关因素有机地组合并连接起来，以形成现实的生产力和创造出更高的社会生产力。物流信息对提高经济效益起着非常重要的作用。

（二）物流信息系统

在一个组织的全部活动中存在着各种信息流，不同的信息流用于控制不同的业务活动。如果几个信息流联系组织在一起，用于多种业务的协同控制和管理，就形成了信息流的网络，即信息系统。信息系统就是对信息进行收集、整理、存储、加工、查询、传输并输出的处理系统，包括人、计算机、软件、数据等要素。企业中存在信息系统，信息处理工具可能是人工操作或计算机处理系统。在本书中,信息系统是指以计算机作为信息处理工具的人机系统,也常有人把信息系统称为信息管理系统。

1. 物流信息系统的基本内容

物流信息系统(logistics information system,LIS)是以现代管理理论为指导,以计算机和网络通信设施等现代信息技术为基础,以系统思想为主导,建立起来的能进行信息采集、传输、加工、储存,并为物流管理人员提供决策信息的人机交互系统。

物流信息系统是为物流管理人员提供在物流管理工作中所需的信息,管理人员包括各类、各层管理人员。物流信息系统是为物流管理工作服务的,而不是代替物流管理人员的工作。物流信息系统在高、中、低三个物流管理层次上支持管理活动。

2. 物流信息系统结构

物流信息系统结构是指系统内部各组成要素。根据对构成要素的不同理解,从物流信息系统的系统结构、功能结构、计算模式结构来研究物流信息系统结构。

(1) 系统结构。从系统角度看,物流信息系统结构包括硬件、软件、相关人员及物流管理思想。

(2) 功能结构。功能结构如图 5-1 所示。

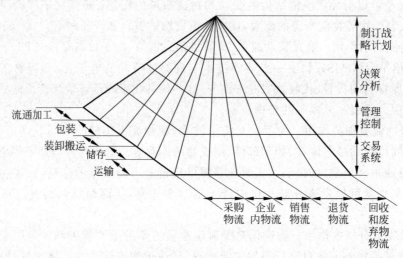

图 5-1 物流功能结构

(3) 计算模式结构。物流信息系统的计算模式结构是指物流信息系统的组成部分和计算模型涉及的各种技术和方法。其主要包括数据采集、数据处理、数据存储和数据分析等模块。其中,数据采集模块是物流信息系统的基础,主要实现采集和处理物流过程中的各种信息;数据处理模块则是对采集到的物流数据进行分类、标准化和预处理,以提供给其他模块使用;数据存储模块主要负责物流信息的存储和管理,并提供数据查询和检索等功能;数据分析模块则是利用数据挖掘和其他分析工具对物流数据进行分析和预测,在物流管理和决策中发挥重要作用。

物流信息系统为实现组织的目标,对整个组织的信息资源进行综合管理,并对各种要素进行合理配置、有效利用。完整的物流信息系统包括以下几部分:

(1) 企业数据;

(2) 计算机硬件系统;

(3) 计算机软件系统；
(4) 存储介质；
(5) 通信系统；
(6) 专用信息收集、处理设备；
(7) 物流信息系统的规章制度；
(8) 物流信息系统的管理机构；
(9) 工作人员。

3. 物流信息系统的类型

(1) 按业务支持层次划分，物流信息系统分为业务处理系统、企业物流信息系统和决策支持系统三类。

(2) 按支持的业务规模划分，物流企业一般分为微型、小型、中大型，物流信息系统针对物流企业业务规模分为单机版、局域网版、广域网版。

(3) 从其他角度划分。物流活动广泛存在于社会经济领域，系统较为复杂，难以形成统一的分类标准，但根据物流服务对象、物流服务空间范围、物流服务目的等，可以将物流分为不同类型。

4. 物流信息系统的功能

(1) 从信息系统角度来看，物流信息系统具有信息系统的一般特性。将物流信息系统作为一种信息系统来说，其功能包括信息（数据）采集、存储、加工、传输，最终输出物流信息。

(2) 从物流企业管理层次角度来看，企业管理层次分为高层、中层、基层，呈现金字塔结构，物流信息系统的功能如图5-2所示，具有层次结构，从低到高为：作业控制功能、管理控制功能、战略规划功能。

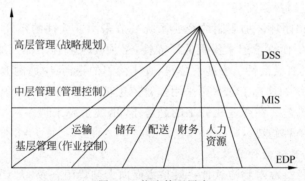

图 5-2　物流管理层次

(3) 从企业组织管理职能角度来划分，物流的功能或物流管理的职能就是运输、储存、装卸、搬运、包装、流通加工、配送等各作业活动。物流信息系统的功能也包括运输、储存、装卸、搬运、包装、流通加工、配送，每一项功能是一个子系统，子系统又可以包含下属功能。

(4) 从业务集成角度来划分，就是从物流业务处理的完整流程来划分，例如，货运代理包括公路运输货运代理、海运货运代理、航空运输货运代理等。

(5) 从物流信息系统对物流企业作用的角度来看，它具有以下功能。

① 减少物流运输成本：实现车辆整单调度，提高货物运输效率，减少车辆轮空率，节约运输成本；采用精准配送管理技术，实现自动化系统控制，有效提高运输效率，降低运输成本；分析运距、价格等，按系统设计精准投放，缩短用车周期，降低货物等待时间，节省运输成本。

② 提高物流运输效率:采用 GPS 定位技术,实现及时、精准的路况,减少行车时间,缩短物流运输距离;采用 ERP 系统,可实时监控货物的运输情况,及时掌握货运的最新信息;提供订单跟踪、支付结算等便捷服务,实现多物流管控。

③ 改善物流服务质量:对运输环节实行有效的信息控制,实现实时状态可视化,确保零担服务质量;实现统一的货物信息管理,保障发货单的真实性,确保物流信息及时准确;分析耗费的能耗、制定有效的物流管控规范,提升整个运输环境,增强环保意识,改善社会环境。

④ 优化质量管理:综合整个业务流程,建立内外部质量管理流程,实现精准质量管控;建立物流客户服务体系,有效提高客户满意度,实现客户持续服务;采用现代信息技术,建立货物历史信息归档分析,实现对质检的有效管理。

⑤ 提升物流行业竞争力:采用智能化裁剪及生产,显著提高生产效率,建立快速、高效的物流体系;采用四柱鼎立管理模式,利用物流信息系统,精准把控物流运输费用,节约财务支出;引入社会性物流技术,建立企业消息共享体系,有效地提高物流企业的竞争力。

5. 物流信息系统的发展

国家发展改革委印发的《"互联网+"高效物流实施意见》指出,要推动传统物流活动向信息化、数据化方向发展,促进物流相关信息特别是政府部门信息的开放共享,夯实"互联网+"高效物流发展的信息基础,形成互联网融合创新与物流效率提升的良性互动。不同企业的业务管理逻辑存在较大差异,很多都直接体现在系统设计上。

(1) 集成化与模块化。集成化系统的典型代表是德邦的 FOSS,在整车骆驿系统和快递悟空系统开发出来之前,德邦的所有业务都必须经过其开单走货,其系统只有辅助性的数据交互功能。模块化的典型代表是顺丰的阿修罗,阿修罗是一个系统群的概念,类似搭积木,各功能模块独立存在,可以进行数据交互。

(2) 开放性与严格闭环。加盟制的企业系统一般采用开放性的模式,不会严格要求数据必须经过所有的流程;而直营追求流程的严谨性,必须要求流程闭环。加盟制的数据可以不必经过所有的流程,具有灵活性。安能的鲁班、壹米滴答的银河、中通的大运、韵达的泰山都是这个逻辑。直营的系统如德邦 FOSS 则采用强管控逻辑,不严格按照流程就无法走通。

(3) 自主开发与外包。在专业化分工的趋势下,出现了越来越多从事物流软件系统开发的企业,IT 外包成为一种趋势。

6. 现有物流信息系统软件的特点

(1) 高端物流软件。高端物流软件一般是指面向大型集团企业、大型专业化物流企业、大型物流园区与物流配送基地用户的物流软件。这类软件功能强大、完善,蕴涵了规范化的先进物流管理理念,展现出了国际上物流信息系统的先进水平,明确了国内物流软件的发展方向。

(2) 中端物流软件。中端物流软件是指面向制造业企业、专业化第三方物流企业和国际贸易企业用户的物流软件。第三方物流企业和国际贸易企业的业务特点是具体化和个性化,客户多品种、小批量、多批次。

(3) 低端物流软件。低端物流软件面向中小型第三方物流企业、制造业企业、贸易企业、区域分销商等用户。这类物流软件市场有着庞大的用户群体。

二、物流信息技术

信息技术集信息基础技术、信息系统技术、信息应用技术等于一体,涉及信息的收集、存储、加工处理、传递、应用等领域,是人类开发利用信息资源的各种手段的总称。

信息技术是新经济浪潮的动力,是企业信息化的物质技术基础。信息技术的发展可谓日新月异,其创新有多种实现途径。在新信息技术的形成和扩散中,一般可分为技术领先者(leaders)、技术追随者(followers)和技术后来者(late comers)。

物流信息系统未来的
发展趋势

微课:常用的现代
物流信息技术(上)

微课:常用的现代
物流信息技术(下)

(一)物流信息技术的概念

物流信息技术(logistics information technology)是现代信息技术在物流各个作业环节中的综合应用,是现代物流区别于传统物流的根本标志,也是物流技术中发展最快的领域,尤其是计算机网络技术的广泛应用使物流信息技术达到了较高的应用水平。物流信息技术的发展也改变了企业应用供应链管理获得竞争优势的方式,成功的企业通过应用信息技术来支持经营战略并选择经营业务。

(二)物流信息技术的类型

物流信息技术主要包括条码及射频识别技术、计算机网络技术、多媒体技术、地理信息系统、全球导航卫星系统、电子数据交换技术、数据管理技术、数据挖掘技术、Web技术、智能运输系统、遥感技术等。在这些信息技术的支撑下,形成了以移动通信、资源管理、监控调度管理、自动化仓储管理、业务管理、客户服务管理、财务管理等多种业务集成的一体化现代物流信息系统。以下简要介绍11种物流信息技术。

1. 条码技术

条码(bar code)技术是20世纪在计算机应用中产生和发展起来的一种自动识别技术,是集条码理论、光电技术、计算机技术、通信技术、条码印制技术于一体的综合性技术。条码技术是物流自动跟踪的最有力的工具,被广泛应用。条码技术具有制作简单、信息收集速度快、准确率高、信息量大、成本低和条码设备方便易用等优点,在从生产到销售的流通转移过程中,起到了准确识别物品信息和快速跟踪物品移动的重要作用,是整个物流信息管理工作的基础。条码技术在物流的数据采集、快速响应、运输中的应用极大地促进了物流业的发展。

2. 射频识别技术

射频识别(radio frequency identification,RFID)技术,也称无线射频识别技术,是从20世纪90年代兴起的一项非接触式自动识别技术。它利用射频方式进行非接触双向通信,实现不接触操作,应用便利,无机械磨损,寿命长;无须可见光源,穿透性好,抗污染能力和耐久性强;对环境要求低,可以在恶劣环境下工作;读取距离远,无须与目标接触就可以得到数据;支持写入数据,无须重新制作新的标签,可重复使用;使用了防冲撞技术,能够识别高速运动的物体,可同时识别多个射频卡。

射频识别技术使用的领域包括物料跟踪、运载工具和货架识别等要求非接触数据采集和交换的场合,尤为适用要求频繁改变数据内容的场合。例如,某地区车辆自动识别系统——驾易通,采用的主要技术就是射频技术。某地区几年前就已经有约8万辆汽车装上了电子标签,装有电子标签的车辆通过装有射频扫描器的专用隧道、停车场或高速公路路口时,无须停车缴费,极大地加快了行车速度,提高了效率。射频技术在其他物品的识别及自动化管理方面也得到了较广泛的应用。射频技术是对条码技术的补充和发展,它弥补了条码技术的一些局限性,为大量信息的存储、改写和远距离识别奠定了基础。

3. 多媒体技术

多媒体技术通常被解释为通过计算机将文字、图像、声音和影视集成为一个具有人机交互功能和可编程环境的技术,其中图像包括图形、动画、视频等,声音包括语音、音乐、音响效果等。目前,多媒体技术在各个领域发挥着引人注目的作用。

多媒体技术主要涉及图像处理、声音处理、超文本处理、多媒体数据库、多媒体通信等。

4. 地理信息系统

地理信息系统(geographic information system,GIS)是人类在生产实践活动中,为描述和处理相关地理信息而逐渐产生的软件系统。它以计算机为工具,对具有地理特征的空间数据进行处理,能以一个空间信息为主线,将其他各种与其有关的空间位置信息结合起来。它的诞生改变了传统的数据处理方式,使信息处理由数值领域步入空间领域。GIS用途十分广泛,如交通、能源、农林、水利、测绘、地矿、环境、航空、国土资源综合利用等。

5. 全球导航卫星系统

全球导航卫星系统(global navigation satellite system,GNSS)是能在地球表面或近地空间的任何地点为用户提供全天候的三维坐标速度及时间信息的空基无线电导航定位系统,包括GPS、GLONASS、Compass(北斗)、Gallleo系统。使用GNSS可以利用卫星对物流及车辆运行情况进行实时监控,可以实现物流调度的即时接单和即时排单,以及车辆动态实时调度管理。同时,客户经授权后也可以通过互联网随时监控运送自己货物车辆的具体位置。如果货物运输需要临时变化线路,也可以随时指挥调动,大幅降低货车的空载率,实现资源的最佳配置。全球导航卫星系统主要包括陆地应用,如车辆自主导航、车辆跟踪监控、车辆智能信息系统、车联网应用、铁路运营监控等;航海应用,如远洋运输、内河航运、船舶停泊与入坞等;航空应用,如航路导航、机场场面监控等。

6. 电子数据交换技术

EDI技术是按照协议标准的电子数据交换(electronic data interchange)结构格式,将标准的经济信息通过电子数据通信网络,在商业伙伴的电子计算机系统之间进行交换和自动处理。

EDI的基础是信息,这些信息可以由人工输入计算机。但更好的方法是通过扫描条码获取数据,因为这样不仅速度快,而且准确性高。物流技术中的条码包含了物流过程所需多种信息与EDI技术相结合,确保物流信息及时可得。

铸就新时代北斗精神,展望北斗发展新愿景

7. 数据管理技术

数据管理技术主要包括数据库技术和数据仓库技术这两种技术。

数据库技术将信息系统中大量的数据按一定的结构模型组织起来,提供存储维护、检索数据的功能,使信息系统方便、及时、准确地从数据库中获得所需信息,并以此作为行为和决策的依据。现代物流信息量大且复杂,如果没有数据库技术的有效支持,物流信息系统根本无法运作,更不用说为企业提供信息分析和决策帮助。

数据仓库(DW)是决策支持系统(DSS)和联机分析应用数据源的结构化数据环境。数据仓库研究和解决从数据库中获取信息的问题。数据仓库技术是一个面向主题、集成化、稳定的、包含历史数据的数据集合,它用于支持经营管理中的策划制定过程。与数据库相比,数据仓库中的信息是经过系统加工、汇总和整理的局部信息,而不是简单的原始信息;系统记录是企业从过去某一时点到目前各个阶段的实时动态信息,而不仅是关于企业当时或某一时点的静态信息。因此,数据仓库的根本任务是将信息加以整理归纳,并及时提供给相应的管理决策人员,支持决策过程,对企业的发展历程和未来趋势做出定量分析和预测。

8. 数据挖掘技术

信息技术的迅速发展,使数据资源日益丰富。但是,"数据丰富而知识贫乏"的问题至今还很严重。数据挖掘(DW)也随之产生。DW 是一个从大型数据库的海量数据中抽取从前未知的、隐含的、潜在有用的信息或关系的过程。

9. Web 技术

Web 技术是网络社会中具有突破性变革的技术,是 Internet 上最受欢迎、最流行的技术。它采用超文本、超媒体的方式进行信息的存储与传递,能把各种信息资源有机地结合起来,是具有图文并茂的信息集成能力及超文本链接能力的信息检索服务程序。Web 页面的描述由标识语言(HTML)发展为可扩展的标识语言(XML),使 Internet 可以方便地定义行业数据的语义。

10. 智能运输系统

在中华人民共和国国家标准《物流术语》(GB/T 18354—2021)中,智能运输系统(intelligent transportation system,ITS)是指在较完善的交通基础设施上,将先进的科学技术(信息技术、计算机技术、数据通信技术、传感器技术、电子控制技术、自动控制理论、运筹学、人工智能等)有效地综合运用于交通运输、服务控制和车辆制造,加强车辆、道路、使用者三者之间的联系,从而形成的一种保障安全、提高效率、改善环境、节约能源的综合运输系统。严格地说,它的每个子系统都有利于提高公路货运的效率和效益。其中,与公路货运最密切相关的是商用车辆运营系统。该系统能在运输管理中自动询问和接收各种交通信息,可以进行合理调度,包括为驾驶员提供一些特殊的公路信息,如桥梁净高、急弯陡坡路段的限速等,对运送危险品等特种车辆的跟踪,以及对车辆和驾驶员的状况进行安全监视与自动报警。在特种车辆自动报警系统中,还装有探测障碍物的电子装置,可保证在道路能见度很低情况下的行车安全。这一系统可使营运车辆的运行管理更加合理化,提高车辆的安全性和营运效率,使公路系统的所有用户都能获益于一个更安全可靠的公路环境。

11. 遥感技术

遥感(remote sensing,RS)技术是从远距离感知目标反射或自身辐射的电磁波、可见光、红外线,对目标进行探测和识别的技术。

遥感技术是 20 世纪 60 年代在航空摄影和判读的基础上随航天技术和电子计算机技术的发展而逐渐形成的综合性感测技术。任何物体都有不同的电磁波反射或辐射特征。航空航天遥感就是利用安装在飞行器上的遥感器感测

智能运输系统

地物目标的电磁辐射特征,并将特征记录下来,供识别和判断。把遥感器放在高空气球、飞机等航空器上进行遥感,称为航空遥感。把遥感器装在航天器上进行遥感,称为航天遥感。完成遥感任务的整套仪器设备称为遥感系统。航空和航天遥感能从不同高度、大范围、快速和多谱段地进行感测,获取大量信息。航天遥感还能周期性地得到实时实物信息。因此,航空和航天遥感技术在国民经济和军事的很多方面获得广泛的应用。例如,遥感技术可用于植被资源调查、气候气象观测预报、作物产量估测、病虫害预测、环境质量监测、交通线路网络与旅游景点分布、地图测绘和军事侦察等方面。人造地球卫星发射成功,极大地推动了遥感技术的发展。例如,在大比例尺的遥感图像上,可以直接统计烟囱的数量、直径、分布,以及机动车辆的数量、类型,找出其与燃煤、烧油量的关系,求出相关系数,并结合城市实测资料及城市气象、风向频率、风速变化等因数,估算城市大气状况。同样,遥感图像能反映水体的色调、灰阶、形态、纹理等特征的差别,根据这些影像,一般可以识别水体的污染源、污染范围、面积和浓度。另外,利用热红外遥感图像能够对城市的热岛效应进行有效调查。

现代遥感技术主要包括信息的获取、传输、存储和处理等环节。包含这些环节的全套系统称为遥感系统,其核心组成部分是获取信息的遥感器。遥感器的种类很多,主要有照相机、电视摄像机、多光谱扫描仪、成像光谱仪、微波辐射计、合成孔径雷达等。传输设备用于将遥感信息从远距离平台(如卫星)传回地面站。信息处理设备包括彩色合成仪、图像判读仪和数字图像处理机等。

(三) 物流信息技术的新发展

1. 大数据

大数据(big data),是指无法在一定时间范围内用常规软件工具进行捕捉、管理和处理的数据集合,是需要经过新处理模式才能具有更强的决策力、洞察发现力和流程优化能力的海量、高增长率和多样化的信息资产。大数据的特点有:大量(volume)、高速(velocity)、多样(variety)、价值(value)、真实性(veracity)、可变性(variability)、复杂性(complexity)。

从技术上看,大数据与云计算的关系就像一枚硬币的正反面一样密不可分。大数据必然无法用单台的计算机进行处理,必须采用分布式计算架构。它的特色在于对海量数据的挖掘,但它必须依托云计算的分布式处理、分布式数据库、云存储和虚拟化技术。

大数据是未来全球经济发展的新动能,已成为行业共识。特别是在我国高度重视大数据发展,加速推进数字产业化和产业数字化的情况下,大数据作为生产要素的基础性、战略性资源作用越发凸显。例如,顺丰通过科技赋能,不但构建了完整的大数据生态系统,而且还推出了大数据平台、数据灯塔等细分产品。大数据可以全面管理物流的每个环节,对收件、派件、时间维度、空间维度进行精准记录,让每个快件都有迹可循,帮助快递工作者实现精细化、智能化排班及实时调度分配等信息管理体系。同时,通过件量预测、分仓管理、路线规划等数据分析,让件量预测精度达到单个派送网点、单个收派员的维度,从而降低行业成本,大幅提升物流效率,实现物流领域的全面数字化管理和智慧决策。

2. 云计算

云计算(cloud computing)是分布式计算的一种,指的是通过网络"云"将巨大的数据计算处理程序分解成无数个小程序,然后通过由多台服务器组成的系统,进而处理和分析这些小程序得到的结果并返回给用户。因此,云计算又称为网格计算。通过这项技术,可以在很短的时间内完成数以万计的数据的处理,从而达到强大的网络服务。云计算的优势与特点为虚拟化技术、动态可扩展、按需部署、灵活性高、可靠性高、性价比高、可扩展性等。

云计算的服务类型分为三种,即基础设施即服务(IaaS)、平台即服务(PaaS)和软件即服务(SaaS)。

云计算非常适合复杂多变的环境,有助于实现各种以"物流即服务"为基础的新业务模式。物流提供商可以使用按次付费的方式,根据需要使用可定制的模块化云服务。企业无须投资开发自己的传统 IT 基础架构,也没有设置和维护的成本,就能获得扩展性极强的服务和管理功能。近年来,物流提供商已经开始使用云物流,来为创新供应链解决方案提供快速、高效、灵活的 IT 服务。目前,超过 50% 的物流提供商使用云服务,另有 20% 的物流提供商在计划中。展望未来,基于网络的开放式应用程序接口(application programming interface,API)将成为模块化按需云物流服务的基础,取代过时的传统通信系统(如 EDI)。此外,边缘计算将利用大数据更直接的计算优势来不断强化云物流(cloud logistics)。模块化的云物流平台可以让企业获得灵活、可配置的按需物流 IT 服务,而且这些服务可以轻松集成到供应链流程中。云端运输管理系统可以把订单、计费和货物追踪服务整合到统一平台中。按次付费模式使中小型物流提供商及大型公司能够更加灵活地应对市场波动,仅为其实际需要和使用的服务付费,而不是投资固定容量的 IT 基础架构。

3. 智慧物流

在中华人民共和国国家标准《物流术语》(GB/T 18354—2021)中,智慧物流(smart logistics)是指以物联网技术为基础,综合运用大数据、云计算、区块链及相关信息技术,通过全面感知、识别、跟踪物流作业状态,实现实时应对、智能优化决策的物流服务系统。当前,物联网、云计算、移动互联网等新一代信息技术的蓬勃发展,正推动着中国智慧物流的变革。可以说,智慧物流将是信息化物流发展的方向。当前,我国物流产业增速趋缓,传统的产业发展方式难以满足消费型需求快速增长的要求,现有的资源条件不足以支撑物流产业规模持续快速增长。全球新一轮科技革命的到来,为产业转型升级创造了重大机遇。智慧物流正在成为物流业转型升级的重要源泉。

4. 区块链

1) 区块链概述

区块链作为分布式数据存储、点对点传输、共识机制、加密算法等技术的集成应用,被认为是继大型机、个人计算机、互联网之后计算模式的颠覆式创新,很可能在全球范围内引起一场新的技术革新和产业变革。区块链技术起源于化名为"中本聪"的学者在 2008 年发表的奠基性论文《比特币:一种点对点电子现金系统》。

我国智慧物流的发展特点及发展趋势

从狭义上来讲,区块链是一种按照时间顺序将数据区块以顺序相连的方式组合成的一种链式数据结构,并以密码学方式保证不可篡改和不可伪造的分布式账本。

从广义上来讲,区块链技术是利用块链式数据结构来验证与存储数据、利用分布式节点共识算法来生成和更新数据、利用密码学的方式保证数据传输和访问的安全、利用由自动化脚本代码组成的智能合约来编程和操作数据的一种全新的分布式基础架构与计算范式。

目前,区块链技术被很多大型机构称为彻底改变业务乃至机构运作方式的重大突破性技术。同时,就像云计算、大数据、物联网等新一代信息技术一样,区块链技术并不是单一信息技术,而是依托现有技术,加以独创性的组合及创新,从而实现以前未实现的功能。

2) 区块链的价值

区块链是一种分布式数据库系统,其特点是不易篡改、很难伪造、可追溯。区块链记录着发生交易的所有信息,一旦数据进入区块链,即使是内部工作人员也很难在其中做任何更改而不被发现。这个特点决定了其与互联网应用密不可分。应用场景越大、越丰富,区块链技术和产业的发展就会越快。同时,就像云计算、大数据、物联网等新一代信息技术一样,区块链技术并不是单一的信息技术,而是依托现有技术,加以独创性的组合及创新,从而实现以前未实现的功能。尽管区块链技术还存在可扩展性、隐私和安全、开源项目不够成熟等问题,但是已有的应用充分证明了区块链的价值。

(1) 推动新一代信息技术产业的发展。区块链技术应用的不断深入,将为云计算、大数据、物联网、人工智能等新一代信息技术的发展创造新的机遇,并将有利于信息技术的升级换代,同时有助于推动信息产业的跨越式发展。

(2) 为经济社会转型升级提供技术支撑。区块链技术广泛应用于金融服务、供应链管理、文化娱乐、智能制造、社会公益及教育就业等经济社会各领域,必将优化各行业的业务流程、降低运营成本、提升协同效率,进而为经济社会转型升级提供系统化的支撑。

(3) 培育新的创业创新机会。国内外已有的应用实践证明,区块链技术作为一种大规模协作的工具,能推动不同经济体内交易的广度和深度迈上一个新的台阶,并能有效降低交易成本。可以预见的是,随着区块链技术的广泛运用,新的商业模式会大量涌现,为创业创新创造新的机遇。

(4) 为社会管理和治理水平的提升提供技术手段。区块链技术在公共管理、社会保障、知识产权管理和保护、土地所有权管理等领域应用的不断成熟和深入,将有效提升公众参与度,降低社会运营成本,提高社会管理的质量和效率,对社会管理和治理水平的提升具有重要的促进作用。随着新一轮产业革命的到来,云计算、大数据、物联网等新一代信息技术在智能制造、金融、能源、医疗健康等行业中的作用愈发重要。从国内外发展趋势和区块链技术发展演进路径来看,区块链技术和应用的发展需要云计算、大数据、物联网等新一代信息技术作为基础设施支撑。同时,区块链技术和应用发展对推动新一代信息技术产业发展具有重要的促进作用。

3) 区块链在物流领域的应用

(1) 流程优化。通过区块链网络,实现物流与供应链各环节凭证签收无纸化,将单据流转及电子签收过程写入区块链存证,实现交易过程中的信息流与单据流一致,为计费提供真实准确的运营数据。在对账环节,双方将各自计费账单上的关键信息(如货品、数量、货值、运费等)写入区块链,通过智能合约完成自动对账,同时将异常调账过程上链。因此,整个对账过程是高度智能化并且是高度可信的。

(2) 供应链协同。通过区块链网络,将供应链上下游核心企业、供应商、经销商等进行网联,各参与方共同维护一个共享账本,让数据在各方进行存储、共享和流转,保证了链上所有企业的信息能够安全可信、高效同步。从而掌握上下游企业情况、建立交易关系、跟踪交易状况,让多方数据更安全、更高效地实时共享,消除人工耗时的流程,并有助于降低欺诈和错误的风险,降低企业管理成本。

(3) 物流与供应链征信。通过区块链网络,收集物流与供应链各环节可信数据(如交易信息、结算信息、服务评分、物流时效等),并通过区块链网络的多方交叉验证,确保数据的真实性。再通过行业标准评级算法,利用智能合约自动计算企业/个人的征信评级,并将评级结果写入区块链,在有效保护数据隐私的基础上实现有限度、可管控的信用数据共享和验证,为行业提供高可信度的物流与供应链征信服务。

(4) 电子存证。区块链网络让物流与供应链各环节电子数据的生成、存储、传播和使用全流程可信,用户可以直接通过程序,将操作行为全流程记录于区块链。例如,可在线提交电子合同、维权过程、服务流程明细等电子证据。区块链还提供了实名认证、电子签名、时间戳、数据存证及区块链全流程的可信服务,建立了整个信任体系。通过整体的完整结构,区块链能够解决供应链上包括信息孤岛、取证困难等在内的一系列问题。

(5) 物流与供应链金融。区块链网络将物流与供应链金融链条中各参与主体(资金方、供应商方、核心企业、经销商、监管方、物流方等)进行网联,并将线下交易场景中的资产(如仓单、应收账款等)数字化后上链,上链后实现数字资产化,区块链网络的可信机制能有效地实现资产价值化,进而让数字资产实现多级穿透式拆分流转,以及让核心企业的信用穿透供应链两端的中小微企业,解决中小微企业融资难、融资贵问题。

(6) 物流跟踪与商品溯源。区块链网络可让物流与供应链各环节中商品实现从源头到生产再到运输直至交付的全程追溯。时间戳、共识机制等技术手段保证数据不可篡改和追本溯源等功能,为供应链溯源提供了技术支持。同时,区块链将监管和消费者纳入监督体系,实现了三方监管,保证了供应链流程透明,打破了信息孤岛。

总之,构建区块链产业生态,既要加快区块链和人工智能、大数据、物联网等前沿信息技术的深度融合,推动集成创新和融合应用;还要加强人才队伍建设,建立完善的人才培养体系,打造多种形式的高层次人才培养平台,培育一批领军人物和高水平创新团队。

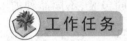

一、EAN 条码识别

EAN 码(european article number)是国际物品编码协会制定的一种商品用条码,通用于全世界。EAN 码符号有标准版(EAN-13)和缩短版(EAN-8)两种。标准版表示 13 位数字,又称为 EAN13 码;缩短版表示 8 位数字,又称 EAN8 码。两种条码的最后一位为校验位,由前面的 12 位或 7 位数字计算得出。

1. 基本结构

EAN13 码由左侧空白区、起始符、左侧数据符、中间分隔符、右侧数据符、校验符、终止符、右侧空白区及供识别字符组成,如图 5-3 所示。

图 5-3 条形码

2. 编码规则

起始符和终止符3个模块的编码均为101,中间分隔符5个模块的编码是01010。左侧数据符和右侧数据符的编码方式不同。在左侧数据符中,有A和B两种编码方式,右侧数据符中有C编码方式。其中A和C是反码关系,B和C是倒序关系。在左侧数据符中的编码方式选A还是B,由前置码字符决定。

EAN 条码基本结构

3. 使用规定

EAN 码(european article number)由前缀码、厂商识别码、商品项目代码和校验码组成。前缀码是国际 EAN 组织标识各会员组织的代码,我国为 690～699;厂商代码是 EAN 编码组织在 EAN 分配的前缀码的基础上分配给厂商的代码;商品项目代码由厂商自行编码;校验码是为了校验代码的正确性。在编制商品项目代码时,厂商必须遵守商品编码的基本原则:对同一商品项目的商品必须编制相同的商品项目代码;对不同的商品项目必须编制不同的商品项目代码。保证商品项目与其标识代码一一对应,即一个商品项目只有一个代码,一个代码只标识一个商品项目。我国的通用商品条码与其等效。人们日常购买的商品包装上所印的条码一般就是 EAN 码。另外,图书和期刊作为特殊的商品也采用了 EAN13 码表示 ISBN 和 ISSN。前缀 977 被用于期刊号 ISSN,图书号 ISBN 用 978 为前缀,我国被分配使用 7 开头的 ISBN 号,因此我国出版社出版的图书上的条码全部为 9787 开头。

4. 编码原则

商品条码的编码遵循唯一性原则,以保证商品条码在全世界内不重复。即一个商品项目只能有一个代码,或者说一个代码只能标识一种商品项目。不同规格、不同包装、不同品种的商品只能使用不同的商品代码。商品条码的标准尺寸是 37.29mm×26.26mm,放大倍率是 0.8～2.0。当印刷面积允许时,应选择 1.0 倍率以上的条码,以满足识读要求。放大倍数越小的条码,印刷精度要求越高,否则易造成条码识读困难。由于条码的识读是通过条和空的颜色对比来实现的,一般情况下,只要能够满足对比度(pcs 值)的要求的颜色即可使用。通常采用浅色作空的颜色,如白色、橙色、黄色等;采用深色作条的颜色,如黑色、暗绿色、深棕色等。最常用的搭配是黑条白空。根据条码检测的实践经验,红色、金色、浅黄色不宜作条的颜色,透明、金色不能作空的颜色。

5. 编码特性

(1) 只能储存数字。

(2) 可双向扫描处理,即条码可由左至右或由右至左扫描。

(3) 为防止读取资料发生错误,EAN 码的最右边必须有一个检查码。

(4) 条码上有左护线、中线及右护线,以分隔条码上的不同部分,并确保适当的安全空间。

(5) 条码长度固定,较欠缺弹性,但经由适当的管道,可使其在全球范围内通用。

(6) 依结构的不同,可区分为以下两种。

EAN-13 码:由 13 个数字组成,为 EAN 的标准编码型式。

EAN-8 码:由 8 个数字组成,属 EAN 的简易编码型式。

6. 条形码在物流中的主要应用

(1) 销售信息系统(POS 系统)。在商品上贴上条码就能快速、准确地利用计算机进行销售和配送管理。其过程如下:在对销售商品进行结算时,通过光电扫描读取并将信息输入计算机,然后输进收款机,收款后开出收据。同时,通过计算机处理,掌握进、销、存的数据。

(2) 库存系统。在库存物资上应用条码技术,尤其是在规格包装、集装、托盘货物上,入库时自动扫描并输入计算机,由计算机处理后形成库存的信息,并输出入库区位、货架、货位的指令;出库程序则和 POS 系统条码应用一样。

条码技术应用于库存管理,避免了手工书写票据和送到机房输入的步骤,大幅提高了工作效率。同时,该技术解决了库房信息滞后的问题,提高了交货日期的准确性。另外,条码技术的应用解决了票据信息不准确的问题,提高了客户服务质量,也无须事务处理中的人工操作,减少了无效劳动。

(3) 分货拣选系统。在配送和仓库出货时,采用分货、拣选方式,需要快速处理大量的货物,利用条码技术可自动进行分货拣选,并实现有关的管理。其过程如下:一个配送中心接到若干个配送订货要求后,将若干订货汇总,每一品种汇总成批,然后按批发出所在条码的拣货标签,拣货人员到库中将标签贴于每件商品上,并将商品取出,用自动分拣机分货。分货机始端的扫描器扫描分货机上的货物,一是确认所拣出的货物是否正确,二是识读条码上的用户标记,指令商品在确定的分支分流,到达各用户的配送货位,完成分货拣选作业。

条形码功能强大,输入方式具有速度快、准确率高、可靠性强等特点,在商品流通、工业生产、仓储标准管理、信息服务等领域获得了广泛的应用。目前,我国推广应用条形码技术已具有一定的物质基础,条形码技术的应用对开发我国物品标识系统,使其规范化、标准化,并实现与国际标准兼容,以推进我国的计算机应用和现代化管理,促进国内商品经济的繁荣,增强中国产品在国际市场的竞争力,以及推动生产自动化和管理现代化,都具有深远的意义。但条形码技术在我国的发展道路仍是漫长的,它的应用推广将逐步显示其社会经济效益。

二、物流领域 RFID 的应用

电子标签即 RFID(radio frequency identification,无线电射频识别)标签,是 RFID 的俗称。电子标签是一种非接触式的自动识别技术,它通过射频信号来识别目标对象并获取相关数据,识别工作无须人工干预。作为条形码的无线版本,RFID 具有条形码不具备的防水、防磁、耐高温、使用寿命长、读取距离大、标签上数据可以加密、存储数据容量更大、存储信息更改自如等优点。电子标签的编码方式、存储及读写方式与传统标签(如条码)或手工标签不同,电子标签编码的存储是在集成电路上以只读或可读写格式存储的;特别是读写方式,电子标签是用无线电子传输方式实现的。RFID 电子标签突出的技术特点是:可以识别单个的非常具体的物体,而不是像条形码那样只能识别一类物体;可以同时对多个物体进行识读,而条形码只能一个一个地读;存储的信息量很大;采用无线电射频,可以透过外部材料读取数据,而条形码必须靠激光或红外在材料介质的表面读取信息。

1. 突出优势

(1) 扫描速度快。RFID 技术可同时辨别和读写多个 RFID 标签;但是条码技术一次只能扫描一个条码。

(2) 形状多样化和体积小型化。RFID 在读写上并不受尺寸大小与形状的限制,RFID 标签更是向小型化与多样形态发展,以应用于不同产品。

(3) 耐久性和抗污染能力。由于条码是附于塑料袋或外包装纸箱上的,因此特别容易折损;RFID 卷标是将数据存于芯片中,因此可免受污损。

(4) 可重复使用，降低成本。现今的条码一旦印刷后就无法更改，而 RFID 标签则可以重复地新增、修改和删除数据。因此，RFID 卷标内储存的数据可以方便地进行信息更新。

(5) 无屏障阅读和穿透性。在被覆盖的情况下，RFID 能穿透纸张、木材和塑料等非金属或非透明的材质，并能进行穿透性通信。

(6) 安全性非常好。标签中的信息以电子方式存储在芯片上，可以对数据进行密码保护，从而保证数据的安全性。另外，标签数据不但可以帮助企业大幅提高信息、货物管理的效率，而且可以使制造企业和销售企业之间信息互联，从而更加准确地接收反馈信息，优化整个供应链。

2. RFID 技术在物流中的应用

(1) RFID 技术在供应链不同环节中的应用如下。

① 存储环节。基于 RFID 的库存管理方案可通过自动识别来提高操作的节拍和工作效率，通过提高库存的实时与准确信息，实现快速供货并最大限度地降低库存成本。同时，该方案可降低由于商品误置、送错、偷窃等造成的损耗。另外，通过对货物库位及操作人员进行 RFID 标签编码，实现了整个库存管理体系的数字化。

② 配送、分销环节。产品贴上 RFID 标签，在进入中央配送分销中心时，通过阅读器读取托盘、货箱上的标签内容。系统将这些信息与发货记录进行核对，以检测出可能的错误，然后将 RFID 标签更新为最新的产品存放地点和状态。在企业分销和零售业配送中采用 RFID 技术能大幅加快配送的速度，提高分拣、包装、装configure及分发过程的效率与准确率。

例如，为了满足沃尔玛的要求，供货商根据配送中心发来的各个门店所需产品的订单信息与产品标签信息进行匹配，先迅速挑拣出所有产品，放在托盘上直接送上输送带，轻松地在同一托盘上分拣出不同类别的产品，而无须人工处理，实现快速准确地发货。

③ 运输环节。在运输货物及车辆上粘贴 RFID 标签，并在运输线的检查点上安装 RFID 设备，通过接收 RFID 标签信息来实现车辆、货运货柜的识别、防伪定位与追踪等。另外，RFID 技术在货运运输过程中能够降低差错率和配送成本；通过防伪、防盗提高产品的安全性；对车辆进行精确追踪、管理，提高资产的利用率。

④ 零售环节。RFID 智能标签可以在销售环节中改进零售商的库存管理水平，实现实时补货，提高效率，减少出错率。例如，在客户进行购物结算时，可以通过 RFID 读写器自动读取客户所购买的物品种类、数量、价格及折扣信息，通过选择现金或信用卡来实现快速的自动计费与支付，从而改善了商店的购物环境和购物流程。

(2) RFID 技术在邮政物流中的应用。我国在"863"高技术计划项目的支持下，在上海邮政局启动了 RFID 技术应用示范工程项目，主要内容包括在速递邮袋上采用 RFID 标签袋牌，通过电子化支局系统、中心局生产作业系统及自动分拣设备实现 EMS 总包处理的自动化和信息化。在速递处理中心，RFID 系统通过数据接口获取现有业务计算机系统的有机整合。通过 RFID 在数据包总处理全过程的应用，实现了总包信息的多环节自动勾挑核对和自动分拣处理，系统识别率达到 99% 以上，总包分拣速度提高了 20% 以上。

RFID 技术最早进入欧洲邮政行业时，主要是通过有源 RFID 标签来实现快件和包裹运输过程的追踪。标签包含了包裹的物品信息、发送者信息及目的地信息，通过自动化扫描来提高邮政的效率和服务质量，并保证服务的安全。

(3) RFID 技术在冷链物流中的应用。冷链物流管理泛指温度敏感性产品在生产、储藏运输、销售及消费的各个环节中始终处于规定的低温环境下，以保证物品质量、减少物流损耗的一项系统工程。

冷链由冷冻加工、冷冻储藏、冷藏运输及配送、冷冻销售四个方面构成。典型的温度敏感性产品有乳制品、其他生鲜食品、园艺品、血液、疫苗、药品等。而食品、药品如果在生产运输过程中缺少有效的冷链物流管理，将有可能造成重大的人身事故、经济损失。我国政府制定了相关的食品安全监管法律来规范冷链供应链的管理。而将 RFID 技术引入需要恰当的温度管理的物流和生产流程，将温度变化记录在"带温度传感器的 RFID 标签上"，通过连续地记录温度数据，容易界定责任、方便信息追溯，可以快捷把握运输途中的温度状况，并促进流通过程中的生鲜度管理的改善。

在长途冷链物流，特别是国际物流中，将 RFID 温度监测器放入货箱或物品包装中，监控器按照预定的间隔周期性地记录检测到的温度，并将温度数据传送至各节点的读写器。各个温度监测点的数据通过数据传输网络集中上传至数据中心存储和处理，最终汇总至中心数据平台，实现冷链温度的高效、集中数据管理。企业或联盟成员通过口令获取相关数据，实现对冷链温度的全程实时监控和预警。

(4) RFID 技术在物流管理中的运用。在物流业中使用 RFID 技术时，要注意各个环节中的具体应用，进而能够保证物流管理工作顺利开展。

① 在仓库库存管理、资产管理中，在每个货物上贴上 RFID 标签，在仓库的进出口和重要位置上安装接收器，通过 RFID 标签确定某一个物品在仓库中的位置，从而更好地了解物品的存放、数量等信息，更好地利用仓库存放物品。同时，降低仓库存储的成本，提高企业的管理效率。

② 在物品的运输环节，可以在货物和车辆上贴上 RFID 标签，RFID 接收器一般装在运输线的检测点上，以及仓库、车站等关键地点上。接收器收到 RFID 标签信息后，通过通信卫星将信息连同接收地的位置一起传输给运输调度中心，实现对物品的跟踪，了解物品的位置，实现对物品信息的采集。

③ 在供应管理上，可以通过 RFID 技术，记录货物的数量，使企业的供应商了解物品的销售情况，及时供应和生产物品，从而减少库存积压，提高企业的竞争力。

④ 在物品的配送过程中，每个商品都贴有 RFID 标签。当商品进出配送中心，经过阅读器的读取范围时，阅读器自动读取所有货物的标签内容。系统将读取的信息进行校对和检测，以找出可能出现的错误，然后更新系统中商品的存储状态。

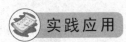 实践应用

一、菜鸟电子面单的应用

1. 开通菜鸟电子面单流程

(1) 所需账号：淘宝账号（买家账号、卖家账号均可开通）。

(2) 开通地址：https://waybill.wuliu.taobao.com/myServiceProviders.htm?spm=a1z3x.7846489.0.0.67f241bfcgs1Ut。

(3) 操作流程如下。

① 登录淘宝账号，单击"开通地址"，打开电子面单开通页面。新账

菜鸟承担绿色使命，打造生态物流

号单击"开通电子面单",也可以通过单击"我是卖家—物流管理—物流工具—服务商设置"进入电子面单开通页面,如图5-4所示。

图5-4 登录界面

② 打开菜鸟电子面单页面后,单击"我的服务商"。开通快递公司服务商,如图5-5所示。

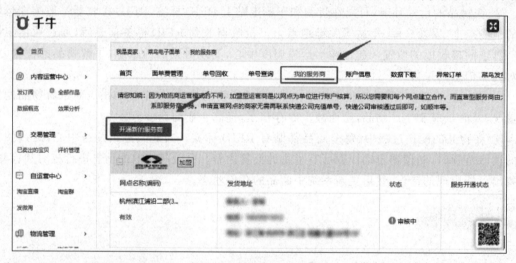

图5-5 我的服务商界面

③ 选择需要的快递公司单击"申请",如图5-6所示。

④ 填写申请信息,发货地址、选择网点、联系人及联系电话。如果没有发货地址,可以单击"管理我的发货地址"进行新增,填写完毕后单击"确认",如图5-7所示。

⑤ 提交后可以在列表中查看审核状态,审核成功后即可使用,如图5-8所示。

2. 使用快递助手打印菜鸟电子面单

(1) 创建菜鸟电子面单。在快递助手批量打印页面单击"快递单设置—添加模板"按钮,如图5-9所示。选择快递公司,选择菜鸟电子面单进行创建,如图5-10所示。

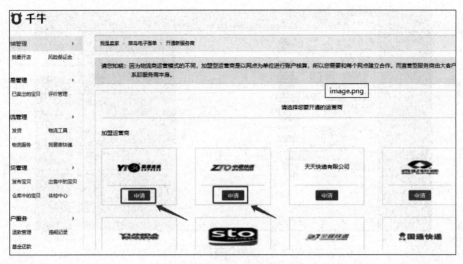

图 5-6 快递公司选择界面

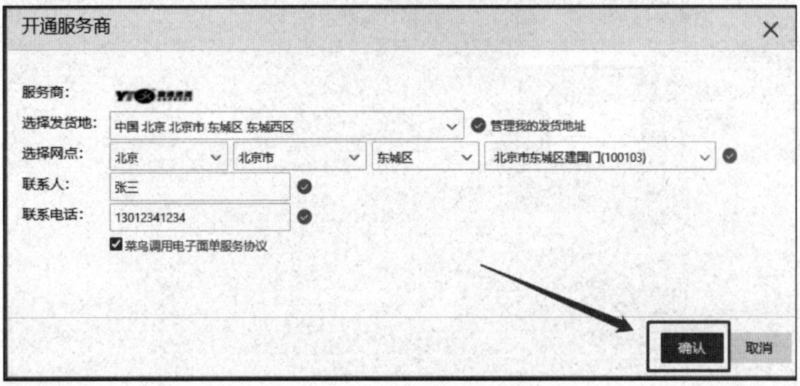

图 5-7 信息编辑界面

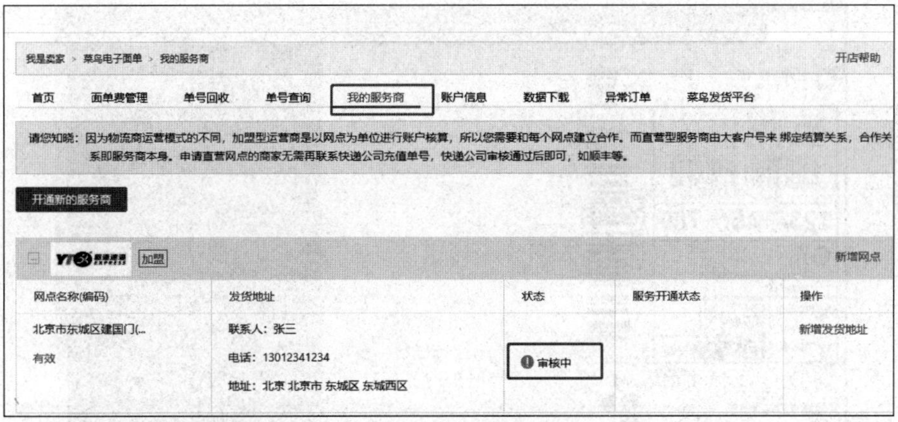

图 5-8 信息审核界面

（2）创建菜鸟电子面单模板可以使用淘宝账号进行授权。推荐淘宝账号进行授权，单击"新增店铺授权"，如图 5-11 所示。在弹出的页面填写淘宝账号密码并授权，如图 5-12 所示，授权成功后即可打印。

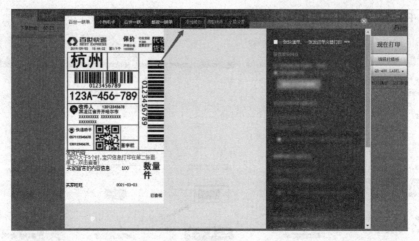

图 5-9　添加模板操作界面

图 5-10　电子面单创建界面

图 5-11　淘宝账号进行授权操作界面

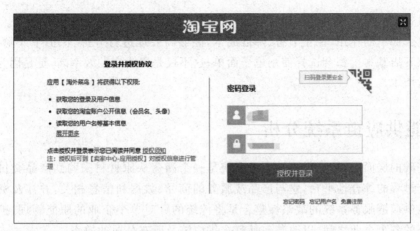

图 5-12　淘宝账号登录界面

3. 菜鸟电子面单的作用

（1）只用一联单就能够承载收发货人、收发货地址、商品信息，让五联单成为历史，大幅节省了纸张的使用。

（2）全部采用热敏打印，不再需要手工录入快递信息，杜绝字迹潦草、发货出错等一系列问题，也降低了人力成本。

（3）印有"四段码"，分别代表了目的地的分拨市、网点、快递员、具体代收点，并且这些信息都已录入系统中。在分拣过程中，自动分拣机可以扫码并识别四段码，将不同的快件投入不同的目的地格口，提高分拣效率。

商家和消费者则可以在系统中实时追踪物流详情。快递员可以根据四段码，从几万件包裹中迅速识别出应该由他派送的包裹。

（4）通过二维码隐藏收件人的隐私信息，可以避免个人隐私泄露。

4. 菜鸟电子面单回收方法

1）方法一

（1）在快递助手实用工具"底单查询"，通过查询条件提出要回收的订单。

（2）单击"详情"回收按钮。

2）方法二

（1）在批量模式下，在"订单打印"页面通过"订单编号"查询出该订单。

（2）单击订单"详情"—勾选上宝贝名称—勾选"旺旺"。

（3）单击"单号"后边的绿色按钮进行回收。

5. 注意事项

（1）打印软件升级到最新版，设置云栈应用接口。

（2）搜索订单，后面取号时会把物流和单号回写到发货管理表格里，电子面单窗口里订单发货成功后，也会回写"发货成功"到发货管理表格里。

（3）单击"发货管理表格—右键菜单—打印面单"，设置面单服务主店铺，单击"保存"。只需进行一次设置，平时无须设置此处。

（4）接下来就是对快速公司和模板进行添加。软件默认使用自身的打印组件。当单击打印或者设计时会下载文件。如果未出现预览或者设计窗口，请联系票据。

（5）如果热敏打印机没有被设置为 Windows 系统的默认打印机，那么，每次打印面单时，都需要针对每个面单模板单独选择打印机,以便后面打印时不用重复选择。

菜鸟电子面单的作用,在于节省、降低成本,能够高效地进行分拣、保护个人隐私。因此,现在的商家开店基本上都会选择使用电子面单,这不仅是因为它的效率高,更是因为它取代了之前的纸质版本。

二、智能供应链系统分析

在最基础的层面上,智能供应链服务系统是一个涵盖从原材料采购到产品交付再到最终目的地的全过程的综合性平台,它与产品或服务的商品、数据和信息相关,并涉及资金管理的流程。智能供应链服务系统的战略性整合是将传统的针对单个企业的职能管理,扩展到整条智能供应链的各个企业之间,以改善包括整个供应链及所有公司的效率。

1. 智能供应链管理系统的组成

(1) 计划。由一个策略来管理所有资源,以满足客户对产品的需求。一个好的计划是建立一系列监控供应链的方法,使其能够有效和低成本地为客户提供服务。

(2) 采购。选择能提供商品和服务的供应商,与供应商建立一套定价、分销和支付流程,并制定相应的质量控制和一般管理的方法,以有效地管理这些供应商。

(3) 制造。安排生产、测试、包装和准备交付所需的活动是供应链中最具衡量性的部分,包括质量水平、产品产量和工人生产率的衡量。

(4) 分配。调整用户的订单收据,建立仓库网络,派送货人员提货交付给客户,建立商品定价体系,接收货款。

(5) 退货。它是供应链中解决问题的部分,主要是建立网络接收客户退回的次品和多余产品,并在客户应用产品出问题时提供解决方法。

2. 智能供应链服务系统的特点

(1) 建立企业标准化的操作流程。

(2) 可以独立操作,也可连通整个管理模块。

(3) 提高订单处理效率。

(4) 一体化的管理模式。

3. 智能供应链服务系统的功能模块

(1) 分级管理供应商。供应商信息是企业采购管理的基础信息,智能供应链服务系统可提供统一的供应商管理流程,并对供应商进行动态有效的管理(年度评估和日常考核),实现供应商优胜劣汰机制。供应商管理功能包括供应商基本信息管理、供应商预警管理、供应商日常考核管理、供应商年度评估等方面。

(2) 寻源管理。为了实现策略性采购,智能供应链服务系统支持寻源管理,它是基于询比价的需求而展开的。通过寻源管理模块,建立一套标准的寻源体系、合同管理体系。

通过系统询比价、谈判过程的标准化、合同管理的规范化,达到信息化高度集成的目的,能够迅速适应市场变化,提高采购透明度,节约采购成本,降低采购风险。

(3) 订单管理。在智能供应链服务系统采购订单管理功能中,可详细记录每笔订单的时间、业务员、约定交货日期、交货方式、交易方式(货款结算方式)、是否写入历史记录、是否是含税价格、预付订金、品名、数量、单价、税金、仓库等。

(4) 结算管理。智能供应链服务系统提供结算申请管理,匹配票据和业务数据;维护结算规则,建立业务数据与财务数据之间的关系;系统根据结算规则将业务数据转化成财务数据,实现与财务系统的集成。它主要包括货款、运费、杂费等各项费用的结算。

4. 智能供应链服务系统实现的价值

(1) 轻松的大数据管理。智能供应链服务系统提供一站式供应链管理和应用开发能力,让数据整合、分析挖掘、任务调度等变得轻松便捷,使业务人员更专注于业务数据的应用,提高效率。

(2) 智慧的产业互联网。智能供应链服务系统帮助企业在产业互联网实现智慧互联,如设备健康管理、产品全流程追溯、优化生产工艺、提高良品率等,全面提升智能制造水平。

(3) 敏锐洞察分析。智能供应链服务系统整合内部生产经营数据,结合外部市场环境数据,帮助决策者以更高更全面的视角洞察生产、产品、市场数据,提升产品和企业的市场竞争力。

5. 数字化供应链的未来趋势

数字化使企业有机会满足客户的需求,应对供应端的挑战,并在面临重大挑战的行业中保持供应链的效率。供应链的未来趋势如下。

(1) 更快。产品分销的目标是在几个小时内实现交付,这可以通过对内部和外部力量的高级预测分析来完成。每周预测对于满足快速移动产品的需求是必要的。

(2) 更灵活。实时计划在面对不断变化的供应条件或需求时提供了灵活性。计划是一个持续的过程,旨在动态地对不断变化的条件做出反应。

(3) 颗粒度更细。客户希望提高个性化,从而推动服务细化和大规模定制。

(4) 准确性更高。供应链管理需要在供应链的每个步骤中实现实时的端到端透明,包括从广泛的业务流程到具体的细节。

(5) 效率更快。通过使用自动化专业技术使供应链的效率得到提高。

知识技能应用

一、判断题

1. GIS 中最常用的数据组织方式为矢量模型和栅格模型。在栅格模型中,用点、线、面表达世界。 (   )
2. POS 系统包含后台 POS 系统和前台 MIS 系统两大部分。 (   )
3. POS 系统具有自动读取销售时点信息的特点。 (   )
4. 任一 RFID 系统至少应包含两根天线,一个完成信号发射,一个承担信号接收。 (   )
5. 数据收集是数据库的核心任务。 (   )
6. 运用 POS 系统会大幅降低超级市场的库存和提高销售能力。 (   )
7. 对于任何一只射频电子标签来讲,都具有唯一的 ID 号,这个 ID 号对于一只标签来讲,是不可更改的。 (   )
8. 事务型处理与分析型处理是性质基本相同的两类数据处理。 (   )
9. 矢量数据的编码相对比较简单,它主要通过记录坐标点的数值来实现。 (   )
10. 二维条码主要用于对物品的标识,一维条码用于对物品的描述。 (   )

二、单项题

1. 下列属于物流信息系统的典型内容的是(　　)。

　　A. 运输信息系统　　　　　　　　B. 客户关系管理系统

C. 公文管理系统　　　　　　　　D. 财务管理系统
2. 射频识别系统中储存商品信息且占据核心位置的是（　　）。
   A. 标签　　　　B. 阅读器　　　　C. 天线　　　　D. 计算机
3. 射频识别（radio frequency identification，RFID）技术是（　　）年代开始兴起的一种自动识别技术。
   A. 20世纪90年代　B. 20世纪70年代　C. 20世纪60年代　D. 20世纪50年代
4. EDI 是标准格式和结构化（　　）的交换。
   A. 物流数据　　　B. 文本数据　　　C. 军事数据　　　D. 电子数据
5. 条码扫描器参数中经常看到"PCS"这个参数，"PCS"是指（　　）。
   A. 条码类型　　　B. 扫描器景深　　C. 条码印刷对比度　D. 条码首读率
6. 以下具有自校验功能的条码是（　　）。
   A. EAN 条码　　　B. 交叉25条码　　C. UPC 条码　　　D. 39 条码
7. 采用条码技术误码率为（　　）。
   A. 1/300　　　　B. 1/10000　　　C. 1/1000000　　D. 低于 1/1000000
8. 通过自动读取设备在销售商品时直接读取商品销售信息，并通过通信网络和计算机系统传送至有关部门进行分析加工以提高经营效率的系统是（　　）。
   A. EOS 系统　　　B. POS 系统　　　C. 专家系统　　　D. EDI 系统
9. EDI 不同用户的计算机应用系统之间通过通信网络直接进行子报文的互相交换与传递。这种方式称为（　　）。
   A. 直接方式　　　B. 间接方式　　　C. 垂直方式　　　D. 水平方式
10. 下列（　　）不是 GIS 具有的特点。
    A. GIS 是管理和研究空间数据的新兴技术
    B. GIS 具有空间数据分析处理的独特能力
    C. GIS 是一组空间数据
    D. GIS 是人—机交互管理系统

三、案例分析题

智能供应链是一项革命性的技术，它通过利用物联网、大数据、人工智能等先进技术来优化供应链运作。它可以实现实时跟踪货物位置，提升物流配送效率，降低物流成本，强化对供应链的可视化管理和风险控制。一个成功的智能供应链案例是阿里巴巴的"天猫超市"。通过依托阿里巴巴的优势资源和技术实力，天猫超市构建了一个高效智能的供应链系统，实现了商品从生产、仓储、物流到销售的全过程数字化管理和智能化运营。其中，通过物联网技术将商品和仓储设备相连，实现库存管理的自动化和精细化控制；通过大数据分析和智能预测模型，准确预测商品需求和销售趋势，确保商品的及时配送和供应；通过智能化的物流配送系统，提升了配送效率和服务质量，实现了"次日达"等高水平服务标准。这一智能供应链系统的运用，不仅提升了商家的效率和盈利能力，也给消费者带来更好的购物体验和服务质量。

问题：请结合材料说明智能供应链的应用领域。

项目五案例分析拓展

项目六

第三方物流

【项目导入】

苏宁云商将自营物流转型为第三方物流。除苏宁之外,海尔、双汇、众品、雨润、国药、凡客等多家企业近年来都纷纷开放自营的物流系统,构建独立的第三方物流企业。这一由自营物流向社会化物流转变的趋势成为国内第三方物流企业发展的又一轨迹。国内的物流市场是近些年才开始逐渐完善起来的,之前很多企业,特别是有特殊需求的食品、医药企业,在原有的物流市场上找不到合适规模的第三方物流企业,因此只能自建物流系统。随着自身物流系统趋于完善,这些企业具备了独立运作的能力,成为第三方物流企业。

【知识能力要求】

1. 掌握第三方物流的概念与特点。
2. 了解第三方物流产生的原因及未来的发展趋势。
3. 了解第四方物流的基本概念及产生的背景。
4. 能够分析采用第三方物流模式的优势。

【职业素养要求】

1. 分析我国第三方物流发展的内外部环境,了解国家政策对物流业的大力支持,增强爱国情怀。
2. 培养创新发展、专注品质、追求卓越、履行责任、敢于担当、服务社会的精神。
3. 培养坚定信念、善于作为、勤学苦练、砥砺前行的品质,始终做有理想、敢担当、能吃苦、肯奋斗的新时代好青年。
4. 培养爱岗敬业、吃苦耐劳、忠于职守、尽职尽责的职业素养。

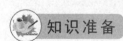 知识准备

一、第三方物流概述

1. 第三方物流的概念

国家标准《物流术语》(GB/T 18354—2021)中将第三方物流定义为:"由独立于物流服务供需双方之外且以物流服务为主营业务的组织提供物流服务的模式。"这一定义明确了"第三方"的内涵,即物流服务提供者作为发货人(甲方)和需求者作为收货人(乙方)之间的第三方,代表甲方或乙方

微课:物流模式的概念与分类

来承担物流功能。新国标解决了原国标对于"物流企业"和"物流服务"等概念界定不明的问题。

在国外的有关著作中,对第三方物流的定义基本是非货主企业通过合同的方式确定回报,承担货主企业全部或一部分物流功能。其所提供的服务包括与运营相关的服务、与管理相关的服务及两者兼有的服务。无论哪种服务形态,其服务水平都必须高于过去的公共运输业者(common carrier)和契约运输业者(contract carrier)。

与我国的《物流术语》相比,这一定义除了强调"第三方"不拥有货物所有权外,还特别突出了第三方物流企业与传统仓储业的重大区别,即管理功能和契约式共同利益。

此外,和社会经济领域的许多概念一样,第三方物流有广义和狭义的概念,因此其在不同的领域涵盖的范围也就不同。

1) 广义的第三方物流概念

广义的第三方物流是相对于自营物流而言的。凡是由社会化的专业物流企业按照货主的要求所从事的物流活动,都可以包含在第三方物流的范围之内。至于第三方物流从事的是哪一个阶段的物流,物流服务的深度和服务水平如何,这与货主的要求有密切关系。

2) 狭义的第三方物流概念

(1) 有提供现代化的、系统物流服务的企业素质。

(2) 可以向货主提供包括供应链物流在内的全程物流服务和特定的、定制化服务的物流活动。

(3) 不是货主与物流服务提供商偶然的、一次性的物流服务活动,而是采取委托—承包形式的长期业务外包的物流活动。

(4) 不是向货主提供一般性物流服务,而是提供增值物流服务的现代化物流活动。

因此,第三方物流这一术语的运用,因人、因地的不同,其含义也有所区别。一般而言,在研究和建立现代物流系统时,第三方物流并不是单纯按照自营物流与否来进行区分的。尤其在我国,小生产式的物流服务活动还相当多,并且还不能在很短时间内解决这个问题。如果把这些企业都归类为第三方物流企业,必然会混淆人们对第三方物流的认识。因此,在讲第三方物流时,应当从狭义的角度去理解,把它看成一种高水平、专业化、现代化的物流服务形式。

第三方物流与第一方物流、第二方物流的关系如图6-1所示。

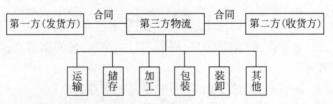

图 6-1 第三方物流与第一方物流、第二方物流的关系

第三方物流与传统物流的区别如表6-1所示。

表 6-1 第三方物流与传统物流的区别

项 目	第三方物流	传统物流
服务功能	提供功能完备的全方位、一体化的物流服务	仓储或运输单功能服务
物流成本	由于具有规模经济性、先进的管理方法和技术等,使物流成本较低	资源利用率低,管理方法落后,物流成本较高
增值服务	可以提供订单处理、库存管理、流通加工等增值服务	较少提供增值服务

续表

项　　目	第三方物流	传 统 物 流
与客户关系	客户的战略同盟者,长期的契约关系	临时的买卖关系
运营风险	需要较大的投资、运营风险大	运营风险小
利润来源	与客户一起在物流领域创造新价值	客户的成本性支出
信息共享程度	每个环节的物流信息都能透明地与其他环节进行交流与共享,共享程度高	信息的利用率低,没有共享有关的需求资源

2. 第三方物流的特点

(1) 关系合同化。第三方物流与其他的物流运作方式不一样,它是通过与企业经营者签订合同,为双方带来更大的便利。物流经营者根据消费者提出的要求,为消费者提供一系列的物流服务,并以合同关系来约束物流企业经营者。

(2) 服务个性化。随着时代的不断发展及物品之间的快速流通,不同的物流消费者存在不同的物流服务要求。如果物流企业不能面向消费者并了解消费者的心理需求,不能为客户提供更加高端的服务,那么就违背了物流发展的初衷。因为"物流"本身就是一个服务行业,它的宗旨就是为客户服务。

(3) 功能专业化。第三方物流是专门的物流服务公司,它在信息技术、管理能力、运输安排的合理性、仓库布局等方面表现出非常强的专业性。只有具备足够的专业性,才能够让客户更加信服,也更能推动物流的进一步发展。

(4) 管理系统化。第三方物流在管理能力方面比较系统化,这也是企业对第三方物流的现实要求,因为只有高效的管理才能满足现代化的建设要求。

(5) 信息网络化。物流企业与第三方物流公司可以通过信息网络交流。信息技术是第三方物流发展的基础,社会更加注重信息技术的发展,虽然物流与电子商务的结合已经给人们的生活带来了极大的便利,但这还远远不够,仍然要加大创新力度,更加重视信息技术人才的培养。

3. 第三方物流的优势

(1) 企业集中精力于核心业务。一个企业很难将自己所拥有的资源进行合理配置,企业在面临多方压力时,不可能将每一个部分都顾及。因为这需要花费大量的时间与金钱,这对企业来说是得不偿失的。因此,企业经营者就将自己的一部分活动交给专门的公司处理,从而减轻负担。

(2) 运用创新技术,降低物流运行成本。成本是企业竞争的一个重要因素。第三方物流从提供满足消费者需求的服务、管理系统化等方面来降低物流成本,这是第三方物流的一个很重要的优势,也是它的立身之本。

(3) 资金的流动性更大。资金的流通对企业来说不仅是一个巨大的优势,而且特别重要。企业需要有足够的资金购买物流设施设备、引进大量人才、进行创新,从而提高市场竞争力。而第三方物流公司便给企业提供了这样的便利,因此企业更加信任并愿意与第三方物流公司达成深度合作。

(4) 从客户的角度出发,提供多样化的服务。第三方物流十分注重客户的需求,始终以客户和消费者为中心。它们在调查、了解当今消费者的消费需求方面下了很大的功夫,旨在为客户创造更多的价值。

4. 第三方物流的类型

(1) 职能型物流企业和综合型物流企业。按照物流企业完成的物流业务范围的大小和所承担的物流功能，可将第三方物流企业分为职能型物流企业和综合型物流企业。

职能型物流企业也叫功能型物流企业，即它仅承担和完成某项或少数几项物流功能。这类物流企业按照其主营的业务范围，又进一步分为运输企业、仓储企业、流通加工企业等。目前，无论是在国内还是在国外，这类企业都数量众多，有些还有比较悠久的历史，有些则已经成为世界知名的跨国企业，如美国的联邦快递公司、总统轮船公司、日本的佐川急便等等。

综合型物流企业是指能够承担和完成多项甚至全部物流功能的企业，其业务涵盖从配送中心的设计到物流的战略策划乃至商品实物的运输等多个方面。综合型物流企业一般规模大、资金雄厚，并且有着良好的物流服务信誉。这类企业由于承担综合性物流服务，所要求的管理水平比较高，具有相当的竞争力。综合型物流企业有许多是跨国公司，其触角伸向全世界。

(2) 物流自理企业和物流代理企业。根据企业是自行承担物流业务还是委托他人操作的运作方式，可以将第三方物流企业分为物流自理企业和物流代理企业。

物流自理企业是自行完成全部或大部分物流业务的企业。同样，它还可进一步按照业务范围进行细分，分为综合型物流自理企业和职能型物流自理企业。物流代理企业同样可以按照物流业务代理的范围，分为综合型物流代理企业和职能型物流代理企业。从事综合物流代理业务的企业可以不进行大的固定资产投入，用低成本经营和简便入市的方式，将主要的业务操作及产品服务部门的大部分工作委托他方处理，着力建设自己的销售队伍和管理网络，实行特许代理制，将协作单位纳入自己的经营轨道，公司的核心业务就是实行综合物流代理业务的销售、采购、协调管理和组织设计，并且注重业务流程创新。职能型物流代理企业按照其功能的不同，又包括运输代理企业、仓储代理企业、包装和流通加工企业等。

二、第三方物流的发展概况

第三方物流是随着物流的理论与实践发展而产生与发展的，因此，第三方物流的发展与物流行业的发展是分不开的。推动第三方物流发展的因素既可以从物流服务的需求方寻找，也可以从供给方寻找。

1. 第三方物流产生的原因

(1) 第三方物流的兴起是社会分工的必然结果。

(2) 第三方物流是为适应新型管理理念的要求而产生的。

(3) 第三方物流的出现是改善物流与强化竞争力相结合的意识的萌芽。

(4) 第三方物流的出现是物流领域的竞争激化导致综合物流业务发展的历史必然。

2. 第三方物流发展的推动因素

第三方物流的推动因素可以从需求方与供给方寻找。从第三方物流的需求方的角度看，推动物流外包给第三方物流的因素一般包括以下九个方面。

(1) 物流外包给第三方物流后，所花的管理时间比货主企业自己运作物流要少得多。

(2) 通过将运输与仓储运作外包给第三方物流，货主企业可以减少运输设施、仓库和搬运机械的建设与投资，从而将固定成本转变为可变成本，并转移财务风险给第三方。

(3) 企业物流由第三方负责后，使企业可以克服高峰需求时能力不足的困难。当物流运作能力的需求不确定或波动时,采用第三方物流,货主企业可以更容易地把成本调整到满足物流活动所需的水平。

(4) 第三方物流公司能够把资产运用于单个客户和产品群,因此可以更好地利用资产。

(5) 第三方物流公司可以提供比货主企业自身作业更好的服务。

(6) 第三方物流使用方可以简化日常物流作业,如单证处理、配送计划、存货控制和人事管理。它也有利于实施 EDI、条形码及组织或设施之间的人员交换。

(7) 第三方物流服务方比货主企业的运作更易受到技术革新的影响,使得它们的服务更具有效性。另外,第三方物流比货主企业更具备国际物流的经验。

(8) 当货主企业进入新市场而物流系统不匹配时,如物流能力不足或市场、产品的物流需求具有特殊性,此时把物流外包给第三方物流一般能够解决这些问题。

(9) 当开辟新的市场,或运用新的营销渠道时,一般需要做市场试验。在这种情况下,使用第三方物流更灵活。

3. 第三方物流的发展现状

(1) 发展潜力巨大。我国拥有庞大的人口和巨大的市场潜力,近年来经济持续高速发展,经济增长率总体稳定;随着对外开放的不断深入,我国外贸也将会有更大的发展。作为亚太地区第一大生产基地,我国在儿童玩具、服装、纺织品、家用电器等产品中都有着优势占比,这使我国的物流需求具有非常大的潜力。

(2) 缺乏高水平的第三方物流企业。尽管我国目前有众多物流企业,但大都规模较小,不能满足现代化物流的要求。由于经营模式、经营理念等方面仍处于传统模式,提供的服务相对单一,因此制约了其发展,从而导致我国高水平的第三方物流企业数量有限。与欧美等发达国家相比,我国第三方物流发展相对落后,其物流市场份额较欧美等发达国家要低得多。

(3) 规模效益不明显。尽管受到许多制约,我国物流产业仍然呈现出多元化的态势。除了一些新兴的外商、私营企业,大多数物流企业是从原有的运输、仓储等行业转型而来,物流服务相对单一,对其他产业只能提供多项物流服务中的一种。现存的已完成转型的第三方物流企业在人员方面专业化程度低,管理方面整合能力差、条块分割严重、缺乏集约化经营管理;设备方面规模小、机械化程度低、资源利用率低,导致在物流企业市场中竞争力低下,从而无法达到预计的规模化效益。第三方物流企业要想转型成功并获得高效益,就需要从传统的运输和仓储管理模式中汲取精华,进行改革创新。

(4) 第三方物流的社会化程度较低。作为一个具有巨大发展潜力的新兴产业,物流被称为"第三利润源",其社会程度呈现出较低水平。从我国第三方物流的发展历史和现状分析,它只在一些比较发达的地区和沿海城市比较普及,第三方物流受区域经济发展水平的影响较大。在我国相对落后的地方,物流表现得比较原始和简单,虽然目前对第三方物流的应用较少,但其发展空间很大。

4. 第三方物流的发展趋势

(1) 提供个性化增值服务以扩大市场需求。第三方物流公司要及时了解顾客的需要,为顾客提供个性化的服务,以提升顾客的满意程度,从而拓展其市场需求。同时,第三方物流公司也可以与其他厂商结成长期的战略联盟,这样既能使企业之间相互依存,又能有效地提升物流运作的效率。

(2) 构建第三方物流信息平台。通过构建第三方物流信息平台,能够有效地改善企业的物流服务水平,降低企业的整体物流成本。通过信息技术在物流仓储、运输、配送等各个环节中的运用,能够实时掌握仓储、配送等信息,从而实现各个环节的精细化、透明化,保证资源在各个环节中都可以得到合理利用,尽可能地提高物流整体运作的效率。通过构建第三方物流信息平台,可以使企业和客户达到双赢、共享资源、提升资源利用效率、节约运输费用、实时追踪、有效地管理物流过程中的各个环节。

(3) 更新物流观念,提高第三方物流的市场认可度。为了实现长期发展,除加强自身的竞争力外,企业还需要提高对物流外包的接受度。只有足够高的市场接受度,才能真正解决这个问题。同样重要的是,要让许多观念落后的制造业企业意识到,把物流业务外包出去的决定是一种收获,而不是一种损失。为了让许多公司了解第三方物流和传统物流之间的差异,使他们能够正确评估这一行业的巨大发展潜力,举办研讨会、发行手册和行政支持将是必要的。

(4) 培养专业化物流人才。企业要想取得长期的发展,必须加强人力资源管理队伍的建设,为公司的长远发展做好准备。首先,物流公司可以与高等院校开展合作,并鼓励其开设相关的专业和课程,使学生认识和理解物流管理,对物流管理产生浓厚的兴趣,并能全面掌握其所需的专业知识,从而为将来的发展奠定良好的基础。其次,物流是一种服务型产业,企业除了要考虑员工的职业素养,还要考虑他们的心理状态和道德品质。企业要加强员工的服务意识,让他们在不同的情况下,更好地为顾客提供周到的服务。最后,公司还应该为员工提供一些交流和学习的机会,并定期举办相关的培训,让他们能够掌握更多的专业知识,并将理论和实践结合起来,为公司的发展作出自己的贡献。

(5) 充分发挥政府职能。第三方物流要想得到长足发展,需要政府在政策、立法、税收等方面给予支持,使其能够健康有序地发展。在当前的物流市场中,我国政府应加大立法力度,完善相关法律、法规和规章,建立现代物流企业的经营管理框架,明确分配责任和权力,并具体落实到个人和主管部门,使第三方物流企业不因法律制度不健全而受到影响。此外,政府应加大对第三方物流企业的支持力度,可以考虑提供一定的税收优惠,以支持第三方物流企业的发展。

5. 第三方物流的发展战略

按照企业战略管理理论,企业的发展战略主要有以下四种类型。

1) 成本领先型战略

成本领先型战略是指企业通过获得成本水平领先地位,使其在价格相仿的条件下,可以享有行业平均水平以上的利润,从而在同行业竞争中处于有利地位,并且在与用户和供应商进行交易时握有主动权。赢得总成本最低的地位通常要求具备较高的相对市场份额或其他优

一件快递一份使命,用诚信书写快递奋斗史

势。因此,成本领先型战略可能需要较高的前期投资,或以激进的定价和承受初始亏损来攫取市场份额。高市场份额又可带来采购经济性,从而使成本进一步降低。一旦赢得了成本领先地位,企业就可获得较高的利润,进而又可对设备或设施进行再投资,以维护成本上的领先地位。在一个高效的物流操作平台上,当加入一个相同需求的客户时,其对固定成本的影响几乎可以忽略不计,该物流企业自然具有成本竞争优势。

对于一个全新的企业,实现成本领先型战略目标的主要途径是在严密规划的基础上,采用较为激进的方式,先铺设业务网络和信息系统,再争取客户。这种方式较为冒险,一般只有资金实力非常强的企业才可能这样做。例如,一些大型外资企业进入中国后就声称,要在很短的时间内在全国成立几十家分公司或办事处。

2) 集中化战略

集中化战略就是把企业的注意力和资源集中在一个有限的领域,这主要是因为不同的领域在物流需求上会有所不同,如 IT 企业更多采用空运和零担快运,而快速消费品企业更多采用公路运输或铁路运输。每一个企业的资源都是有限的,任何企业都不可能在所有领域取得成功。第三方物流企业应该认真分析自身的优势及所处的外部环境,确定一个或几个重点领域,集中企业资源,打开业务突破口。

(1) 兼并。两个或两个以上第三方物流企业合并,或者一个物流公司兼并一个或多个物流公司,除了可以增强第三方物流企业的实力,还可以消除重复作业,减少相互间的恶性竞争。

(2) 合资。通过合资的方式,可以实现两个或两个以上第三方物流企业的资源共享,同时又具有一定的自由度。例如,天津大田物流选择与美国联邦快递合资成立大田—联邦快递有限公司,大田可以从中学习先进的物流管理理念,而联邦快递可以借助大田进入中国市场,并迅速发展业务。

(3) 系统接管。这是指第三方物流企业全盘买断委托企业所拥有的车辆、场站、设备,并接收其原有物流操作人员。接管之后,第三方物流企业仍可单独为原委托企业服务或与其他委托企业分享,以改进设施的利用率和分摊管理成本。这种方法通常比较适合那些实力较强的大型物流服务企业。

(4) 合作。从目前第三方物流运作的情况来看,单一的第三方物流企业的加工信息的能力及经营能力远不及若干个从事不同产业领域的第三方物流企业合作经营的"共赢体"。合作体内各个企业用于物流技术的人力和财物总和小于独立经营时的各企业的总和。其形式主要有以下几种。

纵向合作经营。这是指与第三方物流企业的上游和下游企业进行的合作经营,如专门从事运输业务的物流企业与专门从事仓储业务的物流企业之间的合作。纵向合作经营使非资产型和不完全型的第三方物流企业互通有无、优势互补,同时也实现了社会物流资源的整合利用,使第三方物流企业的分工更加专业化。

横向合作经营。这是指彼此相互独立开展相同物流业务的第三方物流企业间的合作经营。这种合作经营方式的基础是资源共享,主要体现在:市场共享——横向合作经营使同一市场内的自由竞争被约定的合理划分所替代,从而使合作体企业获得的利润高于自由竞争的利润,同时也给合作体内的第三方物流企业筑起了一个保护的壁垒;业务资源共享——在合作体内,某一企业临时业务量较大时,可以合理、低价地使用其他第三方物流企业的业务资源,进而使合作体内的投资更加合理。

网络化经营。这是指同时具有纵向和横向合作两种经营模式特点的合作经营,也是一种比较常见的合作经营模式。

3) 战略联盟

第三方物流战略联盟是以物流为合作基础的企业联盟,它是第三方物流企业与其他合作伙伴为实现物流战略目标,通过协议或契约的方式,形成优势互补、风险共担、利益共享的松散型网络组织,是物流服务一体化和物流企业协同化发展的需要。第三方物流企业战略联盟可以为企业带来以下竞争优势。

(1) 提高企业经济效益。物流战略联盟可以使众多中小企业实现集约化运作,从而降低企业的物流成本。企业通过战略联盟,选择专业的物流企业负责专项的服务,从根本上减少了物流资源的投入,又获得了专业的、低成本的物流服务。换句话说,物流战略联盟是对社会上专业的物流资源进行有效整合。

(2)缩短企业管理战线。从社会效益来看,由于以第三方物流机构为主体,统筹规划、统一实施,因此减少了社会物流过程的重复劳动。低端的、专业的操作留给相应的社会群体,充分满足了社会专业分工的要求。而第三方物流企业更需要做的是,加强对战略联盟的管理和控制,使其按照客户、企业的要求规范运作。管理输出,变操作层为管理层,是现代化第三方物流企业发展的必然趋势。

现代化的第三方物流企业通过寻找战略联盟,在运作中共担风险,从而降低了自身的风险与不确定性。物流企业的风险包括货物风险、资金风险和社会风险。货物风险主要来自库存、运输货物的安全性、货损等。资金风险来自应收款的时间价值等。社会风险来自政策、交通法规的变化,以及石油价格的变化等。可以说,物流企业是一个高风险的行业,通过物流联盟可以转嫁风险。例如,物流企业可以通过战略联盟延长应付款期,从而达到优化结算方式、降低资金风险的目的。

4)差异化战略

差异化战略是指物流企业结合自身的实力和市场的需求,提供和其他企业不同的、具有独特性的产品和服务。差异化战略以价值创造为逻辑思路,以提高顾客满意度为核心要求。差异化不仅有利于提高物流企业的服务水平、顾客的满意度和忠诚度,而且可以避免物流企业无序竞争和盲目发展,从而使物流企业在经济发展中发挥更大的作用。从物流服务的角度来说,有意义的差异主要体现在以下方面。

(1)速度。速度包括订单处理速度、运输配送速度、出入库速度等。某些客户对速度的需求来源于其产品的市场特性,如电子产品和服装,这类产品生命周期较短,需要在其快速贬值前送达销售终端。第三方物流企业如果能够在可接受的成本范围内提供更快的物流服务,则可借此建立有效的竞争优势。

(2)准时。准时强调在特定的时刻到达和完成,不一定要求较快的速度。严格的准时不仅指没有延误,甚至可能要求不能提前。例如,在JIT制造中,滞后的物流会造成生产中断,而提前的物流将增加客户的库存。对有些连锁零售店如麦当劳来说,门店的配送补货必须在特定的时间进行,否则会影响正常经营。

(3)信息。信息要求第三方物流企业对物流活动中的数据进行采集、存储和传输,并对获得的数据进行适当的汇总与合并处理,从而向客户提供实时有效的物流信息。利用这些信息,客户可以对外包物流的绩效进行监控,也可用于库存控制和销售预测等方面。支撑信息差异化的核心竞争力在于建设良好信息系统的能力。例如,国内的宝供物流,就是以适用并不断发展的信息系统为依托,在对物流活动进行有效监控的同时,将经过加工处理的信息提供给客户,满足其对相关信息的需要。

严格来讲,向客户提供实时信息也是增值服务的一种。但考虑其实际作用和重要性,将它单列出来,作为第三方物流差异化战略的一个主要方向。

(4)柔性。柔性也称为灵活性。由于终端消费者的需求日益多样化,委托企业的生产和销售也不得不更加柔性,以适应多变的市场环境。相应地,支撑生产和销售的物流自然也要求更加灵活。目前,这种需求主要体现为少批量、多批次的物流,以及较快的响应速度。小型物流企业在物流灵活性方面具有天然的优势,而大中型第三方物流企业要做到灵活性,必须从提高综合管理水平入手,建设信息系统,变革组织架构和企业文化。

（5）品牌。良好的品牌形象有助于建立和保持目标客户的忠诚度。对第三方物流企业而言，品牌的差异化往往同其他方向的差异化一起，作为一种辅助和必要的补充来促进核心竞争优势的建立。从长期发展的角度来看，其重要性不言而喻。因此，相关的一整套体系，从企业形象识别到营销策略，都应该逐步建立和完善。

（6）服务。服务差异化就是针对不同层次、不同需求的顾客提供差异化的服务。

第三方物流营销策略

自营物流与第三方物流的选择

三、第四方物流

1. 第四方物流的概念

随着全球经济一体化步伐的加快，以及市场竞争的不断深化和加剧，企业建立竞争优势的关键已由节约原材料的"第一利润源泉"、提高劳动生产率的"第二利润源泉"，转向建立高效的物流系统的"第三利润源泉"。企业物流组织模式也呈现出多样化的发展趋势，既有以生产、制造为核心的企业自营物流模式，也有以物流合作为基础的物流战略联盟模式、基于物流系统外包的第三方物流模式，更有基于供应链集成的第四方物流模式。

第四方物流（the fourth party logistics，4PL）的概念由美国埃森哲（Accenture）管理咨询公司首先在1996年提出，该公司将第四方物流定义为"一个供应链的整合者及协调者，调配与管理组织本身与其他互补性服务所有者的资源、能力和技术来提供综合的供应链解决方案。"该公司认为，企业将由20世纪70年代自行运营各项物流功能，到20世纪八九十年代开始出现把物流功能外包（outsourcing）给第三方物流提供者的趋势，继续发展为企业专注在其核心事业上，而将其在全球供应链上有关物流、资金流、商流、信息流的管理与技术服务，统筹外包给一个可以提供一站式整合服务的服务提供者。这种多元化整合服务不是单单一个第三方物流企业所能及的，必须结合多个第三方物流与管理顾问及科技咨询公司等的能力，而这个服务联盟的主导就是第四方物流。

从第四方物流的定义可以看出，第四方物流提供商必须开发先进的集成和同步化技术，将供应链上的各个企业拥有的资源、技术及业务能力进行优化整合，以便提高供应链的整体运作绩效。所以说，第四方物流服务商是相关实体互相联系和交流的枢纽。

第四方物流服务商基于整个供应链过程考虑，扮演着协调人的角色：一方面与客户协调，与客户共同管理资源、计划和控制生产，设计全程物流方案；另一方面与各分包商协调，组织完成实际物流活动。因此，第四方物流提供的是一种全面的物流解决方案，与客户建立的是长期、稳固的伙伴关系。

2. 第四方物流的产生背景

1）物流业务外包发展的必然产物

第四方物流作为供应链管理的一种新的模式，它的出现是物流业务外包的必然产物。企业物流业务的外包有三个层次，每个层次都比上个层次更有深度和广度。

第一层次是传统的物流外包。企业与一家物流服务提供商签订合同,由其提供单一的、明确界定的物流服务。例如,把仓储外包给专业仓储公司、把运输外包给专业运输公司、委托专门结算机构代结货运账、委托海关经纪人代为通关、委托进出口代理商准备进出口文件等。

第二层次是第三方物流。企业与一家物流提供商签订合同,由其提供整合的解决方案,包括两种或更多的物流服务,并且给予其一定的决策权。例如,货运代理决定用哪一家运输公司,如何进行运输管理、进货管理、整合仓储等。

第三层次是第四方物流。即在利用所有第二层次服务的基础上,获得增值的创新服务。例如,供应链网络结构设计、全球采购计划、IT功能的强化和管理、商品退货和维修、持续的供应链改善等。

第四方物流在复杂的供应链管理中担负着主要的任务,是供应链外部协作的重要组成部分。它对供应链的物流进行整体计划和规划,并监督和评估物流的具体行为和活动的效果。对于供应链的管理来说,第四方物流是对包括第四方物流服务商及其客户在内的一切与交易有关的伙伴的资源和能力的统一。

2) 效率和效益的最大化要求

随着科技的进步和市场的统一,供应链中很多供应商和大企业为了满足市场需求,将物流业务外包给第三方物流服务商,以降低存货的成本,提高配送的效率和准确率。但是,由于第三方物流缺乏综合的、系统性的技能,并存在整合应用技术的局限性及全球化网络和供应链战略的局部化的问题,使企业在业务外包时不得不将业务外包给多个单独的第三方物流服务商,从而增加了供应链的复杂性和管理难度。市场的这些变化对物流和供应链管理提出了更高的期望。这在客观上要求将现代科技、电子商务和传统的商业运营模式结合起来,从而在供应链中构造一个将供应链的外包行为链接在一起的统一单位,而不是像以前那样单独的行为。

从管理的效率和效益来看,对于将物流业务外包的企业来说,为获得整体效益的最大化,它们更愿意与一家公司合作,将业务统一交给能提供综合物流服务和供应链解决方案的企业。而且,由于信息管理在供应链中变得越来越重要,因此有必要将物流管理活动统一起来,以充分提高信息的利用率和共享机制,进而提高外包的效率和效益。供应链管理中外包行为的这些变化促使很多第三方物流服务商与咨询机构和技术开发商开展协作,以增强竞争能力,由此产生了第四方物流。

3) 日益激烈的市场竞争要求

全球化趋势导致市场竞争日益加剧,企业对自身利润的深层次挖掘成为竞争的重要手段之一。由此,降低物流成本的追求使物流提供商有必要从更高的角度来审视整个物流流程,并以此为基础来提供物流服务。把物流服务从具体的运输管理协调和供应链管理上升到对整个物流供应链的整合和供应链方案的再造设计,成为物流企业新的职责和业务。

4) 弥补第三方物流的不足

第三方物流主要利用自有的交通运输工具、物流基础设施和一些最基本的物流信息,为企业提供具体的物流运作服务,但并不参与整个被服务的企业的物流供应。因此,第三方物流不能站在整体的高度来看待客户的整个供应链。同时,第三方物流也缺乏整合整个供应链流程所需的战略专业技能。

作为一个提供全面供应链解决方案的供应链集成商,第四方物流可以站在较第三方物流更高的高度,不受约束地将每一个领域的最佳物流提供商组合起来,为客户提供最佳物流服务，进而形成最优物流方案或供应链管理方案。

第四方物流实际上是一种新的供应链外包形式，这种形式正在通过比传统的供应链外包形式更多的成本降低和资产转移实现。通过与行业最佳的第三方服务供应商、技术供应商、管理顾问的联盟，第四方物流组织可以创造任何单一的提供商无法实现的供应链解决方案。

5) 顾客服务期望及现代网络技术的应用

在当今的供应链环境中，顾客对供应商的期望越来越高，这种服务需求的增加随着现代电子通信技术的发展而得到强化，这些技术使物流服务得到了实质性的改善。而顾客未满足的期望推动企业重新评估它们的供应链战略。这两种因素相互作用，共同推动了这种物流外包形式的形成。

3. 第四方物流的特征

与第三方物流注重实际操作相比，第四方物流更多地关注整个供应链的物流活动，这种差别主要体现在以下几个方面，并形成第四方物流独有的特点。

1) 4PL 供应链解决方案

第四方物流有能力提供一整套完善的供应链解决方案，是集成管理咨询第四方物流和第三方物流服务的集成商。第四方物流和第三方物流不同，它不是简单地为企业客户的物流活动提供管理服务，而是通过对企业客户所处供应链的整个系统或行业物流的整个系统进行详细分析后提出的具有指导意义的解决方案。第四方物流服务供应商本身并不能单独完成这个方案，而是要通过物流公司、技术公司等多家公司的协助才能将方案得以实施。

第三方物流服务供应商能够为企业客户提供相对于企业的全局最优解决方案，却不能提供相对于行业或供应链的全局最优解决方案。因此，第四方物流服务供应商就需要先对现有资源和物流运作流程进行整合和再造，从而达到解决方案预期的目标。第四方物流服务供应商为整个管理过程设计了四个层次，即再造、变革、实施和执行。

2) 通过产生影响增加价值

第四方物流是通过对供应链产生影响的能力来实现自身价值，在向客户提供持续更新和优化的技术方案的同时，满足客户的特殊需求。第四方物流服务供应商可以通过物流运作的流程再造，使整个物流系统的流程更合理、效率更高，从而将产生的利益在供应链的各个环节之间进行平衡，使每个环节的企业客户都可以受益。如果第四方物流服务供应商只是提出一个解决方案，但是没有能力来控制这些物流运作环节，那么第四方物流服务供应商所能创造价值的潜力就无法被挖掘出来。因此，第四方物流服务供应商对整个供应链的影响直接决定了其经营的质量。也就是说，第四方物流除了具有强有力的人才、资金和技术，还应该具有与一系列服务供应商建立合作关系的能力。

3) 需具备一定的条件

这些条件包括：能够制定供应链策略、设计业务流程再造、具备技术集成和人力资源管理的能力；在集成供应链技术和外包能力方面处于领先地位，并具有较雄厚的专业人才；能够管理多个不同的供应商，并具有良好的管理和组织能力等。

4) 集约化

第四方物流的经营集约化是指通过专业化和规模化运营使物流更快、更省，降低客户的物流成本，提高产品的竞争力。这一特征已经成为 4PL 具有强大生命力的重要保证。

5）综合性

第四方物流的另一个特点是提供了一个综合性供应链解决方案，以有效地满足多样和复杂的需求，集中所有的资源为客户完善地解决问题。

6）低成本、高收益

第四方物流通过影响整个供应链来获得价值，即其能够为整条供应链的客户带来较好的收益。

4．第四方物流的运作模式

第四方物流是一个提供全面供应链解决方案的供应链集成商。在实际的操作中，有协同运作模式、方案集成商模式和行业创新者模式三种运作模式可供选择。

1）协同运作模式

在该模式中，实力雄厚的第三方物流是市场开发和市场运作的主体，由它直接面向客户，第四方物流仅以流程方案的提供者或参谋者的角色参与市场运作，第四方物流向第三方物流提供技术和战略的支持。因此，第四方物流往往会在第三方物流公司内工作，并以第三方物流方人员的身份参与客户沟通物流流程，由第四方物流向第三方物流提供一系列的服务，包括技术、供应链策略技巧、进入市场能力和项目管理专长等。该模式属于第四方物流运作的初级阶段，大多数第四方物流企业是通过这种方式逐渐从第三方物流的业态中分离出来的。

2）方案集成商模式

这种模式是指客户直接与第四方物流签订服务合同，由第四方物流为客户提供整个供应链的解决方案和运营管理。第四方物流负责整合客户企业及其他社会物流资源，组织和管理第三方物流企业。

在该模式下，第四方物流是客户与所有第三方物流服务提供商之间的中介和桥梁，其除了为客户提供运作和管理整个供应链的解决方案，也是整个方案实施的总责任人。第四方物流对自身和第三方物流的资源、能力及技术进行综合管理，为客户提供全面的、集成的供应链服务。这种模式一般在同一行业范围内应用，供应商和加工制造商等成员处于供应链的上下游和相关的业务范围内，彼此间专业熟悉、业务联系紧密，有一定的依赖性。第四方物流企业以服务主要客户为龙头，带动其他成员企业的发展。采用该模式的好处是服务对象及范围明确集中，客户的商业和技术秘密比较安全，第四方物流企业与客户的关系稳定、紧密而且具有长期性。但其重要的前提条件是客户的业务量要足够大，使参与的服务商对所得到的收益较为满意，否则大多数服务商不愿把全部资源集中在一个客户上。

3）行业创新者模式

第四方物流可以为多个行业的客户开发和提供供应链解决方案，以整合整个供应链的职能为重点，主要将第三方物流资源加以集成，向下游的各类型客户提供解决方案。第四方物流以供应链整体方案为纽带，将下游的客户群与上游的第三方物流供应商联系起来，可以在更大范围内实现资源和能力的整合。再以具体的供应链运作为导向，使这种整合更具有效性。

这种运作模式由于直接面向具体问题，并具备资源与能力的双重优势，其运作结果往往是行业创新。例如，美国卡特彼勒物流公司从起初只负责总公司的货物运输，发展到后来为其他多个行业的客户提供供应链解决方案。

无论采取哪一种模式，第四方物流都突破了第三方物流的局限性，更能实现真正的低成本运作及最大范围的资源整合。第四方物流运作取得成功的关键是以"行业最佳"的方案为客户提供服务与技术。第四方物流方案的开发对第三方物流提供商、技术服务提供商和业务流程管理者的能力进行了平衡,通过一个集中的接触点,提供全面的供应链解决方案。第四方物流将客户的供应链活动和贯穿这些"行业最佳"的服务商中的支持技术,以及自身的组织能力集成到一起。

5. 第四方物流服务供应商

实际上,旨在弥补第三方物流发展中的局限性、提供满足供应链整体物流需求的优质物流服务,第四方物流是物流管理发展的一个全新阶段。目前,国际上有能力从事第四方物流服务供应商,并达到第四方物流服务标准的企业仍然屈指可数。从实践来看,有可能成为第四方物流提供商的通常是第三方物流企业、管理咨询公司和信息技术公司。

1) 第三方物流企业

作为专业化的物流企业,第三方物流企业明显在物流的专业化操作方面具有不可替代的地位,但它们缺乏为客户进行职能优化、资源优化、流程再造、信息平台搭建等第四方物流服务所必须具备的能力。不过,第三方物流企业若在纵向上扩大物流领域的业务范围,在横向上为客户进行物流总体规划,并加强在信息技术方面的投入及在物流规划方面的积累,同时利用其长期为客户提供物流业务而形成的与客户沟通、相互信任方面的优势,提供第四方物流服务也就有可能了。

2) 管理咨询公司

管理咨询公司长期为众多的传统企业甚至是物流企业提供管理咨询服务,对很多企业的运作流程十分熟悉,同时具备对物流供应链系统进行总体分析、流程再造、战略重组的优势。第四方物流概念的倡导者埃森哲公司的成功案例,就是管理咨询公司提供第四方物流服务的有力依据。因为管理咨询公司起步相对较晚,企业规模相对较小,管理经验的积累相对缺乏,所以业务范围相对较窄。

3) 信息技术公司

信息技术公司在信息处理方面的专业优势非常明显,在建立和应用 B2B、物流交易平台,提供及实施物流信息技术解决方案方面驾轻就熟。现在已有一些大型 IT 企业开始以功能强大的管理软件为突破口涉足管理咨询公司的业务范围,并在管理咨询人才方面进行大力投资,兼并收购一些管理咨询公司。这些企业本身在企业信息平台的建设上就具有较强优势,加之拓展管理咨询业务,既增强了在信息技术行业中的竞争能力,又为其扮演第四方物流服务供应商的角色提供了可能。不同类型的第四方物流服务供应商优劣势比较如表 6-2 所示。

表 6-2 不同类型的第四方物流服务供应商优劣势比较

企业类别	优 势	劣 势
第三方物流企业	物流运作能力 信息技术应用 多客户管理	供应链管理 变革管理能力
管理咨询公司	管理理念创新 供应链管理 组织变革管理	实际物流运作能力 信息技术应用能力
信息技术公司	信息技术解决方案创新和实施	实际物流运作能力 供应链管理 变革管理能力

工作任务

一、企业选择物流服务商

自20世纪90年代以来,第三方物流作为一个新兴的产业形态,得到了高速发展,并引起了企业界和理论界的广泛关注。目前,市场上出现了为数众多的第三方物流企业,但受资源及环境等影响,发展水平参差不齐,各有长短。如何正确地选择第三方物流服务供应商,是企业制定外包策略的关键问题。

1. 企业引入第三方物流服务的原因

由于经济活动全球化及市场竞争激烈化,企业不得不专心于自己的核心业务。例如,专注于产品质量的提高、成本的降低,以及企业管理运行效率的提高,增强企业的核心竞争力。同时,企业将非核心的物流业务进行外包,由此造就了物流市场的增长,并为第三方物流的发展、成长提供巨大的空间。

欧洲第三方物流发展的调查研究表明,客户服务需求的增加和运输业利润的减少是发展第三方物流的推动因素。对制造企业来说,第三方物流可以带来巨大的经济效益。选择第三方物流服务可以极大地节约物流作业成本;可以减少对物流设施的投资,把有限的资源集中在核心业务上;可以通过外包的形式利用第三方物流公司的专业技术,解决内部劳动力效率不高的问题;还可以极大地提高服务水平。

企业进行物流业务外包,引入第三方物流服务,可以产生以下优势。

(1) 降低成本,节约投资。第三方物流服务供应商具有更专业的物流设施及业务网络和技术,有利于实现规模化经营,提高规模效益。企业选择第三方物流服务,有利于物流设施资源的优化配置,减少不必要的投资,降低物流环节的成本,如降低库存、加快周转等。

(2) 集中主业。企业引入第三方物流服务,有利于专心搞好主业,将有限的资源集中投入核心业务中,从而提高自身的核心竞争力。

(3) 降低风险,提升企业形象。企业与第三方物流服务供应商是战略伙伴,彼此共担风险,企业通过选择第三方物流服务,可以分散物流相关环节产生的风险,提高生产经营的适应性。第三方物流服务供应商通过全球性的信息和服务网络及专业人员的投入,对企业的物流环节乃至整条供应链进行监控和优化,从而提升企业的形象。

2. 第三方物流服务商选择标准

1) 明确企业物流服务的方向与目标

企业如果选择把自己的物流业务外包,首先必须明确企业的物流方向与目标,以及要达到的效果,从而选择与之匹配的服务商,以免给企业造成损失。

2) 只选"对"的物流服务商

要根据自身企业的规模、货量情况、客户分布和需求选择以"我"业务为主的服务商。值得注意的是,规模小的服务商,风险难控,缺乏服务意识,管理能力有限,没有合同履约观念和能力;规模大的服务商,如果"我"方业务量占比较对方太少,则物流服务商资源集中度不够,后续服务保障和沟通成本会增大。总体来看,企业要结合本企业实际,选择有安全保障、风险保障、资金保障、诚信、服务质量较好的适合的物流服务商。

3) 选择行业内口碑好的服务商

企业口碑不是一朝一夕建立的,而是需要长期不懈地去坚持。在物流行业,口碑比广告效果要好得多。在选择服务商时,也要去调查其口碑情况,承诺的时间能不能送达,损坏丢失的货物能不能及时赔付,顾客、同行的口碑都应该成为企业选择的评判标准。

4) 个性化的服务商更受欢迎

在选择物流服务商时,需要权衡的是物流服务商的运作机制是否灵活,能否根据客户需求的变化随时做出改变。而随着物流供应链一体化方案日趋成熟,物流服务商是否能为企业承担生产制造、销售、仓储、运输等一站式服务也已是众多企业的考虑要素。在某些合作上,第三方物流服务商与客户的关系已经上升到战略伙伴的高度。

5) 根据自身业务形态选择不同服务商

快消品行业要选择储运网络比较全、运输资源丰富及信息化程度比较高的企业;大宗物品要选择车辆资源比较丰富的以运输为主的企业;汽车、医药、化工等专业性比较强的企业,要选择有业务针对性的物流企业等。

6) 选择信息化技术比较高的服务商

移动互联时代,物流行业正在从劳动密集型向技术密集型转变。在选择服务商时,要充分考虑物流企业的信息化水平,仓库管理、货物运输的可视化、透明化水平都应该成为选择服务商的标准。一个信息化技术高的服务商,有助于企业更好地管理商品在途运输,可以随时调取库存情况、签收情况,便于企业更加迅速地做出决策。

7) 选择和自身企业发展理念、文化相近的物流服务商

各个企业的发展情况、管理理念、企业文化各不相同,但它们都有一个共同点,就是在物流操作中要做到公平、公开、透明。在选择物流服务商时,也要明确这一点,因为双方是利益共同体,需要共同提升服务,相互助力发展,双方都接受和遵守企业的红线和底线,确保公平竞争,实现合作共赢。

3. 第三方物流服务供应商选择步骤

第三方物流与企业的关系,体现在彼此合作的原则上。要成功地选择合适的第三方物流服务商,可归纳为以下五个步骤。

(1) 物流外包需求分析,这是制定外包策略的基础。在选择第三方物流服务时,应该先对企业本身的物流过程进行分析,以确定当前的优势和存在的问题,从而明确物流外包活动的必要性与可行性。由于大多数第三方物流决策对企业目标的实现关系重大,因此对物流外包的需求分析通常需要花费较长时间。

(2) 确立物流外包目标。确立物流外包目标是选择第三方物流服务供应商的指南,应该根据企业的物流服务需求的特点确定选择的目标体系,并能有效地抓住几个关键目标,这是企业对第三方物流服务供应商进行绩效考核的主要依据。

(3) 制定物流服务供应商的评价准则。在选择物流服务供应商时,必须制定科学、合理的评估标准。目前,企业在选择物流服务供应商时,主要从物流服务的质量、成本、效率与可靠性等方面考虑。此外,由于第三方物流服务供应商与企业是长期的战略伙伴关系,因此,在考核第三方物流供应商时,企业也非常关注降低风险和提高服务能力的指标,如经营管理水平、财务状况、运作柔性、客户服务能力和发展能力。

(4) 物流服务供应商的综合评价与选择。有效的评价方法是正确选择第三方物流服务供应商的前提,应该采用合理、有效的评价方法进行综合评价,才能保证选择结果的科学性。首

先,根据评价准则初步选出符合条件的候选供应商,并注意控制在可管理的数量之内。其次,采用科学、有效的方法,如层次分析法、模糊综合评判法、仿真等方法进行综合分析评价,通过这些评价方法可以确定两至三家分值靠前的供应商。再次,要确定最终的第三方物流服务供应商,还需要注意企业与供应商的共同参与,以保证所获取数据及资料的正确性、可靠性,并对物流服务供应商进行实地考察。最后,对各供应商提供的方案进行比较权衡,从而做出最终的选择。

(5) 关系的实施。在经过对供应商的考核评价并做出选择后,双方应就有关方面起草并签订合同,建立长期的战略合作伙伴关系。

4. 第三方物流服务商的维护与优化

在与第三方物流企业签订物流合同以后,企业应从以下四个方面努力,致力于对第三方物流进行优化,以建立长期的伙伴关系,达到互惠互利的目标。

1) 密切与第三方物流企业的战略合作关系

第三方物流合同的签订,使企业与第三方物流企业的利益捆绑在一起。对于企业而言,第三方物流企业的运作效率直接关系其供应链总成本和响应速度,以及竞争的成败。鉴于此,企业必须与第三方物流企业保持密切的战略伙伴关系,信守承诺,努力避免自身的机会主义行为。

2) 强化与第三方物流企业的信息沟通

在对第三方物流企业进行选择时,需要考虑到双方信息系统的有效兼容问题。在与第三方物流企业签订物流合同后,双方应就信息系统联网中可能遇到的问题展开深入调研、讨论,并提出有效的解决方案,以实现信息系统的无缝衔接。

3) 共同设计物流操作指南

由于不同企业之间的物流要求千差万别,企业实施物流外包,不能一包了事,应与第三方物流企业就各项具体的物流活动进行详细讨论,确定合理的业务流程、信息沟通渠道,编制物流操作指南,供双方参考使用。物流操作指南能够使双方对接人员在具体的作业过程中步调保持一致,减少偏差与失误,同时也为检验对方作业是否符合要求提供了标准和依据。

4) 对第三方物流企业进行动态考核

货主企业应对第三方物流企业的服务态度、服务质量、服务费用等方面进行动态的综合评价。对于各方面都比较满意的第三方物流企业,续签第三方物流合同;对于某些方面未能令人满意的第三方物流企业,要求其限期整改;对于主要的条款未能令人满意的第三方物流企业,则应按照物流合同的条款考虑更换物流服务商。

二、企业与物流服务商的合作

第三方物流是依靠为客户提供物流服务产品而生存的。在企业与物流服务商的合作中,物流服务商到底该提供怎样的服务才能使客户满意呢?要提供这些服务,第三方物流企业需要做哪些工作呢?系统来讲,包括组织架构设计、服务项目开发和服务方案设计三个方面。根据第三方物流企业的特点设置组织构架,了解客户的需求;根据客户的需求设置服务项目,最终设计客户服务方案。

德邦物流公司
诚信建设

1. 第三方物流的组织架构

1) 点式经营的组织架构

所谓物流的点式经营,是指经营地集中在一个区域的物流企业的组织模式。在这种组织模式下,物流企业大多选择传统职能型的组织架构。图 6-2 所示为上海某民营物流企业点式经营的组织架构图。

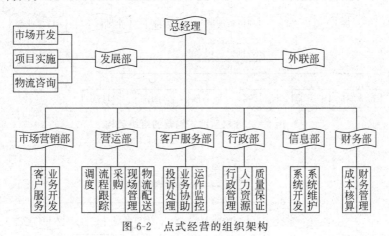

图 6-2　点式经营的组织架构

2) 网式经营的组织架构

根据管理权限设置的不同,网式经营的组织架构还可划分为集权型组织架构和分权型组织架构两种形式。

(1) 集权型网式经营的组织架构如图 6-3 所示。

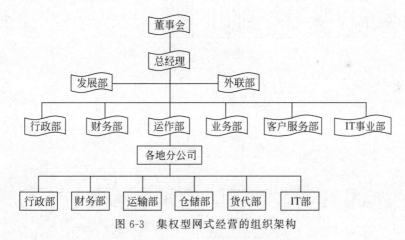

图 6-3　集权型网式经营的组织架构

(2) 分权型网式经营的组织架构如图 6-4 所示。

3) 新型第三方物流企业组织架构

(1) 矩阵型点式经营的组织架构如图 6-5 所示。

(2) 混合型网式经营的组织架构如图 6-6 所示。

2. 第三方物流服务的内容

现代物流的源头是生产、制造和零售类企业对采购、生产和销售等过程进行系统整合,以降低成本和提高服务质量的一系列规划、管理和运作方法的需求。因此,物流的服务内容不能仅从第三方物流的角度去考虑,还要从生产、制造和零售类企业的角度去考虑,分析物流到底

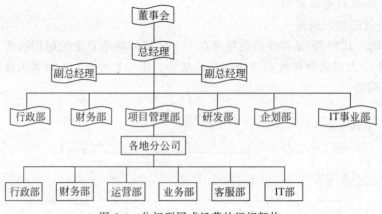

图 6-4　分权型网式经营的组织架构

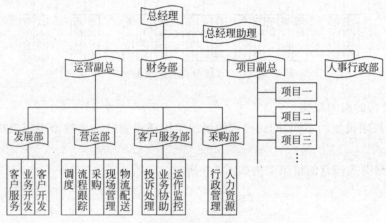

图 6-5　矩阵型点式经营的组织架构

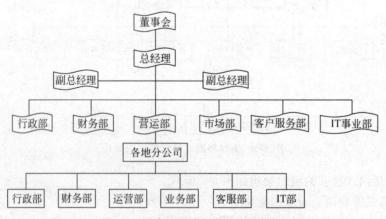

图 6-6　混合型网式经营的组织架构

有哪些功能或环节,以及这些环节到底有多少是可以外包的。然后,结合第三方物流企业自身的条件,通过对客户的这些可外包业务进行分析、对比、评测,从中找到切入点,设计出符合客户要求的第三方物流服务方案。物流中的关键性活动如表 6-3 所示,物流中的支持性活动如表 6-4 所示。

表 6-3 物流中的关键性活动

关键性活动	具 体 内 容
客户服务	确定客户需求 确定客户服务反馈 设定客户服务水平
运输	运输方式和服务的选择 拼货 运输路径选择与优化 运输车辆调度 设备选择 索赔处理 运费审计与成本控制
库存管理	原材料及成品的库存政策 短期销售预测 存货点的货物组合 存货点的数量、规模和位置 准时制、推动和拉动战略
信息系统和订单处理	销售订单和库存交互过程 订单信息传递方法 订购规则 信息跟踪

表 6-4 物流中的支持性活动

支持性活动	具 体 内 容
仓储	库位确定 站台的布置和设计 仓库装备 货物放置
物料搬运及处理	设备选择 设备更新 订单拣货 货物储存及补货
采购	供应商选择 采购点选择 采购量选择
包装	运输包装 搬运包装 防盗包装
生产和运作协同	确定生产批量 产品生产的次序和时间安排
信息维护	信息收集、储存和维护 数据分析 控制流程

3. 物流服务方案的设计

(1) 调研阶段。分析客户需求并收集相关资料,包括以下方面。

① 企业产品资料。

② 顾客资料。

③ 往年订单信息。

④ 企业工厂、仓库或配货网点信息。

⑤ 物流设施设备、信息化程度资料。

⑥ 物流运行现状资料。

⑦ 物流费用相关资料。

⑧ 客户服务目标。

(2) 设计阶段。为企业设计物流服务方案,注意以下几个要点。

① 方案设计遵循市场需求驱动原则、系统性原则。

② 充分理解客户需求,按照主次排序,解决客户亟待解决的问题。

③ 设计多个方案,供客户选择。

④ 进行成本控制。

⑤ 进行风险分析。

4. 物流服务方案的改进

1) 物流服务方案改进的意义

(1) 可以建立持久的客户关系。第三方物流企业在同客户合作的过程中,不断利用自己的专业化优势,为客户改进物流服务,能够提高服务质量、降低成本。客户也能够不断地感受到第三方物流企业的专业化带来的效益,从而强化双边的信任关系。

(2) 持续改进能力可以作为重要的竞争手段。同有形产品创新可以作为重要的竞争手段一样,物流服务方案的持续改进也可以不断提供差异化的服务,以区别于竞争对手,形成竞争优势。

(3) 物流服务方案持续改进的内容

① 内涵型持续改进。体系的局部完善是指对物流的某些环节进行改进,产生的影响一般在局部范围内,例如,包装材料或包装方式的改变,运输跟踪体系的完善,仓库库位管理的科学化、合理化等。

流程重组一般是指对物流服务的体系进行重新设计,其影响将是全局性的。

② 外延型持续改进。广度延伸是指在物流服务环节上进行延伸,如由一般的仓储管理向运输、仓储一体化管理发展,由货代业务向综合物流业务发展等,都体现为物流服务环节的延伸。

深度延伸是指在物流服务的一个项目或环节上进行深化,往往表现为提供一些新的增值服务项目。例如,在一般仓储管理的基础上,对货物的进出进行统计,提供市场预测和库存计划的依据。

③ 开发型持续改进。开发型持续改进是指开发出全新的物流服务项目。开发型持续改进是所有持续改进中最难的一种,因为这类改进相当于新产品的开发,我们可以从一些大型第三方物流企业的案例中得到一些启示。

2) 物流服务方案持续改进的保障措施

(1) 树立持续改进的观念。

(2) 建立服务缺陷反馈机制。

(3) 建立持续改进推进技术小组。

(4) 在绩效考评中考虑持续改进。

3) 物流服务质量管理

(1) 第三方物流方案中的客户服务质量。在生产或制造型企业中,物流的核心功能包含客户服务。在有关物流的定义中,"5个正确(5R)"或"7个正确(7R)"的提法说明了物流的客户服务本质。既然物流是担负生产或担负着制造型企业客户服务职能的,那么,采用第三方物流的合作形式,其实就意味着委托企业通过物流企业完成它们的客户服务工作(至少是一部分工作)。因此,第三方物流企业的客户服务具有两个方面的含义:一是为委托企业的客户进行客户服务;二是针对委托企业的客户服务。

(2) 客户关系和客户服务水平的定位。第三方物流企业从一开始,就是作为委托企业的战略联盟伙伴出现的。因此,第三方物流企业同委托企业必须形成一种互利互惠、双赢、长期发展的战略性合作伙伴关系。这种关系具有几个鲜明的特点:双赢、服务的柔性化和个性化、合作的战略性。

第三方物流的客户服务不但有别于有形产品的客户服务,也有别于一般无形产品的客户服务。即使是与同传统的储运类业务相比,其客户服务也有很大的不同。尤其是在客户服务政策的制定上,第三方物流具有以下显著特点:每一个客户都是重要的;100%的服务。

5. 客户投诉处理预案

(1) 记录、处理、跟踪一般性客户投诉,并提出改进服务的建议。

(2) 客户满意度调查。

（3）组织召开客户服务协调会。
（4）建立并完善客户服务体系。

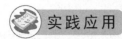

第三方物流模拟软件的应用

1. 第三方物流管理系统仿真业务流程

第三方物流管理系统仿真的六个角色包括生产企业（卖方）、商场（买方）、物流调度中心、车队、发货仓库、收货仓库。生产企业和商场通过订单进行交易，一旦交易达成，生产企业就委托物流调度中心（第三方物流企业）配送货物，物流配送中心调度相应的车队和发货仓库、收货仓库，完成一系列的物流配送任务。系统中的若干实验步骤逐一体现了第三方物流的管理思想和管理模型。整个业务操作步骤如图 6-7 所示。

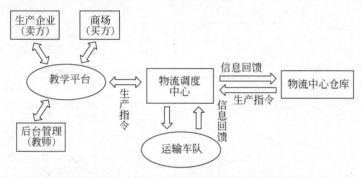

图 6-7　第三方物流仿真业务流程

2. 第三方物流管理系统仿真组成模块及功能

第三方物流管理系统仿真由前台业务系统和后台教师管理系统两大部分组成。前台业务系统分为六大模块：生产企业管理模块、商场管理模块、物流中心管理模块、车队管理模块、出库仓库管理模块、入库仓库管理模块。各模块的主要功能如表 6-5 所示。

表 6-5　前台业务系统功能

模　块	主　要　功　能
生产企业	向商场提供发货单、确认单据的完成状态以及结算在物流运输调度中产生的费用
商场	接收生产企业的发货单并确认入库，以及跟踪单据的业务流程
物流中心	宏观调度生产企业的业务单据在不同的仓库、车队、生产企业、商场的周转，以及定期结算货品在物流周转中产生的费用
车队	承接调度中心提供的物流运输业务，以及维护车队车辆、司机等车队相关信息
出库仓库	根据调度中心提供的业务单据，将对应的货品在运输车队到来时将货品出库
入库仓库	根据调度中心提供的业务单据，将对应的货品在运输车队到来时将货品入库

后台教师管理系统主要功能包括：班级管理、学生管理、分组管理、合作伙伴管理、分数统计、业务数据维护。各模块的主要功能如表 6-6 所示。

表 6-6　后台教师管理系统功能

模　块	主　要　功　能
班级管理	维护实验班级的信息，包括班级信息的增删改功能
学生管理	维护实验学生的信息，包括学生信息的增删改功能
分组管理	将学生按照制定的实验模式进行合作实验分组，分组的模式包括一人一组、六人一组，系统分为自动分组和手工分组
合作伙伴管理	将不同生产企业、物流中心、车队、商场、出库仓库、入库仓库各挑选一家，共计六家组成合作实验单位，以备学生分组指定
分数统计	按照不同的组，统计当前组中学生完成实验的情况，以及进行当前实验所得的分数
业务数据维护	在学生完成实验后将实验中发生的业务数据进行清空

3. 第三方物流管理系统仿真应用实现

第三方物流管理系统仿真共包括六个角色，28 个实验步骤，具体的步骤如表 6-7 所示。

表 6-7　第三方物流仿真操作步骤

序　号	操 作 内 容	序　号	操 作 内 容
1	厂家填写发货单	15	发货仓库进行发货确认
2	厂家发送发货单到商场	16	收货仓库进行到货确认
3	商场确认发货单	17	收货仓库填写入库单
4	商场发送发货单给厂家	18	车队进行到货确认
5	厂家发送发货单给物流中心	19	商场进行到货确认
6	物流中心审核发货单	20	厂家进行到货确认
7	物流中心发送发货单给商场	21	物流中心填写厂家结算单
8	商场确认并发送发货单给物流中心	22	物流中心发送结算单给厂家
9	物流中心进行运输处理	23	厂家进行结算的支付确认
10	运输单位进行派车处理	24	厂家结算的完成确认
11	物流中心审核运输单	25	物流中心填写车队结算单
12	物流中心发送单据到出库仓库	26	物流中心发送结算单给车队
13	物流中心发送单据到入库仓库	27	车队进行结算单的支付确认
14	发货仓库填写出库单	28	车队结算单的完成确认

 知识技能应用

一、判断题

1. 第三方物流，这一术语除了代表物流行业的一种运作管理模式，还可以指一个从事第三方物流服务的企业，即第三方物流服务商。　　　　　　　　　　（　　）
2. 第三方物流是社会分工和社会化大生产的必然结果。　　　　　　　　　（　　）
3. 电子商务既有虚拟的部分，又有现实的部分。　　　　　　　　　　　　（　　）
4. 物流一体化是物流产业化的发展趋势。　　　　　　　　　　　　　　　（　　）
5. 横向整合是外延式发展战略，关注的是规模或网络的扩张。　　　　　　（　　）
6. 第三方物流服务项目的持续改进可以划分为内涵型、外延型和开发型三种类型。其中，最难的是内涵型持续改进。　　　　　　　　　　　　　　　　　　　（　　）

仿真软件系统
操作步骤说明

7. 第三方物流企业的贴标签服务在包装箱上注明发货区域等服务,属于简单的延迟处理。（　　）
8. 体制是造成我国目前物流业"小""少""弱""散"的主要症结所在。（　　）
9. 第三方物流服务水平越高,企业的效益越好。（　　）
10. 客户服务属于关键性物流活动。（　　）

二、单选题

1. 第三方物流是由(　　)承担的物流。
   A. 供方　　　　B. 需方　　　　C. 第三方　　　　D. 任何一方
2. 第三方物流的最大客户主要是(　　)。
   A. 超市商品的生产者　　　　B. 药品生产企业
   C. 建筑企业　　　　D. IT 行业
3. 电子商务实施的基本保证是(　　)。
   A. 信息流　　　　B. 商流　　　　C. 资金流　　　　D. 物流
4. 第三方物流也称为(　　)。
   A. 合同物流　　　　B. 物流外包　　　　C. 精益物流　　　　D. 供应链
5. 第三方物流企业在市场的竞争中取得并扩大优势的决定力量是(　　)。
   A. 核心竞争力　　　　B. 差异化的服务
   C. 低成本的服务　　　　D. 灵活化的运作模式
6. 传统储运业相比,第三方物流与货主企业之间的关系是(　　)。
   A. 零和　　　　B. 双赢　　　　C. 不确定　　　　D. 竞争
7. 以下(　　)不属于第三方物流产生的原因。
   A. 社会分工　　　　B. 信息技术的发展
   C. 经济自由化和贸易全球化　　　　D. 看板管理
8. 产品的(　　)含义是指产品提供给客户的基本效用或利益,是客户要求的中心内容。
   A. 核心　　　　B. 形式　　　　C. 延伸　　　　D. 质量
9. 购买与自己有竞争关系的企业属于(　　)。
   A. 前向整合　　　　B. 后向整合　　　　C. 横向整合　　　　D. 纵向整合
10. 客户物流需求层次分析法的三个层次指的是外包的(　　)。
    A. 战略层,执行层,操作层　　　　B. 动因,内容,系统
    C. 动因,层面,内容　　　　D. 成本,资金,服务

三、案例分析题

大众包餐是一家提供全方位包餐服务的公司,由上海某大饭店的下岗工人李杨夫妇于1994年创办,如今已经发展为苏锡常和杭嘉湖地区小有名气的餐饮服务企业之一。大众包餐的服务分成两类:递送盒饭和套餐服务。盒饭主要由荤菜、素菜、卤菜、大众汤和普通水果组成。可供顾客选择的菜单包括:荤菜6种、素菜10种、卤菜4种、大众汤3种和普通水果3种,还可以定做饮料佐餐。尽管菜单的变化不大,但从年度报表上来看,这项服务的总体需求水平相当稳定,老顾客通常会每天打电话订购。但由于设施设备的缘故,大众包餐会要求顾客们在上午10点前电话预订,以便确保当天递送到位。

在套餐服务方面,该公司的核心能力是为企事业单位提供冷餐会、大型聚会,以及一般家庭的家宴和喜庆宴会。尽管客户所需的各种菜肴和服务可以事先预约,但由于这项服务的季

节性很强,又与各种法定节假日相关,需求量忽高忽低,有旺季和淡季之分,因此要求顾客提前几周甚至 1 个月预订。

大众包餐公司内的设施布局类似一个加工车间。主要有五个工作区域:热制食品工作区、冷菜工作区、卤菜准备区、汤类与水果准备区,以及一个配餐工作区,专为装盒饭和预订的套菜装盆共享。此外,还有三间小冷库储存冷冻食品,一间大型干货间储藏不易变质的物料。设施设备的限制及食品变质的风险制约着大众包餐公司的发展规模。虽然饮料和水果可以外购,有些店家愿意送货上门,但总体上还是限制了大众包餐公司提供柔性化服务。

李杨夫妇聘用了 10 名员工:两名厨师和 8 名食品准备工,旺季时另外雇佣一些兼职服务员。包餐行业的竞争是十分激烈的,高质量的食品、可靠的递送、灵活的服务及低成本的运营等都是这一行业求生存谋发展的根本。近来,大众包餐公司已经开始感觉到来自越来越挑剔的顾客和几位新来的专业包餐商的竞争压力。顾客越来越需要菜单的多样化、服务的柔性化,以及响应的及时化。

李杨夫妇最近参加现代物流知识培训班,对准时化运作和第三方物流服务的概念印象很深,认为这些理念正是大众包餐公司保持其竞争能力的关键。但是让他们感到担忧的是,大众包餐公司能否借助第三方的物流服务。

问题:

(1)大众包餐公司的经营活动可否引入第三方物流服务,并请说明理由。

(2)大众包餐公司实施准时化服务有无困难,请加以解释。

(3)在引入第三方物流服务中,你会向大众包餐公司提出什么建议?

项目六案例分析拓展

项目七

供应链管理

【项目导入】

亨利·福特最初的想法和最终结果

作为世界上第一条流水线的产生地——福特公司,其创始人亨利·福特曾经希望自己的公司成为一个完全自给自足的行业寡头。在底特律正西南方的鲁日河畔,福特开发了一个庞大的制造业联合体,其中包括内陆港口和一个错综复杂的铁路和公路网络。为了确保制造汽车的原材料诸如钢铁、木材、油漆、橡胶等的供给,福特还投资煤矿、铁矿石、森林、玻璃厂等领域,购买大量土地种植用于制造油漆的大豆和开发福特兰地亚橡胶种植园。

为了把材料运到鲁日河畔,把制成品运送给零售商,他还投资铁路、货运车及内湖与远洋船舶。他设想控制一个遍及美国、加拿大、澳大利亚、新西兰、英国和南非的,由40多家制造、服务和装配商组成的运输网络,遍及全球零售商的各种存货。

可结果却是,公司面临着经济调整和工会的障碍,最终使公司决定由一个独立的供应商组成的网络来提供产品和服务。福特公司发现,专业化公司能够承担最基本的工作,而且这些专业人员在质量、成本方面的表现都要胜过自己的公司。于是福特公司将金融资源用于开发核心制造能力,由控制物权转变为建立协调融合的供应渠道关系。

在经济全球化的市场竞争环境下,任何一个企业都不可能在各项业务上成为行业的引领者,必须联合其上下游企业,建立一条经济利益相连、业务关系紧密的供应链来实现优势互补,充分利用一切可利用的资源来适应社会分工日益细化的竞争环境,共同增强市场竞争实力。因此,企业内部供应链管理延伸和发展为面向全行业的供应链管理,管理的资源从企业内部扩展到了外部。纵观整个世界技术和经济的发展,全球一体化的程度越来越高,跨国经营越来越普遍。

在市场、制造和流通环节之间,建立一个业务相关的企业联盟。这个企业联盟是指为完成向市场提供商品、信息、服务而由多个企业相互联合所形成的一种战略合作伙伴关系,以更有效地向市场提供商品、信息、服务来完成单个企业不能承担的市场功能。在企业联盟作用下,供应链上的产品可实现及时生产、及时交付、及时配送、及时送达最终消费者手中,实现资产快速循环和价值链增值。这种广义的供应链管理拆除了企业的围墙,将各个企业独立的信息孤岛连接在一起,建立起跨企业的协作,以此来寻找和分享市场机会。

交互式Web的应用及电子商务的出现,将彻底改变传统的企业经营方式,也将改变现有供应链的结构。传统意义的经销商将逐渐消失,其功能将被全球网络电子商务所取代。通过互联网、电子商务对过去分离的业务过程进行集成,覆盖了从供应商到客户的全过程,包括原材料供应商、外协加工与组装、生产制造、销售、运输、批发商、零售商、仓储、配送、流通加工、客户服务等,实现了从生产领域到流通领域的全部业务过程。

【知识能力要求】
1. 掌握供应链的含义,了解供应链的特征。
2. 理解供应链管理的基本概念,熟悉供应链管理的特点和作用。
3. 理解拉式供应链和推式供应链的异同。
4. 理解长鞭效应的产生原因。
5. 了解 QR 和 ECR 两种供应链管理策略产生的背景。
6. 掌握 QR 策略的实施条件与步骤,理解 ECR 策略的四大要素。
7. 掌握供应链绩效评价指标体系。

供应链专员职位描述

【职业素养要求】
1. 树立中国制造强国梦,培养中国新一代供应链行业的建设者和接班人。
2. 培养爱国主义精神,坚定"四个自信"。
3. 培养爱国情怀及对中国特色社会主义道路的认同。
4. 培养重视整体利益等中华传统美德。

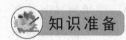知识准备

一、供应链概述

(一)供应链的定义

英国著名物流专家马丁·克里斯多夫(Martin Christopher)教授在《物流与供应链管理》一书中对供应链做出如下定义:供应链是指涉及将产品或服务提供给最终消费者的过程活动的上游及下游企业组织所构成的网络。例如,衬衣制造商是供应链的一部分,它的上游是化纤厂和织布厂,下游是衬衣分销商和零售商,最后到衬衣的最终消费者。按此定义,这条供应链上的所有企业都是相互依存的,但实际上它们之间并没有太多协作。这种供应链仍然是传统意义上的供应链。

美国管理学家格雷厄姆·史蒂文斯(Graham C. Stevens)认为:通过增值过程和分销渠道控制从供应商的供应商到用户的用户的流就是供应链,它开始于供应的源点,结束于消费的终点。供应链形象图如图 7-1 所示。作为供应链管理及 IT 领域的咨询专家,他给出的概念中凸显了供应链的外部环境。

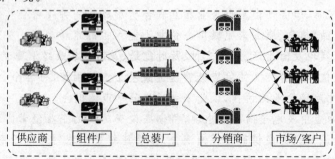

图 7-1 供应链形象图

人们对供应链的认识由价值链、产业链、需求链到供应链逐步深入。2001年,我国正式发布实施了中华人民共和国国家标准《物流术语》(GB/T 18354—2001),该标准对供应链(supply chain)作了明确界定。后经2006年、2021年两次调整审定,现行版本为中华人民共和国国家标准《物流术语》(GB/T 18354—2021),并于2021年12月1日正式实施。该标准将供应链定义为:生产及流通过程中,围绕核心企业的核心产品或服务,由所涉及的原材料供应商、制造商、分销商、零售商直到最终用户等形成的网链结构。网链结构中的各个实体称为节点,如图7-2所示。本书将以此作为供应链的定义。

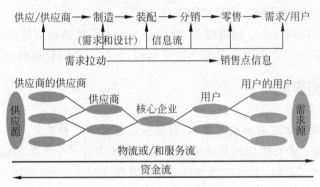

图7-2 供应链的网链结构模型

从供应链的定义过程可看出,人们对供应链的认识经历了一个从简单到复杂、从内部到外部、从理论到实践的过程。

事实上,早期对供应链的认识,局限于制造业企业内部的生产过程,从企业采购原材料和零部件,经过生产加工,转换为外部用户所需的产品。早期供应链研究的重点在于如何提高企业内部资源的有效利用,提高生产运作效率。随着对供应链研究的深入,逐步将企业内部生产流程与外部供应商联系起来,进而将供应链概念扩展成完整的供应链系统和价值增值过程,涉及从原材料至最终用户的各种经济活动。这些经济活动包括寻找资源、采购、生产规划、订单处理、库存管理、运输、仓储和消费者服务等。重要的是,这里还包括监控这些经济活动的整个信息系统。现代经济学者进一步认为,供应链是一种动态的功能网链,因此展开了范围更广泛的生产组织关系研究。

(二)供应链的特征

供应链是一个网链结构,由围绕核心企业的各层面供应商组成的供应体系及分销体系、客户组成:一个企业是一个节点,节点企业和节点企业之间是需求与供应的关系;节点企业在需求信息的驱动下,通过供应链的职能分工与合作(生产、分销、零售等),以资金流、物流和信息流为媒介实现整条供应链的不断增值。供应链具有以下四个主要特征。

(1)复杂性。供应链的结构模式比一般单个企业的结构模式更为复杂,它往往由多个、多类型甚至多国企业或组织构成。供应链实际上是基于战略合作的扩展企业。另外,供应链的复杂性还体现在其网链关系的复杂性上,关系的复杂性源自结构的复杂性。供应链节点企业的合作关系、合作程度各异,可能是战略层面的合作,也可能是技术层面的合作,还可能是物流作业层面的合作。合作时间可能很长,也可能很短。从供应链结构构成的3类合作伙伴来看,节点企业的关系可能是合作性的,也可能是竞争性的、辅助性的或者是交易性的。

(2)动态性。供应链的出现是为企业战略适应市场需求变化,无论是供应链结构,还是其中的节点企业,都需要动态地更新,这就使得供应链具有明显的动态性。已经存在的整个供应链在一般情况下处于稳定状态,但也可以为了适应企业经营战略改变和市场需求变化而动态地调整节点企业,进行节点企业数量的增减,或者是节点企业关系的调整。基于相对稳定、单一的市场需求,供应链是相对稳定的;但基于相对频繁变化、复杂的市场需求,供应链是动态的。

(3) 客户需求驱动性。供应链的形成、存在、重构,都是基于一定的市场需求而发生的,并且在供应链的运作过程中,客户的需求拉动是供应链中资金流、物流和信息流运作的驱动源。客户拉动供应链的网链关系和运作流程的变化。

(4) 交叉性。供应链是一个网链结构,节点企业可以是这条供应链的成员,同时是另一条供应链的成员。众多的供应链之间形成的交叉结构,增加了协调管理的难度。

(三) 供应链的类型

1. 按研究对象分类

根据供应链管理的研究对象及其范围,可将供应链分为三种类型。

(1) 企业供应链。企业供应链是就单个企业提出的含有多个产品的供应链。该企业在整个供应链中处于主导者地位,不仅考虑与供应链上其他成员的合作,也较多地关注企业多种产品在原材料购买、生产、分销、运输等技术资源的优化配置问题,拥有主导权,如沃尔玛公司的供应链。在这样的供应链中,必须明晰主导者的主导权。如果主导权模糊不清,不仅无助于供应链计划、供应链设计和供应链管理的实施,而且也无法使整个供应链建立起强有力的组织及其有效的运作。主导权是成为统一整个供应链理念的关键要素。这里的单个企业是指供应链中的核心企业(focal company),它是对整个供应链起关键影响作用的企业。从核心企业来看,供应链包括其上游的供应商及下游的分销商。供应链包括对信息系统、采购、生产调度、订单处理、库存管理、仓储管理、客户服务、包装物及废料的回收处理等一系列的管理活动。

(2) 产品供应链。产品供应链是与某一特定产品或项目相关的供应链,如某种服装品牌的供应链。一个生产西服的企业的供应商网络包括为其供应从面料、辅料到各种包装材料等产品的企业。基于产品供应链的供应链管理是对由特定产品的顾客需求拉动的整个产品供应链运作的全过程的系统管理,采用信息技术是提高产品供应链的运作绩效、新产品开发及完善产品质量的有效手段之一。在产品供应链上,系统的广告效应和行业的发展会引导顾客对该产品的需求。而仅在物流运输、分销领域进行供应链管理的改进是收效甚微的。

(3) 基于合作伙伴关系的供应链。基于合作伙伴关系的供应链主要是针对各成员间的合作进行管理。供应链的成员可以定义为广义的买方和卖方,只有当买卖双方组成的节点间产生正常的交易时,才发生物流、信息流、资金流(成本流)的流动和交换。表达这种流动和交换的方式之一就是契约关系,供应链上的成员通过建立契约关系来协调买方和卖方的利益。另一种形式是建立在与竞争对手结成战略合作的基础上的供应链。

以上三种供应链是彼此相关的,它们在有些方面甚至是相互重叠的,这对于考察供应链和研究不同的供应链管理方法有一定的帮助。

2. 按供应链功能分类

按供应链的主要功能,即物理功能和市场功能划分,可以把供应链划分为两种类型,有效性供应链(efficient supply chain)和反应性供应链(responsive supply chain)。关于两种类型的供应链比较,如表 7-1 所示。

表 7-1 有效性供应链与反应性供应链的比较

内　容	有效性供应链	反应性供应链
产品特征	产品技术和市场需求相对稳定	产品技术和市场需求变化很大
基本目标	以最低的成本供应预测需求、提高服务水准、减少缺货等	对不可预测的需求做出快速反应,使缺货、库存最小化
产品设计策略	获取规模经济和绩效最大化	模块化设计,尽可能减少产品差别
提前期	在不增加成本前提下,缩短提前期	大量投资以缩短提前期
制造策略	保持较高的设备利用率	配置缓冲库存,柔性制造
库存策略	保持合理库存	部署零部件和成品的缓冲库存
选择供应商	以成本和质量为核心	以速度、柔性和质量为核心

(1) 有效性供应链。有效性供应链以实现供应链的物理性能为主要目标,即以最低的成本将原材料转化为零部件、在制品和制成品,并最终运送至消费者手中。有效性供应链的市场需求、提供的产品和相关技术具有相对稳定性。因此,供应链上的各类企业可以通过获取规模经济效益、提高设备利用率来有效降低产品的成本。

(2) 反应性供应链。反应性供应链以实现供应链的市场功能为主要目标,即对市场需求变化做出快速反应。这类供应链提供的产品,其市场需求有很大的不确定性;或者产品本身技术发展很快,产品生命周期较短;或者产品价格随着季节的不同而有很大变化。对于这类供应链,需要保持较高的市场应变能力,实现柔性生产,从而减少产品过时和失效的风险。

3. 按供应链驱动力的来源分类

按供应链驱动力的来源不同,供应链可以分为推动式供应链、拉动式供应链和推拉混合式供应链。

(1) 推动式供应链。推动式供应链是以制造商为核心企业,根据产品的生产和库存情况,有计划地把商品推销给客户,其驱动力源于供应链上游的制造商。

在一个推动式供应链中,生产和分销的决策都是根据长期预测的结果做出的。这种运作方式以生产为中心,力图提高生产率、降低单件产品成本来获得利润。供应链上各节点企业之间的集成度较低,反应速度较慢,不能满足变化了的需求,会使供应链产生大量的过时库存,甚至出现产品过剩等现象。这种运作方式的库存成本高,对市场变化反应迟钝,适用于供应链管理初级阶段,产品或市场变动较小的情况,如图 7-3 所示。

(2) 拉动式供应链。拉动式供应链管理的理念是以顾客为中心,通过对市场和客户的实际需求及对其需求的预测来拉动产品的生产和服务。拉动式供应链的驱动力产生于最终用户。

在拉动式供应链中,生产和分销是由需求驱动的。整个供应链的集成度较高,信息交换迅速,可有效降低库存,并可根据客户的需求实现定制化服务,为客户提供更大的价值。采取这种运作方式的供应链系统库存低,响应市场的速度快,但这种模式对供应链上的企业要求较高,对供应链运作的技术基础需求也较高。拉动式供应链适用于客户需求个性化,产品和市场变化快的情况,如图 7-4 所示。

图 7-3　推动式供应链　　　　　　　图 7-4　拉动式供应链

（3）推拉混合式供应链。由于推动式供应链和拉动式供应链各有其优缺点及不同的适应范围，在实际应用中，核心企业会根据需要将两种模式结合形成新的推拉混合式供应链，以求将两种模式供应链的优点互补和缺点互避。在推拉混合式供应链中，供应链的某些层次以推动的形式经营，其余层次以拉动的形式经营，如图7-5所示。

图7-5　推拉混合式供应链

实践中可在产品分销计划实施前后分别采取推、拉两种不同的运作模式，并将推动阶段和拉动阶段之间的分界点作为顾客需求切入点。在顾客需求切入点之前，按推动式的大规模通用化方式和需求预测组织生产以形成规模经济；在顾客需求切入点之后，首先将产品的后续分级、加工、包装和配送等过程延迟，待切入顾客的需求信息并接到订单后，根据实际订单信息，尽快将产品按客户的个性化或定制要求分级、加工及包装为最终产品，实现对顾客需求的快速有效反应。可见，顾客需求切入点之后实施的是拉动式差异化整合模式。

顾客需求切入点的位置是可以调整的。当顾客需求切入点向供应链上游方向移动时，顾客的需求信息会较早地被切入生产过程，产品同质化生产阶段会相应缩短，从而扩大按订单执行生产供给活动的范围；若将顾客需求切入点向供应链下游方向移动，则产品的个性化培育时间会被推迟，相应延长规模化时段。实践中，顾客需求切入点的位置一般根据产品生产特征和市场需求特点等情况来调整。

二、供应链管理概述

（一）供应链管理的概念

中华人民共和国国家标准《物流术语》(GB/T 18354—2021)把供应链管理定义为："从供应链整体目标出发，对供应链中采购、生产、销售各环节的商流、物流、信息流及资金流进行统一计划、组织、协调、控制的活动和过程。"供应链管理是一种新型管理模式，它集成不同的企业，注重企业之间的协同与合作，以提高整个供应链的效率，如图7-6所示。

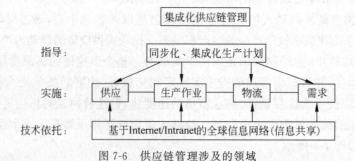

图7-6　供应链管理涉及的领域

（二）供应链管理与传统管理模式的区别

供应链管理是一种集成的管理思想和方法，执行供应链中从供应商到最终用户的计划和控制等职能。"系统"理念是供应链管理的精髓，在这一理念的引领下，面向"物"的供应链蜕变为面向"价值"的供应链。作为一种新型管理模式,供应链管理与传统管理模式的区别体现在以下几个方面。

(1) 供应链管理把供应链中所有的节点企业视为一个整体,供应链管理贯穿从供应商到最终用户的采购、制造、分销、零售等整个过程。

(2) 供应链管理强调并依赖战略管理。供应实际上是供应链企业之间共享的一个概念(任意两个节点企业之间都是供应与需求关系)。同时,它又是一个具有重要战略意义的概念,因为它影响甚至决定了整个供应链的成本和市场占有份额。

(3) 供应链管理的关键是需要采用集成的思想和方法,而不仅是节点企业、技术方法等资源的简单连接。

(4) 供应链管理具有更高的目标,它通过管理库存和合作关系实现高水平的生产或服务,而不仅是实现一定的市场目标。

(三)供应链管理的特点

1. 供应链管理的目标是提高客户满意度

供应链的构建、运作和更新都是基于最终用户需求而发生的,让最终顾客更满意是供应链全体成员的共同目标。顾客满意的实质是顾客获得超出他们承担的产品价格以上的那部分"价值",供应链管理可以使得这部分"价值"升值。此外,供应链管理还可通过改善产品质量、提高服务水平、增加服务承诺等措施来增大顾客期待的那部分"价值",从而提高顾客的满意度。

2. 供应链管理过程中节点之间的竞合性

由于供应链是由多个节点企业组成的虚拟组织,这些具有独立经济利益的单个企业是供应链运作的主体。由于独立经济利益的驱动,虚拟组织中的各企业间充满着竞争性。但是,在由各节点企业组成的供应链上,任何企业要实现利润最大化,必须以整条供应链的价值增值为基础,这就要求各节点企业之间必须合作。因此,供应链管理是对供应链全面协调性的合作式管理,它不仅要考虑核心企业内部的管理,而且更注重供应链中各环节、各企业之间资源的利用与合作,使各企业之间进行合作博弈,最终达到"共赢"。

3. 供应链管理的信息技术性

供应链管理战略是现代网络信息技术与战略联盟思想的结晶。在供应链管理系统中,信息是供应链各节点沟通的载体。从一定意义上说,供应链中各阶段的节点企业是通过信息这条纽带集成起来的。可靠、准确的信息是企业决策的基础,它能降低企业运作中的不确定性,提高供应链的反应速度。因此,供应链管理的主线是信息管理,信息管理的载体是信息平台。通过这个平台实现信息共享,将市场供求信息及时、准确地传达到供应链上各节点企业,在此基础上进一步实现供应链管理。

4. 供应链管理的协调性

在供应链管理下,强调更多的是供应链各节点企业的合作与协调,提倡在各节点企业之间建立战略伙伴关系,将过去企业之间的敌对关系转变为紧密合作的伙伴关系。这种伙伴关系主要体现在共同解决问题,共同制定决策和共享信息等方面。供应链管理模式强调和依赖战略管理,最终是对整个供应链进行战略决策。它遵循的原则是个体利益服从集体利益,即供应链中所有参与者的首要目标是整个供应链的总成本最低,效益最高,共同以最终客户满意为己任。这也是所有参与者制定决策的首要标准。

5. 供应链管理的交易费用最小性

供应链管理要求上下游企业之间从过去那种对抗竞争型的你输我赢关系,转变为双赢的战略合作伙伴关系,从供应链整体能够给客户带来的价值来评价企业的经营绩效。这就要求供应链当中的合作伙伴能够信息共享、利益共享、风险共担,建立分工协作体制,充分发挥各伙伴成员的专业化优势。供应链中企业的联合是一种跨越组织边界、资产边界、职能边界、业务边界、经营边界的目的性很强、以某一订单或合同为合作依据的动态性自适应组织,因此才能产生来自企业却高于企业的供应链价值。供应链这种企业组织的制度安排,可使成员企业通过交易获得福利。每个成员企业通过在供应链中进行交易,至少可以获取边际收益,使企业能够生存。效率高的企业甚至可以获得高于边际收益的利润,进而获得发展空间。与此同时,还需特别指出的是,由于供应链在其内部消除了信息不对称现象,因此可以大幅降低成员企业之间的交易成本。

(四) 供应链管理的作用

1. 供应链管理能有效降低成本

通过实施供应链管理,企业可以有效减少供应链节点企业之间的重复工作,从而使供应链流程简单化、高效化、低成本。同时,通过建立共享的数据交换系统,可以有效减少因信息交换不充分带来的重复与浪费,有效消除"需求放大"效应。此外,供应链成员企业之间实现全流程的无缝作业,可以大幅提高接口工作效率,减少失误与浪费。从成本方面看,供应链管理是通过注重产品最终成本来优化供应链的。这里提到的最终成本是指实际发生的到达客户时的总成本,包括采购时的价格及送货成本、存货成本等。

2. 供应链管理能增加时间效用

供应链通过在全球范围内优化选择链上的成员企业,既可以实现相互间的优势互补,又能实现对客户需求的快速有效反应,大幅缩短从订货到完成交货的周期。此外,供应链管理通过Internet/Intranet作为技术支撑,使其成员企业能够实时获取并处理外部信息及链上信息,从而提高整个供应链对客户需求快速有效反应的能力,实现供应链各环节即时出售、即时制造、即时供应。也就是说,通过供应链各节点企业的优化组合,使需求信息的获取与随后做出的反应尽量接近实时及最终客户,将客户需求的提前期减少到最低限度,从而获取市场竞争的时间优势,从而增加时间效用。

3. 供应链管理更新了物流理念

供应链管理加速了物流一体化发展。物流一体化是指不同职能部门之间或不同企业之间通过物流合作,达到提高物流效率、降低物流成本的目的。供应链管理通过实现物流一体化,改变供应链节点企业之间利益对立的传统理念,在整个供应链范围内建立起利益共享的协作伙伴关系。供应链管理把从供应商开始到最终消费者的物流活动作为一个整体进行统一管理,始终从整体和全局上把握物流的各项活动,使整个供应链的库存水平最低,从而实现供应链整体物流最优化。

4. 供应链管理能发挥整体优势

当今的国际市场竞争是全方位的竞争,很多企业已经深感在日益激烈的市场竞争中力不从心,因此有必要联合多个企业结成有机整体,共同参与竞争。而联盟的对象首先是与本企业业务内容相关的上下游企业。实施供应链管理使原来客观存在的供应链有机连接起来,使"链"上的各个企业都受益。供应链管理与传统所讲的渠道成员之间的"纵向一体化"联合是不同的。通常所说的纵向联合指上游供应商与下游客户之间在所有权上的纵向合并。以前人们认为这是一种理想的渠道战略,但现在企业更注重发挥核心业务的优势,纵向合并则失去了魅力。因此,采用"资源外购"或"业务外包",即除了自己的核心业务,其他所需的产品或服务一律从其他企业采购,成为当今企业发挥自己专业优势的一种策略。

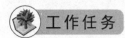

一、消除供应链长鞭效应

长鞭效应(bull whip effect)是指供应链上的需求信息沿供应链向上传递时被不断曲解放大的现象。当供应链上的各节点企业只根据来自其相邻的下级企业的需求信息进行生产或者供应决策时,需求信息的不真实性会沿着供应链逆流而上,并被逐级放大。当需求信息达到源头的供应商时,其所获得的需求信息和实际消费市场中的顾客需求信息往往会有很大的偏差,这将会造成企业的生产与运输作业不均衡、库存居高不下等问题,从而导致企业成本过高。

长鞭效应最初是由宝洁公司发现的。20世纪90年代中期,宝洁公司的工作人员在对他们最畅销的婴儿尿布产品的订单模式进行检查时,发现了一个奇怪的现象:该产品零售数量相当稳定,但其分销商与批发商在订购时产生明显数量波动,而且宝洁公司向其供货商订货的波动性更大。进一步研究后发现,零售商往往根据对历史销量及现实销售情况的预测,确定一个比较客观的订货量。但为了保证这个订货量是及时可得的,并且能够适应顾客需求增量的变化,他们通常会将订货量做一定放大后向批发商订货,而批发商出于同样的考虑,也会在汇总零售商订货量的基础上再做一定的放大后向销售中心订货。这样,虽然顾客需求量并没有大的波动,但经过零售商和批发商的订货放大后,订货量就一级一级地被放大了。

1. 长鞭效应产生的主要原因

(1)需求预测修正。供应链上的成员采用不同的预测模型进行各自的预测,所采用的数据仅限于下游客户的直接订单,对未来的掌握不准确,因此常在预测值上加上一个修正增量作为订货数量,导致需求量虚增。

(2)价格波动。零售商和分销商面对价格波动剧烈、促销与打折活动、供不应求、通货膨胀、自然灾害等情况,往往会采取加大库存量的做法,使订货量远远大于实际的需求量。

(3)订货批量。企业订货常采用最大库存策略,在一个周期内或者等订单汇总到一定数量后再向供应商整批订货,这导致其上游供应商看到的是一个不真实的需求量。

(4)环境变异。这是由于政策和社会等环境的变化所产生的不确定性,造成了订货需求被放大。一般应付它最主要的手段是保持高库存,且不确定性因素越大,库存就越高,但这种高库存代表的并不是真实的需求。

(5)短缺博弈。当市场上某些产品的需求增大时,零售商和分销商就会怀疑这些商品将出现短缺的情况,这将引发他们扩大订货量。但当需求降温或短缺结束后,大的订货量又突然消失,这就造成了需求预测和判断的失误,产生了长鞭效应。

(6)库存失衡。传统的营销一般是由供应商将商品送交销售商,其库存责任仍然归供应商,待销售完成后再进行结算,但商品却由分销商掌握和调度。这就使销售商普遍倾向于加大订货量掌握库存控制权,因而使订货需求增加,产生了长鞭效应。

(7)缺少协作。由于缺少信息交流和共享,企业无法掌握下游的真正需求和上游的供货能力，只好自行多储备货物。同时，供应链上无法实现存货互通有无和转运调拨，只能各自持有高库存，这也会产生长鞭效应。

(8) 提前期。需求的变动随提前期的增长而增大，且提前期越长，需求变动引起的订货量就越多。企业由于对交货的准确时间心中无数，往往希望对交货日期留有一定的余地，因而持有较长的提前期。因此，逐级地拉长提前期，也产生了长鞭效应。

2. 长鞭效应的消除方法

由于长鞭效应是从下游客户端逐级向上游转嫁风险的结果，因此它会危害整条供应链的运作，导致总库存增加、生产无序和失衡、业务流程阻塞、资源浪费、市场混乱和风险增大。

因此，必须运用先进的管理技术和信息技术加以妥善解决，消除需求信息的扭曲和失真。有效消除长鞭效应的方法主要有以下八种。

(1) 提高预测的精确度。这需要考虑历史资料、定价、季节、促销和销售额等因素。有些数据是掌握在零售商和分销商手中的，必须与他们保持良好的沟通，及时获得这些数据，采取上下游间分享预测数据并使用相似的预测方法进行协作预测，来提高预测的准确性。

(2) 实现信息共享。这是消除长鞭效应最有效的措施之一。供应链成员间通过互联网/EDI来实现实时交流和共享信息，减少和消除信息的不对称性，准确把握下游的实际需求。

(3) 业务集成。供应链成员间实现业务紧密集成，形成顺畅的业务流，这既能减少下游的需求变动，又能掌握上游的供货能力，使下游的供应链成员安心享受供给保障，不再虚增需求。

(4) 订货分级管理。根据"二八定律"划分分销商，对它们进行分别对待，实行订货分级管理，通过管住关键销售商和重要销售商来降低变异概率。

(5) 合理分担库存。供应商、分销商和零售商采用联合库存的方式合理分担库存，一旦某处出现库存短缺，可立即从其他地点调拨转运来保证供货。这既防止了需求量被放大，又体现了风险共担，降低了整体库存，有效地抑制了长鞭效应。

(6) 缩短提前期。一般来说，订货提前期越短，订量越准确。根据沃尔玛的调查，如果提前26周进货，需求预测的误差为40%；提前16周进货，需求预测的误差为20%；而在销售时节开始时进货，则需求预测的误差为10%。因此，缩短提前期能够显著地抑制长鞭效应。

(7) 采用业务外包。外包服务也可以抑制长鞭效应。例如，采用第三方物流策略既可以缩短提前期和实现小批量订货，无须再向一个供应商一次性大批订货，同时也减少了运输风险。

(8) 建立伙伴关系。通过实施供应链战略伙伴关系，可以消除长鞭效应。供需双方在战略联盟中相互信任，公开业务数据，共享信息和业务集成。这样，相互都了解对方的供需情况和能力，避免了短缺情况下的博弈行为，从而减少了产生长鞭效应的机会。

3. 消除供应链长鞭效应案例

京东将未来的供应链概括为三个本质：需求驱动、开放协同、敏捷响应。可以说，未来的电商平台已不仅是商家的销售渠道，而且是以全供应链条作为共同决策者。2020年11月1日当天，美的冰箱在京东的销售额达到了1.2亿元，同比增长了96%。据美的冰箱电商部工作人员介绍，过去美的冰箱从入仓到送达消费者手中，时间大约在30天到45天。这需要对各仓库的100多个SKU（stock keeping unit，库存量单位）货品进行复杂预测。备货多了容易滞销，而且增加仓储费用；备货少了又会影响销售。在与京东深度合作后，美的冰箱的周转周期降到了28天，滞销情况得到了改善，仓位错配问题也得到了有效解决。这得益于京东与美的之间对销售预测、供需、采购、订单执行等流程节点的持续优化。从双方联合制定销售计划、入库需求、产销存预测，再到采购计划、排产计划的联动，双方打通了端到端的全链条可视、可支持决策。据京东介绍，双方的协同人员每人每月可节省 22 小时，每年的仓储物流费用可节省上千万元。相应地，销售量也得到了大幅提升。类似的案例京东已积累了许多，这代表了一种全新的商业模式和生产关系。可以说，未来的电商平台已不仅是商家的销售渠道，而是以全供应链条作为共同决策者。

二、供应链的设计与优化

在市场经济高速发展的今天，供应链早已构成了企业运营的基础。随着供应链管理的深化，人们逐渐认识到"一招鲜吃遍天下"的单一供应链已逐渐落后于这个日新月异的时代。现代企业拥有多项业务能力已是普遍现象，不同产品或服务在供应链各个环节需要不同的策略。因此，对企业来说，设计一个科学的供应链是非常关键的。供应链设计步骤如图 7-7 所示。

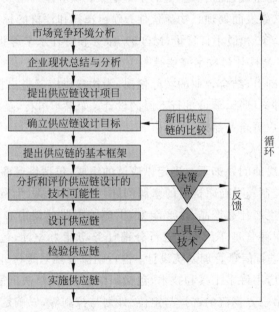

图 7-7　供应链设计步骤

1. **市场竞争环境分析**

市场竞争环境分析的目的在于找到针对的产品市场开发供应链。因此，要从现在的产品需求是什么，产品的类型和特征是什么去着手分析。在分析市场特征时，要对卖主、用户和竞争者进行调查，提出诸如"用户想要什么""他们在市场中的分量有多大"之类的问题，以确认用户的需求和因卖主、用户、竞争者产生的压力。这一步要按重要性排列出每种产品的市场特征，同时对市场的不确定性做出分析和评价。

2. **企业现状总结与分析**

企业现状总结与分析主要是分析企业供需管理的现状（如果企业已经有供应链管理，则分析供应链的现状）。这一步骤的目的在于研究供应链开发的方向，分析、找到、总结企业存在的问题及影响供应链设计的阻力等因素，而不在于评价供应链设计策略的重要性和适合性。

3. 提出供应链设计项目

提出供应链设计项目主要是针对存在的问题,分析其必要性。围绕供应链的"可靠性"和"经济性"两大核心要求了解产品,提出供应链设计的目标。这些目标包括提高服务水平和降低库存投资之间的平衡,以及降低成本、保障质量、提高效率、提高客户满意度等。

4. 确立供应链设计目标

确立供应链设计目标是根据产品的供应链设计策略提出的。主要目标在于获得高用户服务水平和低库存投资、低单位成本之间的平衡。同时,还应包括以下目标:①进入新市场;②开发新产品;③开发新分销渠道;④改善售后服务;⑤提高用户满意度;⑥降低成本;⑦通过减少库存提高工作效率等。

5. 提出供应链的基本框架

通过分析供应链的组成,提出供应链的基本框架。供应链的成员组成主要包括制造工厂、设备、工艺和供应商、制造商、分销商、零售商及用户的选择及其定位,以及确定选择与评价的标准。分析供应链节点的组成,提出供应链的基本框架;供应链的组成包括产品设计公司、制造工厂、材料商、外发厂(如表面处理)、物流伙伴;确定选择和评价的标准,包括质量、价格、准时交货、柔性、提前期(L/T)和最小订货量(MOQ)、服务和管理水平等指标。

6. 分析和评价供应链设计的技术可能性

在可行性分析的基础上,结合企业的实际情况,为构建供应链提出技术选择建议。这是一个决策过程,如果认为方案可行,就可进行下面的设计;如果不可行,就需要重新设计供应链,调整节点企业或建议客户更新产品设计。

7. 设计供应链

设计供应链需要解决的问题如下。确定供应链的组成,包括供应商、设备、工厂、分销中心的选择与定位、计划与控制;明确原材料的来源问题,包括供应商、价格、运输等问题;进行生产设计,包括需求预测、生产什么产品、生产能力、供应给哪些分销中心、价格、生产计划、生产作业计划和跟踪控制、库存管理等问题;进行分销任务与能力设计,包括产品服务于哪些市场、运输、价格等问题;进行信息管理系统设计;进行物流管理系统设计等。

在供应链设计中会应用许多工具和技术,包括归纳法、集体解决问题、流程图、模拟和设计软件等。另外,要进行第三方物流的选择与定位、计划与控制等,以确定产品和服务的计划、运送和分配、定价等。同时,设计过程需要各节点企业的参与,以便以后有效实施。

8. 检验供应链

供应链设计完成后,应通过一定的方法、技术进行检验或试运行。如不能顺利运行,应返回第四步重新设计;如果没有发现问题,就可实施供应链管理了。

9. 实施供应链

供应链实施过程中需要核心企业的协调、控制和信息系统的支持,使整个供应链成为一个整体。但是对于企业而言,由于市场是不断变化的,企业的供应链影响因素随着市场环境的变化而变化,因而企业的供应链也要随之进行调整。因此,企业供应链的设计应该是一个循环过程。当影响企业的市场因素发生变化,企业旧的供应链结构将不利于企业效率的有效提升,因此就需要企业修正或者重新设计供应链。

三、评估供应链绩效

只有进行评价才能进行改进。无论供应链规模有多大,其是否成功是根据供应链绩效好坏进行评价的。物流与供应链管理研究专家马士华教授认为,为了使供应链持续健康发展,在供应链管理中一个非常重要的问题就是如何科学、全面、客观地分析和评价供应链的运营绩效。

(一)供应链绩效评价的概念及特点

1. 供应链绩效评价的概念

20世纪90年代以来,企业团体和理论界普遍关注供应链管理。但是由于国内外学者偏重供应链绩效评价方法和指标的实证分析研究,很少探讨供应链绩效评价的概念,因此到目前为止,关于供应链绩效评价还没有明确的、系统的、统一的概念。1998年,美国密歇根州立大学教授唐纳德J.鲍尔索克斯(Donald J. Bowersox)和戴维J.克劳斯(David J. Cloas)、M.比克斯比·库珀(M. Bixhy Cooper)合著《供应链物流管理》一书,该书认为企业团体日益重视供应链绩效和效率,希望找到透视总体的衡量方法。这种透视衡量方法必须是可以比较的,既适用于机构的职能部门,又适用于行政部门。他们将供应链绩效评价定义为系统的评价方法。

供应链绩效评价是指围绕供应链的目标,对供应链整体各环节的(尤其是核心企业)运营状况及各环节之间的运营关系等进行的事前、事中和事后分析评价。一般应从以下三个方面理解供应链绩效评价概念的内涵。

(1) 供应链绩效评价是基于业务流程的绩效评价。

(2) 供应链管理的绩效评价与单个企业的绩效评价有很大不同。评价供应链运营绩效,不仅要评价节点企业的运营绩效,而且要考虑节点企业的运营绩效对其上层节点企业或整个供应链的影响等。

(3) 供应链绩效评价不仅指传统意义上的绩效评价,还包括更广的评价范围、更深的评价层次,涉及各个时间阶段供应链运营所表现出来的绩效;不仅适用于事后评价,而且适用于实时监控与未来预测。

2. 供应链绩效评价的特点

根据供应链管理的特点,供应链整体运营状况及上下游节点企业之间的运营关系将是供应链绩效评价关注的重点,不能只评价某一节点企业的运营情况。例如,对于供应链分销商来讲,如果某分销商提供的某种商品价格很低,就会比其他分销商销售得快。如果孤立地对这一分销商绩效进行评价,就会认为该分销商的经营绩效较好。但这种行为将扰乱市场价格,进而损害整个供应链的利益。因此,评价供应链运营绩效,不仅要评价某节点企业的运营绩效,而且要考虑节点企业的运营绩效对其上层节点企业及整个供应链的影响。

现有的企业绩效评价指标是基于功能的绩效评价指标,如图7-8所示。供应链绩效评价指标是基于业务流程的绩效评价指标,如图7-9所示。通过示意图,可以看出它们之间的差异。

从图7-8和图7-9中可以看出,供应链管理的绩效评价与传统绩效评价有着很大不同,它包括更广的评价范围、更深的评价层次。与传统评价模式相比,供应链管理绩效评价有以下特点。

图 7-8 现行基于功能的企业绩效评价指标示意图　　图 7-9 基于流程的供应链绩效评价指标示意图

(1) 供应链绩效评价的整体性。传统的企业绩效评价侧重于单个企业,不注重企业链的整体绩效。这种评价容易造成各部门各自为政、不考虑整体效益。供应链的绩效评价注重的是供应链的整体效益,而不是单独从一个企业自身分析,从而反映整个供应链的优化状况。供应链绩效评价除了对企业内部运作进行基本评价,还把注意力放在外部链条的测控上,以保证企业内外在绩效上达成一致,追求的是各成员企业之间利益的均衡。

(2) 供应链绩效评价的时效性。传统企业绩效评价指标的数据来源于财务报表,在时间上略为滞后,导致企业对供应链运营过程中产生的问题反应迟缓,不能及时、准确应对市场变化,影响企业发展。供应链绩效评价则要求能反映供应链的动态运营情况,适时地调整策略。因为供应链是由多个企业构成的系统,各企业之间信息传递的速度远远比不上在一个企业内部迅速,某节点企业在生产或送货方面的延误很有可能影响下游多个企业形成"牛鞭效应",影响供应链成员合作关系的长期稳定。因此,供应链的绩效评价必须注重时效性。

(3) 供应链绩效评价的多维性。这是由供应链空间多维度的特性决定的。其多维性一是指供应链的系统空间已远远突破单个企业界限,通过电子商务、虚拟供应链、战略联盟等模式由点向线、由线向面,再向立体空间拓展,使供应链的资源、生产和销售范围扩大;二是指由于各供应链主体之间没有明显的界限,且不同主体之间相互影响,使供应链的影响范围扩大,因此供应链必须在更大的范围内制定产供销战略,规划产供销活动。

(4) 供应链绩效评价的科学性。传统的企业绩效评价主要针对企业职能部门的工作完成情况,不能对企业流程进行评价,更不能客观准确地反映企业的经营效果。供应链绩效评价指标是基于业务流程的绩效评价指标,能科学、客观地评价整个供应链的运营情况。

(二) 供应链绩效评价的作用

(1) 评价整个供应链的运行效果。为供应链的生存、组建、运行和撤销等决策提供必要的客观依据,找出供应链运作方式的不足,及时采取措施补救。

(2) 评价供应链节点企业的贡献。通过对节点企业为供应链所作贡献的评价,对其采取激励机制,吸引适合供应链的企业加盟,剔除那些不适合供应链的企业,保证供应链的整体效益和健康发展。

(3) 评价供应链各节点企业之间的合作关系。针对供应链上游企业对下游企业提供的产品和服务的质量,从用户满意度的角度评价上下游企业之间的合作伙伴关系性质和状况。

(4) 通过建立供应链激励机制可以对节点企业起到激励作用。有利于节点企业积极朝着"共赢"的方向努力。使供应链的运作更加顺畅,节约成本,增加供应链的整体利益。

(5) 建立供应链绩效评价指标体系,以使供应链管理过程形成一个闭环系统。建立供应链绩效评价体系,不仅能有效协调供应链中的各种矛盾,而且能使供应链管理过程形成一个闭环系统,对供应链不断地进行优化,如图 7-10 所示。在这个闭环系统中,一方面基于供应链战略和目标确定绩效评价目标,评价将进一步引导供应链的每一个成员朝着整体目标努力,最终形成有效的目标管理。另一方面,评价(对执行和结果进行评价)作为一种反馈信息,有利于对计划与决策乃至供应链的战略目标进行调整。如此不断循环,从而不断加强目标管理和过程管理。

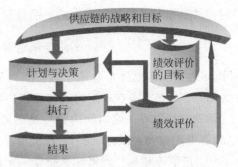

图 7-10 供应链管理过程形成的闭环系统

(三) 供应链绩效评价应遵循的原则

随着供应链管理理论的不断发展和供应链管理实践的不断深入,为了科学、客观地反映供应链的运营情况,应该寻求与之相适应的供应链绩效评价方法,并建立相应的绩效评价指标体系。在实际运作中,为了建立能有效评价供应链绩效的指标体系,应遵循以下原则。

(1) 突出重点。要对关键绩效指标进行重点分析,从而有重点地对整个供应链的突出问题进行评价。

(2) 建立能反映供应链业务流程绩效的评价指标体系。

(3) 突出运营状况的整体性。评价指标要能反映整个供应链的运营情况,而非仅仅反映单个节点企业的运营情况。

(4) 实时分析与评价。应尽可能采用实时分析与评价的方法,把绩效度量的范围扩大到能反映供应链实时运营的信息上去,这比仅进行事后分析要有价值得多。

(5) 重视对节点企业之间关系的评价。在衡量供应链绩效时,要采用能反映供应商、制造商及用户之间关系的绩效评价指标,把评价的对象扩大到供应链上的相关企业。

(四) 供应链绩效评价的具体指标

在评价工作中,被评价对象往往是一种由多种因素构成的系统,因此评价指标也是多种多样、相互关联的,这些相互关联的评价指标所构成的指标系统就是评价指标体系。在评价指标体系中,指标的联系是由系统本身各要素间的关系和评价目的所决定的。按不同的标准,评价指标可以分为多种类型(如数量指标、质量指标等),各类指标的具体含义不同,其应用范围也不同。在形成指标体系时,应注意不同类型指标的综合应用,以便全面、客观地反映被评价对象。

反映整条供应链运营的绩效评价指标,应综合考虑指标评价的客观性和实际可操作性,常用的有以下七个评价指标。

(1) 产销率指标。产销率是指在一定时间内已销售出去的产品数量与已生产的产品数量的比值,具体公式为

$$产销率 = \frac{已销售出去的产品数量}{已生产的产品数量} \times 100\%$$

该指标反映供应链在一定时间内的产销经营状况,其时间单位可以是年、月、日。随着供应链管理水平的提高,时间单位可以取得越来越小,甚至可以以天为单位。该指标也反映供应链资源(包括人、财、物、信息等)的有效利用程度,产销率越接近 1,说明资源利用程度越高。同时,该指标反映了供应链库存水平和产品质量,其值越接近 1,说明供应链成品库存量越小。

(2) 平均产销绝对偏差指标。平均产销绝对偏差是指在一定时间内,所有节点企业已生

产的产品数量与其已销售出去的产品数量之差的绝对值之和的平均值,具体公式为

$$平均产销绝对偏差 = \sum_{i=1}^{n} \frac{|P_i - S_i|}{n}$$

式中,n 为供应链成员企业的个数;P 为第 i 个成员企业在一定时间内已生产的产品数量,S 为第 i 个成员企业在一定时间内已销售出去的产品数量。

该指标反映在一定时间内供应链的总体库存水平,其值越大,说明供应链成品库存量越大,库存费用越高。反之,说明供应链成品库存量越小,库存费用越低。

(3) 产需率指标。产需率是指在一定时间内,节点企业已生产的产品数量与其上层节点企业(或客户)对该产品的需求量的比值。具体分为以下两个指标。

① 供应链成员企业产需率,具体公式为

$$供应链成员企业产需率 = \frac{成员企业已生产的产品数量}{上层成员企业对该产品的需求量}$$

该指标反映上、下游节点企业之间的供需关系。产需率越接近 1,说明上、下游节点企业之间的供需关系越协调,准时交货率越高;反之,则说明上、下游节点企业准时交货率低或者企业的综合管理水平较低。

② 供应链核心企业产需率,具体公式为

$$供应链核心企业产需率 = \frac{一定时间内核心企业已生产的产品数量}{一定时间内客户对该产品的需求量}$$

该指标反映供应链整体生产能力和快速响应市场的能力。如果该指标数值大于或等于1,说明该供应链整体生产能力较强,能快速响应市场需求,具有较强的市场竞争能力;如果该指标数值小于 1,则说明供应链整体生产能力不足,不能快速响应市场需求。

(4) 供应链产品出产循环期或节拍指标。当供应链节点企业生产的产品为单一品种时,供应链产品出产(或投产)循环期指产品的出厂节拍;当供应链节点企业生产的产品品种较多时,供应链产品出产循环期指混流生产线上同一种产品的出产间隔。由于供应链管理是在市场需求多样化经营环境中产生的一种新的管理模式,其节点企业(包括核心企业)生产的产品品种较多,因此,供应链产品出产循环期一般指节点企业混流生产线上同一种产品的出产间隔期。它可分为以下两个具体指标。

① 供应链节点企业(或供应商)零部件出产循环期。该循环期指标反映了节点企业库存水平及对其上层节点企业需求的响应程度。该循环期越短,说明该节点企业对其上层节点企业需求的快速响应性越好。

② 供应链核心企业产品出产循环期。该循环期指标反映了整条供应链的在制品库存水平和成品库存水平,同时反映了整条供应链对市场或客户需求的快速响应能力。核心企业产品出产循环期决定着各节点企业产品出产循环期,即各节点企业产品出产循环期必须与核心企业产品出产循环期合拍。该循环期越短,一方面说明整条供应链的在制品库存量和成品库存量都比较少,总的库存费用都比较低;另一方面也说明供应链管理水平比较高,能快速响应市场需求,并具有较强的市场竞争力。

(5) 供应链总运营成本指标。供应链总运营成本包括供应链通信成本、供应链总库存费用及各节点企业外部运输总费用,反映供应链运营的效率。

① 供应链通信成本。供应链通信成本包括各节点企业之间的通信费用,如 EDI、因特网的建设和使用费用,供应链信息系统开发和维护费等。

② 供应链总库存费用。供应链总库存费用包括各节点企业在制品库存和成品库存费用、各节点之间在途库存费用。

③ 各节点企业外部运输总费用。各节点企业外部运输总费用等于供应链所有节点企业之间运输费用的总和。

（6）供应链核心企业产品成本指标。供应链核心企业的产品成本是供应链管理水平的综合体现。根据核心企业产品在市场上的价格确定该产品的目标成本,再向上游追溯到各供应商,确定相应的原材料、配套件的目标成本。只有当目标成本小于市场价格时,各个企业才能获得利润,供应链才能得到发展。

（7）供应链产品质量指标。供应链产品质量指供应链各节点企业（包括核心企业）生产的产品或零部件的质量,主要包括合格率、废品率、退货率、破损率、破损物价值等指标。

提升产业链供应链韧性和竞争力

 实践应用

一、QR 供应链管理在电商企业中的应用

（一）QR 产生的背景

快速响应(QR)是美国纺织与服装行业开发的一项供应链管理策略。20 世纪 70 年代后半期,由于通货膨胀导致价格上涨,纺织品的大量进口使美国纺织业快速萎缩。1985 年,纺织与服装协会委托咨询公司 Kurt Salmon 进行供应链分析,结果发现,尽管系统的各个部分具有高运作效率,但整个系统的效率却很低。于是,纤维、纺织、服装,以及零售业开始寻找那些在供应链上导致高成本的活动,发现供应链的长度是影响其运作效率的主要因素。从原材料采购到消费者购买,时间为 66 周的供应链不仅各种费用庞大,而且建立在不精确需求预测上的生产和分销,因数量过多或过少造成的损失每年可达 25 亿美元,其中 2/3 的损失来自零售商或制造商对服装的降价处理及零售时的缺货。

巩固和加强全球产业链供应链合作

这项研究推动了快速响应策略的应用和发展。快速响应是零售商及其供应商密切合作的策略,零售商和供应商通过共享 POS 系统信息、联合预测未来需求、发现新产品营销机会等,对消费者需求做出快速响应。从业务操作角度讲,贸易伙伴需要用 EDI 来加快信息流动,并共同重组他们的业务活动,从而将订货前导时间和成本最小化。在补货中应用 QR 可以将交货前导时间缩短 75%。

（二）QR 的概念

中华人民共和国国家标准《物流术语》(GB/T 18354—2021)对快速响应（quick response,QR）的定义是:供应链成员企业之间建立战略合作伙伴关系,利用电子数据交换(EDI)等信息技术进行信息交换与信息共享,用高频率小批量配送方式补货,以实现缩短交货周期,减少库存,提高顾客服务水平和企业竞争力的一种供应链管理策略。

（三）实施 QR 的优点

1. 实施 QR 对生产商的优点

（1）更好地为顾客服务。快速反应可以使生产商更好地协调与零售商间的关系,并为客

户提供更好的服务。长期为顾客提供良好的服务会增加生产商的市场份额。

(2) 降低了流通费用。由于 QR 集成了对顾客消费水平的预测和生产规划,因此可以提高库存周转速度,减少需要处理和盘点的库存量,从而降低了流通费用。

(3) 降低了管理费用。因为不需要手工输入订单,所以采购订单的准确率提高了,额外发货的减少也降低了管理费用。货物发出之前,仓库对运输标签进行扫描并向零售商发出提前运输通知,这些措施都降低了管理费用。

(4) 生产计划准确。由于可以对销售进行预测并能够得到准确的销售信息,生产商可以准确地安排生产计划。

2. 实施 QR 对零售商的优点

(1) 提高了销售额。条形码和 POS 扫描使零售商能够跟踪各种商品的销售情况,这样零售商就能够准确地跟踪库存情况,在库存真正降低时才订货,以缩短订货周期,提高销售额。

(2) 减少了削价的损失。由于具有更为准确的顾客需求信息,零售商可以更多地储存顾客需要的商品,减少顾客不需要商品的存货,这样就减少了削价的损失。

(3) 降低了采购成本。采购成本是企业完成采购职能时发生的费用,这些职能包括订单准备、订单创建、订单发送及订单跟踪等。实施 QR 后,这些业务流程被大幅简化了,采购成本也随之降低。

(4) 降低了流通费用。生产商使用物流条形码(SCM)标签后,零售商可以通过扫描这个标签以减少手工检查到货所发生的成本。SCM 支持商品直接出货,即配送中心收到商品后不需要检查,可立即将商品送到零售商的店铺。厂商发来的预先发货清单(ASN)可使配送中心在商品到达前有效地调度人员和库存空间。

(5) 加快了库存周转。零售商能够根据顾客的需要频繁地小批量订货,降低了库存的投资和相应的运输成本。

(6) 降低了管理成本。管理成本包括接收发票、发票输入和发票例外处理时产生的费用,由于采用了电子发票及 ASN,管理费用大幅降低。

总之,采用 QR 后,虽然单位商品的采购成本会增加,但通过频繁地、小批量采购商品,服务水平得到提高,零售商就更能适应市场的变化,同时其他成本如库存成本和清仓削价成本等也会降低,最终提高了利润。

(四) QR 的实施步骤

实施 QR 需要经过六个步骤,每一个步骤都需要以前一个步骤为基础,并比前一个步骤有更高的回报,但是这需要额外的投资,具体描述如下。

1. 安装使用条形码和 EDI

零售商首先必须安装通用产品代码(universal product code, UPC)、POS 扫描和 EDI 等技术设备,以加快 POS 机收款速度、获得更准确的销售数据并使信息沟通更加通畅。POS 扫描用于数据输入和数据采集,即在收款检查时用光学方式阅读条形码,然后将条形码转换成相应的商品代码。

通用产品代码(UPC)是行业标准的 12 位条形码,用作产品识别。正确的通用产品代码对 POS 端的顾客服务和有效的操作是至关重要的。扫描条形码可以快速、准确地检查价格,并记录交易。

EDI 是一种在公司之间传输订单、发票等作业文件的电子化手段,在计算机间交换商业单证需遵从一定的标准。零售业的专用标准是由跨行业专业标准委员会制定的,食品类的专用标准是美国统一代码协会(uniform code council,UCC)制定的。EDI 要求公司将其业务单证转换成行业标准格式,并传输到某个增值网(value added network,VAN),贸易伙伴在 VAN 上接收到这些单证,然后将其从标准格式转到自己系统可识别的格式。EDI 可传输的单证包括订单、发票、订单确认、销售和存货数据及提前运输通知等。

EDI 的实施一般分为以下几个阶段。①EDI 的技术实现,主要是满足贸易伙伴通过 EDI 进行沟通的需要。②将 EDI 系统同厂商和零售商现有的内部系统集成起来,以加快信息流的速度,并提高通信数据的准确性。③重新设计业务流程,以支持全面实现 EDI 后带来的角色和责任的变化。QR 要求厂商和零售商完成本阶段的 EDI 实施。许多零售商和厂商因为都了解 EDI 的重要性,所以已经实施一些基本交易(如采购订单、发票等)的 EDI 业务。而且很多大型零售商也强制其厂商实施 EDI 来保证 QR。但 EDI 的全面实施还需要时间。

2. 固定周期补货

QR 的自动补货要求供应商更快、更频繁地运送重新订购的商品,以保证店铺货源充足,提高销售额。通过对商品实施 QR 并保证这些商品能敞开供应,零售商的商品周转速度更快,消费者可以选择更多的花色品种。某些基本商品每年的销售模式实际上都是一样的,一般不会受流行趋势的影响。因为这些商品的销售是可以预测的,所以不需要对商品进行考察来确定重新订货的数量。

自动补货指基本商品销售预测的自动化。自动补货使用基于过去和目前销售数据及其可能变化的数据,通过软件进行定期预测。同时,考虑目前的存货情况和其他一些因素,以确定订货量。自动补货是由零售商、批发商在仓库或店内进行的。

3. 建立先进的补货联盟

建立先进的补货联盟是为了保证补货业务的流畅。零售商和消费品制造商联合起来检查销售数据,制订关于未来需求的计划和预测,力求在保证有货和减少缺货的情况下降低库存水平。此外,消费品制造商还可以进一步管理零售商的存货和补货,以加快库存周转速度,提高投资毛利率(销售商品实际实现的毛利除以零售商的库存投资额)。

4. 零售空间管理

零售空间管理指根据每个店铺的需求模式来规定其经营商品的花色品种和补货业务。一般来说,对于花色品种、数量、店内陈列及培训或激励售货员等,消费品制造商也可以参与,甚至制定决策。

5. 联合产品开发

联合产品开发这一步的重点不再是一般商品和季节商品,而是像服装等生命周期很短的商品。厂商和零售商联合开发新产品,其关系的密切超过了购买与销售的业务关系,缩短了从新产品概念的产生到新产品上市的时间,而且经常在店内对新产品实时试销。

6. QR 的集成

通过重新设计业务流程,将前五步的工作和公司的整体业务集成起来,以支持公司的整体战略。QR 前四步的实施,可以使零售商和消费品制造商重新设计产品补货、采购和销售业务流程。前五步使配送中心得以改进,可以适应频繁的小批量运输,使配送业务更加流畅。

同样,由于库存量的增加,大部分消费品制造商也开始强调存货的管理,改进采购和制造业务,使自身能够做出正确的反应。在最后一步,零售商和消费品制造商重新设计其整个组织、绩效评估系统、业务流程和信息系统,设计的重点是围绕着消费者而不是传统的公司职能。

有时可以先完成最后一步工作,至少是设计整体体系结构,这样补货的改进和新产品的开发就能尽可能地互相吻合。

QR 实施的六个步骤如图 7-11 所示。

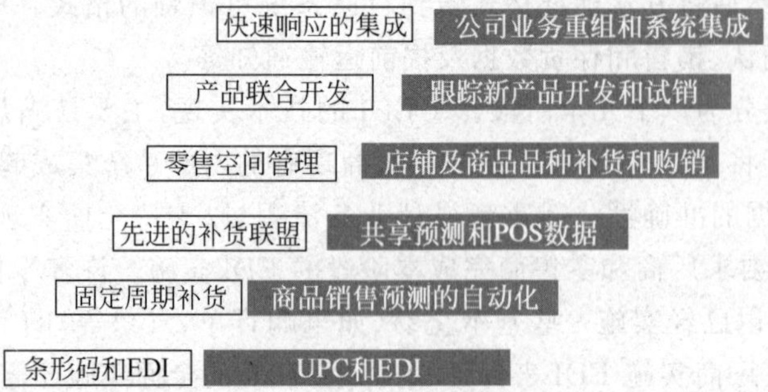

快速响应的集成	公司业务重组和系统集成
产品联合开发	跟踪新产品开发和试销
零售空间管理	店铺及商品品种补货和购销
先进的补货联盟	共享预测和POS数据
固定周期补货	商品销售预测的自动化
条形码和EDI	UPC和EDI

图 7-11　QR 实施的六个步骤

(五) QR 成功实施的条件

QR 的成功实施必须具备以下五个条件。

(1) 为了改变传统的经营方式,革新企业的经营意识和组织,企业必须改变只依靠自身力量来增强经营效率的传统经营意识,树立通过与供应链各方建立合作伙伴关系,积极利用各方资源来提高经营效率的现代经营意识。零售商在垂直型 QR 系统中起主导作用,零售店铺是垂直型 QR 系统的起始点。通过 POS 数据等销售信息和成本信息的相互公开与交换,可以提高各个企业的经营效率。同时,明确垂直型 QR 系统内各个企业之间的分工协作范围和形式,消除重复作业,建立有效的分工协作框架,通过信息技术实现事务作业的无纸化和自动化。

(2) 成功实施 QR 的前提条件是开发和应用现代信息处理技术。这些技术包括商品条形码技术、物流条形码技术(SCM)、电子订货系统(EOS)、POS 数据读取系统、EDI 系统、预先发货清单技术(ASN)、电子支付系统(EFT)、供应商管理库存(VMI)、连续补充库存方式(CRP)等。

(3) 必须与供应链各方建立合作伙伴关系,具体内容包括以下两个方面:积极寻找和发现合作伙伴;在合作伙伴之间建立分工和协作关系。合作的目标是既要削减库存,又要避免缺货现象发生,以及降低商品风险,避免大幅度降价的发生,减少作业人员并简化事务性作业等。

(4) 必须改变传统的对企业商业信息保密的做法。将销售信息、库存信息、生产信息、成本信息等与合作伙伴交流分享,并在此基础上,要求各方一起发现问题、分析问题和解决问题。

(5) 供应商必须缩短生产周期并减少商品库存。通过缩短商品的生产周期,进行多品种少批量生产和多频度小数量配送,可以降低零售商的库存水平,提高顾客服务水平。在商品实际需要即将要发生时,采用 JIT 生产方式组织生产,以减少供应商的库存水平。

(六) 实施 QR 的效益

成功实施 QR 可以为零售商带来巨大效益,具体如下。

(1) 降低库存水平。零售商能够根据消费者需求进行小批量、多批次的订货,从而降低库存水平,减少商品积压。

(2) 降低采购成本。传统商品采购需要经历订单准备、订单创建、订单发送和订单跟踪等过程,实施 QR 可以大幅简化上述业务流程,从而降低采购成本。

(3) 降低流通费用和管理费用。供应商使用统一的产品代码后,零售商可以扫描商品上的条码,这样就降低了手工检查到货所产生的成本。此外,由于采用了电子发票和 EDI 技术等手段,手工操作大幅减少,因此管理费用也大幅降低。

(4) 增加销售额。条码技术和 POS 系统的应用使零售商能够跟踪各种商品的销售和库存情况,这样零售商就能根据消费者的需求来组织货源,并开展有效的促销活动,增加商品销售额。

二、ECR 供应链管理在电商企业中的应用

(一) ECR 产生的背景

ECR(efficient customer response,有效客户反应)起源于美国日杂百货行业,20 世纪 80 年代,特别是 90 年代以后,美国日杂百货业零售商和制造商的交易关系由制造商占据支配地位转换为零售商占支配地位。在供应链内部,零售商和制造商为取得供应链主导权而展开激烈竞争,使得供应链各环节之间的成本不断转移,供应链总体成本上升。

从零售商的角度来看,新的零售业态(如便利店、超市等)大量涌现,日杂百货业的竞争更趋激烈,他们开始寻找新的管理方法。而从制造商的角度来看,他们为了拓宽销售渠道而选择直接或间接降价,结果却牺牲了自身利益。因此,制造商希望与零售商结成更为紧密的联盟关系,实现双赢。另外,从消费者的角度来看,过度竞争往往会使企业忽视消费者的需求,使他们得到的往往是不甚满意的商品。

为此,美国食品市场营销协会联合可口可乐和宝洁等公司对食品行业的供应链进行调查、分析和总结,得到改进供应链管理的详细报告,提出了 ECR 的概念体系。由此,美国食品杂货行业开始了 ECR 的实践和探索,并最终形成了供应链构筑的高潮。

(二) ECR 的概念

1. ECR 的含义

中华人民共和国国家标准《物流术语》(GB/T 18354—2021)对有效客户反应的定义是:以满足顾客要求和最大限度降低物流过程费用为原则,能及时做出准确反应,使提供的物品供应或服务流程最佳化的一种供应链管理策略。

ECR 的优点在于供应链各方为了提高顾客满意度这个共同的目标进行合作,并分享信息和诀窍。ECR 是一种把以前处于分离状态的供应链联系在一起来满足顾客需求的工具。ECR 是一个过程,这个过程主要由贯穿供应链各方的四个核心过程组成,如图 7-12 所示。因此,ECR 的战略主要集中在四个领域:店铺空间安排、商品补充,促销活动和新商品开发与市场投入。

图 7-12 ECR 和供应链过程

2. ECR 的特征

(1) 管理意识的创新。传统的产销双方的交易关系是一种此消彼长的对立型关系,即交易各方以对自己有利的买卖条件进行交易。简单地说,这是一种输赢型关系。ECR 要求产销双方的交易关系是一种合作伙伴关系,即交易各方通过相互协调合作,实现以低成本向消费者

提供高价值服务的目标,在此基础上追求双方的利益。简单地说,这是一种供应链管理双赢型(Win-Win)关系。

(2) 供应链整体协调。传统流通活动缺乏效率的主要原因在于生产商、批发商和零售商之间的联系存在非效率性,以及企业内采购、生产、销售和物流等部门或职能之间的联系同样存在非效率性。传统的组织以部门或职能为中心进行经营活动,以各部门或职能的效益最大化为目标。这样虽然能够提高各个部门或职能的效率,但容易引起部门或职能间的摩擦。同样,传统的业务流程中各企业以各自的效益最大化为目标,这样虽然能够提高各企业的经营效率,但容易引起企业间的利益摩擦。ECR 要求消除对各部门、各职能及各企业之间的隔阂,进行跨部门、跨职能和跨企业的管理和协调,使商品流和信息流在企业内和供应链内顺畅地流动。

(3) 涉及范围广。既然 ECR 要求对供应链整体进行管理和协调,ECR 所涉及的范围必然包括零售业、批发业和制造业等相关的多个行业。为了最大限度地发挥 ECR 的作用,必须对关联的行业和组成供应链的各类企业进行分析研究。

3. ECR 的目标

ECR 的主要目标是降低供应链各个环节的成本。这与 QR 的主要目标——对客户的需求做出快速反应有所不同。这是因为食品杂货业与纺织服装行业经营产品的特点不同:食品杂货业经营的产品多数是一些功能型产品,每一种产品的寿命相对较长(生鲜食品等除外),因此因订购产品数量过多或过少造成的损失相对较小;纺织服装业经营的产品多属创新型产品,每一种产品的寿命相对较短,因此因订购产品数量过多或过少造成的损失相对较大。但 ECR 与 QR 有两个共同点:一是它们都以贸易合作伙伴间的密切合作为前提;二是它们都需要共同的支持技术。

ECR 的最终目标是建立一个具有高效反应能力和以客户需求为基础的系统,使零售商及供应商以业务伙伴方式合作,以提高整个供应链的效率,而不是单个环节的效率,从而大幅降低整个系统的成本、库存和物资储备,同时为客户提供更好的服务。

(三) ECR 的指导原则及优势

1. ECR 的指导原则

(1) 以较少的成本,不断致力于向客户提供更优的产品、更好的库存服务及更多的便利服务。

(2) ECR 必须由相关的商业带头人启动。该商业带头人应决心通过代表共同利益的商业联盟取代旧式的贸易关系而达到获利的目的。

(3) 必须利用准确、适时的信息以支持有效的市场、生产及物流决策。这些信息将以 EDI 的方式在贸易合作伙伴间自由流动,它将影响以计算机信息为基础的系统信息的有效利用。

(4) 产品必须在从生产线末端到消费者为止的整个商品移动过程中不断产生最大的附加价值,以确保消费者可以及时获得所需要的商品。

(5) 必须采用共同一致的工作措施和回报系统。该系统注重其运作的有效性(即通过降低成本、库存及资产利用,实现更优价值),清晰地标识出潜在的回报(即增加的总值和利润),促进对回报的公平分配。

2. ECR 的优势

对客户、分销商和供应商来说,除有形的优势以外,ECR 还有着重要的不可量化的无形优势。

(1) 客户：增加商品的选择性和购物的便利性。

(2) 分销商：提高信誉，更加了解客户的情况，改善与供应商的关系。

(3) 供应商：加强品牌的完整性，改善与分销商的关系，将缺货率降至更低。

（四）ECR 的要素

快速产品引进(efficient product introductions)、快速商店分类(efficient store assortment)、快速促销(efficient promotion)及快速补充(efficient replenishment)被称为 ECR 的四大要素。主要内容有如下。

(1) 快速产品引进是通过电子订货系统等先进技术来实现的。

(2) 快速商店分类是通过第二次包装(如为满足不同的订单需求，将一个运输包装中的产品进行不同的包装，并赋予不同的包装标识)等手段，提高货物的分销效率，使库存和商店空间的使用率最优化。

(3) 快速促销能够提高仓储、运输、管理和生产效率，减少预先购买、供应商库存及仓储费用，使贸易和促销的整个系统效率最高。

(4) 快速补充通过以需求为导向的自动连续补货系统和计算机辅助订费，使补充系统的时间和成本最优化。

（五）ECR 系统的构建

组成 ECR 系统的技术要素主要有信息技术、物流技术、营销技术和组织革新技术。

1. 信息技术

信息技术是实现 ECR 的重要手段之一。正是信息技术的发展促进了 ECR 的发展，使不可能的事情成为可能，使复杂的工作变得简单，实现业务伙伴间和企业内部部门间的紧密合作，极大地提高效率和效益。

2. 物流技术

ECR 系统要求及时配送和货物顺畅流动。ECR 采用的主要物流技术如下。

(1) 自动补货(automatic replenishment)。自动补货是基于计算机信息技术，快捷准确地获取客户的需求信息，预测未来商品需求，并据此持续补充库存的一种技术。

(2) 越库配送(cross docking)。越库配送是物品在物流环节中，不经过中间仓库或站点存储，直接从一个运输工具换载到另一个运输工具的物流衔接方式。

(3) 连续补货计划(continuous replenishment program，CRP)。连续补货计划是利用及时准确的销售时点信息确定已销售的商品数量，根据零售商获得的批发商库存信息和预先规定的库存补充程序确定发货补充数量和配送时间的计划方法。

(4) 联合库存管理(joint managed inventory，JMI)。联合库存管理是供应链成员企业共同制订库存计划，并实施库存控制的库存管理方式。

(5) 配送资源计划(distribution resource planning，DRP Ⅱ)。配送资源计划是在配送计划的基础上，提高配送各环节的物流能力，达到系统优化运行目的的企业内物品配送计划管理方法。

(6) 协同计划、预测与补货(collaborative planning，forecasting and replenishment，CPFR)。协同计划、预测与补货应用一系列信息处理技术和模型技术，提供覆盖整个供应链的合作过程，通过共同管理业务过程和共享信息来改善零售商和供应商之间的计划协调性，提高预测精度,最终达到提高供应链效率、减少库存和提高客户满意度目的的供应链库存管理策略。

3. 营销技术

在 ECR 中采用的营销技术主要包括商品类别管理和店铺空间管理。

(1) 商品类别管理。商品类别管理是以商品类别为管理单位,寻求全部商品类别整体收益最大化。具体来说,批发商要对零售商经营的所有商品按类别进行分类,确定或评价每一类别商品的功能、作用、收益性、成长性等。在此基础上,考虑各类商品的库存水平和货架展示等因素,制订商品品种计划,对全部商品类别进行管理,以便在提高消费者服务水平的同时增加零售企业的销售额和收益。商品分类不应以是否方便企业为标准,而应按顾客的需要和顾客的购买方法进行分类。利用商品类别管理,批发商可以充分发挥服务优势,帮助零售商逐步成长。

(2) 店铺空间管理。店铺空间管理是对店铺的空间安排、各类商品的展示比例、商品在货架上的布置等进行最优化管理。在 ECR 中,店铺空间管理和商品类别管理同时进行,相互作用。在综合店铺管理中,对于该店铺所有类别的商品进行货架展示面积的分配,对于每个类别下不同品种的商品进行货架展示面积分配和展示布置,以便提高单位营业面积的销售额和收益率。

4. 组织革新技术

ECR 使用的组织革新技术包括企业内部革新技术和企业间的革新技术。

(1) 企业内部革新技术。企业内部革新技术是在企业内部的组织革新方面,把采购、生产、物流、销售等按职能划分的横向组织形式,变成把企业经营的所有商品按类别分类,对应每一类商品设立一个管理团队,以这些管理团队为核心构成新的组织形式。

(2) 企业间的革新技术。企业间的革新技术是指组成供应链的企业间需要建立双赢的合作伙伴关系。具体而言,供应链各成员需要在企业内部建立以商品类别为管理单位的组织。使相同商品类别的管理团队能够集中讨论从原材料采购、生产计划到物流配送、销售管理及消费者动向等有关该商品类别的全部管理问题。另外,企业之间必须进行信息交换和信息共享。然而,在多品种、少批量定制化生产模式下,这种管理团队有可能增加企业内部的管理成本,从而影响供应链的整体效率。因此,这种合作伙伴关系的建立最终依赖企业最高决策层的支持。

(六) ECR 战略

1. 有效的店内布局

实施这一战略,其目的是通过有效地利用店铺的空间和店内布局以便最大限度地提高商品的获利能力。利用计算机化的空间管理系统,零售商可以提高货架的利用率。有效的商品分类要求店铺储存消费者需要的商品,把商品范围限制在高销售率的商品上,从而提高所有商品的销售业绩。

了解消费者的意见是商品品种决策对企业的要求。消费者调查的信息有力地帮助企业了解消费者的购买行为。

企业应经常监测店内空间分配以确定产品的销售业绩。优秀的零售商至少每月检查一次商品的空间分配情况,甚至每周检查一次。这样品种经理可以对新产品的导入、老产品的撤换、促销措施及季节性商品的摆放制定及时、准确的决策。同时,通过分析各种商品的投资回报率,有助于企业了解商品的销售趋势,企业可以根据这些分析结果对商品的空间分配进行适当的调整,从而保证商品的销售,实现事先确定的投资收益。

2. 有效的补货

有效补货战略是通过努力降低系统的成本,从而降低商品的售价。其目的是将正确的产品在正确的时间和正确的地点以正确的数量和最有效的方式卖给消费者。有效补货的构成要素主要包括 POS 机扫描、店铺商品预测、店铺的电子收货系统、商品的价格和促销数据库、动态的计算机辅助订货系统、集成的采购订单管理、厂商订单履行系统、动态的配送系统、仓库电子收货、直接出货、自动化的会计系统、议付等。

3. 有效的促销

有效的促销战略的主要内容是简化贸易关系,将经营重点从采购转移到销售。快速周转消费品行业现在把更多的时间和资金用于对促销活动的影响进行评价。消费者则可以从这些新型的促销活动所带来的低成本中获利。食品行业的促销活动主要有三种:消费者广告、消费者促销、贸易促销。

4. 有效的新产品导入

不管哪一个行业,新产品导入都是一项重要的创造价值的业务。它们能够为消费者带来新的兴趣、快乐,为企业创造新的业务机会。特别是食品工业,在这个方面表现得更加活跃。有效的新产品导入包括让消费者和零售商尽早接触到这种产品。首要的策略就是零售商和厂商为了双方的共同利益应密切合作。这个业务包括把新产品放在一些店铺内进行试销,然后按照消费者的类型分析试销的结果。根据这些分析结果,可以决定怎样处理这种新产品,处理办法包括:淘汰该产品、改进该产品、改进营销技术或采用不同的分销策略。

(七) 实施 ECR 的效益

ECR 缩减了商品在流通环节中的成本,使零售商的成本也随之降低,这些节约了的成本最终将体现在消费者身上,使供应链节点企业在激烈的竞争中获得有利地位。

对供应商、零售商和消费者来说,除了上述有形效益,ECR 还可带来以下不可量化的无形效益:①有利于供应商加强库存控制,提升品牌形象,并改善与零售商的关系;②有利于零售商提高信誉,更加了解消费者需求,并改善与供应商的关系;③有利于增加消费者可选择的商品种类,减少缺货现象的发生,同时也使消费者能够买到更加新鲜的商品。

三、ECR 与 QR 的比较

ECR 主要以食品行业为对象,其主要目标是降低供应链各环节的成本,从而提高效率。而 QR 主要集中在一般商品和纺织行业,其主要目标是对客户的需求做出快速反应,并快速补货。

二者共同特征表现为超越企业之间的界限,通过合作追求物流效率变化。具体表现在以下三个方面。

(1) 贸易伙伴间商业信息的效率。即零售商将原来不公开的 POS 系统单品管理数据提供给制造商或分销商,制造商或分销商通过对这些数据的分析实现高精度的商品进货、制订调整计划,降低产品库存,防止出现次品,进一步推动制造商制订、实施所需的生产计划。

(2) 商品供应方进一步涉足零售业,提供高质量的物流服务。作为商品供应方的分销商或制造商,现在比以前更接近位于流通最后环节的零售商,特别是零售业的店铺,从而保障物流的高效运作。当然,这种高效运作与零售商销售、库存等信息的公开是紧密相连的。分销商或制造商所从事的零售补货机能是在对零售店铺销售、在库情况迅速了解的基础上开展的。

(3)企业间订货、发货业务全部通过 EDI 来进行,实现订货数据或出货数据的传送无纸化。企业间通过积极、灵活运用这种信息通信系统,来促进相互间订货、发货业务的高效化。计算机辅助订货(CAO)、供应商管理库存(VMI)、连续补货(CRP),以及建立产品与促销数据库等策略,改变了传统的各自为政的信息管理、库存管理模式,体现了供应链的集成化管理思想,满足市场变化的要求。

从具体实施情况来看,建立世界通用的、唯一的标识系统,以及用计算机连接的能够反映物流、信息流的综合系统,是供应链管理必不可少的条件。即在 POS 信息系统基础上确立各种计划和进货流程。也正因为如此,通过 EDI 的导入,从而建立最终顾客全过程的货物追踪系统和贸易伙伴的沟通系统,成为供应链管理的重要因素。

知识技能应用

一、判断题

1. 实际上,供应链的范围比物流要窄。 (　　)
2. 当供应链的容量能满足用户需求时,就认为供应链处于平衡状态。 (　　)
3. 现代的采购目的很简单,就是为库存而采购。 (　　)
4. "牛鞭效应"产生的原因是需求信息沿着供应链向上传递的过程中被不断曲解。
(　　)
5. QR 是美国纺织服装业发展起来的一种供应链管理方法。 (　　)
6. 现代供应链的概念更加注重围绕核心企业的网链关系。 (　　)
7. 一些有稳定需求的成熟产品最容易预测。 (　　)
8. 供应链管理缺陷是可以完全避免的。 (　　)
9. 供应链管理的核心理念是每个企业都专注于自己的核心业务。 (　　)
10. 理论上讲,供应链的层次可以是无限的。 (　　)

二、单选题

1. 供应链是(　　)结构。
   A. 直链　　　　　B. 支链　　　　　C. 网链　　　　　D. 环状
2. 供应链节点企业之间是一种(　　)关系。
   A. 需求与供应　　B. 支配　　　　　C. 平等　　　　　D. 利益
3. 供应链具有增值性、交叉性、动态性和(　　)特征。
   A. 复杂性　　　　B. 供求性　　　　C. 信息性　　　　D. 灵活性
4. 下列(　　)不是供应链管理的作用。
   A. 供应链管理能有效降低成本价格及送货成本、存货成本等
   B. 供应链管理能增加时间效用
   C. 供应链管理能增强客户管理信息
   D. 供应链管理能发挥整体优势
5. 推式供应链是以(　　)为核心企业,根据产品的生产和库存情况,有计划地把商品推销给客户,其驱动力源于供应链上游制造商的生产。

A. 供应商　　　　B. 制造商　　　　C. 分销商　　　　D. 客户

6. QR 和 ECR 最初是出现在（　　）的业务概念。
A. 英国　　　　　B. 美国　　　　　C. 日本　　　　　D. 德国

7. 在供应链管理体系中，为了确保供应链管理能够健康、可持续地发展，建立科学、全面的供应链（　　），已经成为一个迫切需要解决的问题。
A. 绩效评价体系　　　　　　　　　B. 成本考核体系
C. 人员评价体系　　　　　　　　　D. 合作关系评价体系

8. 供应链绩效评价是基于（　　）的绩效评价。
A. 个人能力　　　B. 销售量　　　　C. 业务流程　　　D. 综合能力

9. 供应链的绩效评价不仅适用于（　　），也适用于实时监控与未来预测。
A. 事前评价　　　B. 事后评价　　　C. 事前和事后　　D. 事前或事后

10. 在绩效体系建立过程中，最重要的就是（　　）的选取问题。
A. 供应链　　　　B. 合作伙伴　　　C. 评价指标　　　D. 评价标杆

三、案例分析题

在萨尔蒙（Salmon）公司的倡导下，从 1985 年开始，美国服装纺织行业开展了大规模的 QR 运动，正式掀起了供应链构筑的高潮。美国零售巨头沃尔玛公司与服装制造企业塞米诺尔，以及面料生产企业米尼肯公司合作，建立了快速反应（QR）系统。

沃尔玛与塞米诺尔及米尼肯公司建立 QR 系统的过程可分为以下三个阶段。

1. QR 的初期阶段

沃尔玛公司于 1983 年开始采用 POS 系统，于 1985 年开始建立 EDI 系统。1986 年与萨尔蒙公司和米尼肯公司在服装商品方面开展合作，开始建立垂直型的快速反应（QR）系统。当时合作的领域是订货业务和付款通知业务。通过电子数据交换系统发出订货明细清单和受理付款通知，以此来提高订货速度和准确性，以及节约相关事务的作业成本。

2. QR 的发展阶段

为了促进行业内电子商务的发展，沃尔玛与行业内的其他商家一起成立了 VICS 委员会，VICS 委员会制定了行业统一的 EDI 标准并确定了商品识别标准，采用 UPC 商品识别码。沃尔玛公司基于行业统一标准设计出 POS 数据的传输格式，通过 EDI 系统向供应商传送 POS 数据。供应商基于沃尔玛传送的 POS 信息，及时了解沃尔玛的商品销售状况、把握商品的需求动向，并及时调整生产计划和原材料采购计划。

供应商利用 EDI 系统在发货之前向沃尔玛传送提前装运通知（ASN）。这样，沃尔玛事前就可以做好进货准备工作，同时可以省去货物数据的输入作业，使商品检验作业效率化。沃尔玛在接收货物时，用 RF 终端读取包装箱上的物流条形码，把获取的信息与提前装运通知进行核对，判断到货与发货清单是否一致，从而简化了检验作业。在此基础上，利用电子支付系统（EFT）向供应商支付货款。同时，只要把 ASN 数据和 POS 数据比较，就能迅速知道商品库存的信息。这样做的结果使沃尔玛不仅节约了大量事务性作业成本，而且能压缩库存，提高库存周转率。在此阶段，沃尔玛公司开始把 QR 的应用范围扩大至其他商品和供应商。

3. QR 的成熟阶段

沃尔玛把零售店商品的进货和库存管理的职能转移给供应商（产品制造商），由制造商对沃尔玛的流通库存进行管理和控制，即采用供应商管理库存的模式。沃尔玛让供应商与之共同运营管理沃尔玛的流通中心，在流通中心保管的商品的所有权属于供应商。供应商对 POS

数据和 ASN 数据进行分析,把握商品的销售和沃尔玛的库存动向。在此基础上,来决定在什么时间,把什么类型的商品,以什么方式向哪个店铺发货。发货信息以提前装运通知的形式传送给沃尔玛,以多频次、小批量的方式进行连续库存补充,即采用连续补充库存方式。由于采用供应商管理库存(VMI)和连续补货计划(CRP),供应商不仅能够减少本企业的库存,还能减少沃尔玛的库存,实现整个供应链库存水平的最小化。另外,对沃尔玛来说,省去了商品进货业务,节约了成本,同时能集中精力于商品销售。并且,由于事先能得知供应商的商品促销计划和商品生产计划,因此能够以较低的价格进货。这些为沃尔玛进行价格竞争提供了条件。

问题:
(1) 什么是供应链管理策略?
(2) 常见的供应链管理策略有哪几种?
(3) 沃尔玛公司采取了何种供应链管理策略?有何好处?
(4) 沃尔玛公司在实施该供应链管理策略的过程中,采用了哪些信息技术手段及物流技术和管理方法作为支撑?

项目七案例分析拓展

项目八

物流成本管理

【项目导入】

社会物流成本水平是国民经济发展质量和综合竞争力的集中体现。2022年全国社会物流总额347.6万亿元,2022年社会物流总费用17.8万亿元,同比增长4.4%。在各相关部门、全行业共同努力下,我国社会物流成本水平稳步下降。2022年,社会物流总费用与GDP的比率为14.7%,较2012年下降3.3个百分点,与主要经济体差距不断缩小。

物流成本是衡量一个国家经济效益的重要指标。随着物流管理意识的增强,降低物流成本已经成为物流管理的首要任务。

【知识能力要求】

1. 了解物流成本的含义与物流成本管理的意义。
2. 熟知物流成本的构成和物流成本的分类。
3. 熟知物流成本管理的内容与物流成本管理的方法。
4. 能独立进行物流成本管理。

物流成本控制专员岗位描述

【职业素养要求】

1. 树立中国经济发展的民族自信,加深对人类命运共同体的认知。
2. 建立绿色物流职业情感,强化物流成本管理职业敏感度。
3. 具备成本意识和新时代中国特色社会主义市场经济思想。
4. 培养系统观、全局观意识。

微课:物流成本管理

知识准备

一、物流成本的概念

中华人民共和国国家标准《企业物流成本计算与构成》(GB/T 20523—2006)中指出:"物流成本是企业物流活动中所消耗的物化劳动和活劳动的货币表现,包括货物在运输、储存、包装、装卸搬运、流通加工、物流信息、物流管理等过程中所耗费的人力、物力和财力的总和以及与存货有关的流动资金占用成本、存货风险成本和存货保险成本。"

该标准中的物流成本包含两方面的内容:一方面是直接在物流环节产生的支付给劳动力的成本,耗费在机器设备上的成本及支付给外部第三方的成本;另一方面包括在物流环节中因持有存货等所潜在的成本,如占有资金成本、保险费等。

物流成本从不同的角度表述时会有不同的内容。当站在社会物流的角度分析物流成本时,物流成本是指宏观物流成本,又称为社会物流成本。它是核算一个国家在一定时期内发生的物流总成本。从概念上讲,它是微观企业产生的物流成本的总和。目前,各国对宏观物流成本的测算方法各不相同。宏观物流成本可以用来衡量一个国家物流管理水平的高低,人们常用物流成本占国内生产总值(GDP)的比例来进行分析。

当站在企业物流的微观角度分析物流成本时,物流成本是指制造企业、商品流通企业及物流企业的物流成本。其中,制造企业和商品流通企业的物流成本既包括企业把物流活动外包时支付给物流企业的物流服务费,也包括企业在自己物流活动时产生的成本。而物流企业是经营物流活动的企业,因此可以将物流企业在经营活动中的所有成本和费用都看作物流成本。

二、物流成本的构成

现代物流成本的范围更广,贯穿企业经营活动的全过程,包括从原材料供应开始一直到将商品送到消费者手中所发生的全部物流费用。

我国物流成本现状

(一) 按所处企业领域划分

物流成本按不同的标准有不同的分类,物流按其所处企业领域划分,可分为生产企业物流和流通企业物流,相应的物流成本也可分为流通企业物流成本和生产企业物流成本。

1. 流通企业物流成本构成

流通企业物流成本是指在组织物品的购进、运输、保管、销售等一系列活动中所耗费的人力、物力和财力的货币表现,其基本构成如下。

(1) 人工费用,如企业员工工资、奖金、津贴、福利费等。

(2) 营业费用,如运杂费、能源消耗费用、设施设备折旧费、保险费、办公费、差旅费;以及经营过程中的合理消耗,如商品损耗等。

(3) 财务费用,如支付的贷款利息、手续费、资金的占用费等。

(4) 管理费用,如行政办公费、差旅费、税金等。

(5) 物流信息费,如硬件、软件费用,维护费等。

2. 生产企业物流成本构成

生产企业主要是生产满足市场需求的各种产品。为了进行生产活动,生产企业必须同时进行有关生产要素的购进和产品的销售。同时,为保证产品质量,并为消费者服务,生产企业还要进行产品的返修和废物的回收。因此,生产性企业物流成本是指企业在进行供应、生产、销售、回收等过程中所发生的运输、包装、保管、配送、回收方面的成本。与流通相比,生产企业的物流成本大都体现在所生产的产品成本之中,具有与产品成本的不可分割性。其物流成本的基本构成如下。

(1) 人工费用,是指企业从事物流工作的员工工资、奖金、津贴、福利费用。

(2) 采购费用,如运输费、保险费、合理损耗、采购人员的差旅费等。

(3) 仓库保管费,如仓库的维护保养费、搬运费。

(4) 营业费用,指在物流活动中的能源、材料消耗费,办公费、差旅费、保险费、劳动保护费等。

(5) 物流设施、设备的维护和折旧费,仓库的折旧费。

(6) 产品销售费用是指在产品销售过程中所发生的物流费用,如销售活动中的运输费、保险费、搬运费、装卸费、仓储费、配送费等。

(7) 物流信息费,如物流硬件费用、软件费用、维护费用等。

(8) 财务费用,如物流活动中的贷款利息、手续费、资金占用费等。

(二) 按功能环节划分

物流成本按功能环节划分主要由仓储成本、运输成本、流通加工成本、包装成本、装卸搬运成本、配送成本、物流信息成本七部分构成。

1. 仓储成本的构成

仓储成本是为完成货物储存业务而发生的全部费用,主要包括建造、购买或租赁仓库设施设备的成本和各类仓储作业带来的成本。

1) 仓储设施设备投资

仓储设施设备投资包括建造仓库、租赁仓库,以及购买设备、货架等所发生的费用,其价值会随着固定资产的使用而逐步、分次地转移到成本中去,并最终从企业的收入中得到补偿。

仓储企业中,有的是以自己拥有所有权的仓库及设备对外承接仓储业务,有的是从社会承包或租赁仓库及设备来对外承接业务。自营仓库的固定资产每年需要计提折旧,而租赁仓库及设备每年需要支付租赁费。仓储费或租赁费是仓储企业的一项重要的固定成本。对仓库固定资产,企业按折旧期分年计提折旧,主要包括库房、堆场等基础设施的折旧和机械设备的折旧等。

2) 各类仓储作业带来的成本

伴随着仓储活动会发生各类仓储作业,如出入库作业、验货作业、备货作业、装卸搬运作业、流通加工作业、场地管理作业、日常维护与管理作业等。这些作业的发生会带来相应的成本支出,如仓库管理人员的工资与福利费、货物保管费、修理费、装卸搬运费用等。

2. 运输成本的构成

运输成本是为完成货物运输业务而发生的全部费用,主要包括以下方面。

(1) 从事货物运输业务的人工费用,如运输人员工资、福利等。

(2) 营运费用,如车辆(包括其他运输工具)的燃料费、折旧费、维修保养费、租赁费、过路费、年检费、事故损失费、相关税金等。

(3) 其他费用,如差旅费等。

3. 流通加工成本的构成

流通加工成本是为完成货物流通加工业务而发生的全部费用,主要包括流通加工业务人员费用、流通加工材料费用、加工设施折旧费、维修保养费、燃料与动力消耗费等。

4. 包装成本的构成

包装成本是为完成货物包装业务而发生的全部费用,包括包装业务人员费用、包装材料消耗、包装设施折旧费、维修保养费、包装技术设计、实施费用,以及包装标记的设计、印刷等辅助费用。

5. 装卸搬运成本的构成

装卸搬运成本是为完成装卸搬运业务而发生的全部费用,包括装卸搬运业务人工费用、装卸搬运设施设备资产折旧费、维修保养费、燃料与动力消耗及其他相关费用等。

6. 配送成本的构成

配送成本是为完成配送业务所支付的费用总和。根据配送流程及配送环节，配送成本应由以下费用构成。

1）配送运输费用

配送运输费用主要包括配送运输过程中发生的车辆费用和营运间接费用。

（1）车辆费用是从事配送运输生产而发生的各项费用，具体包括驾驶员的工资及福利费、燃料费、修理费、折旧费、养路费、车船使用税等。

（2）营运间接费用是指营运过程中发生的不能直接计入各成本计算对象的车站、车队经费，包括车站、车队人员的工资及福利费、办公费、水电费、折旧费等内容，但不包括管理费用。

2）分拣费用

分拣费用主要包括在配送分拣过程中发生的分拣人工费用及分拣设备费用。

（1）分拣人工费用指从事分拣工作的作业人员及有关人员的工资、奖金、补贴等费用的总和。

（2）分拣设备费用包括分拣机械设备的折旧费用及修理费用。

3）配装费用

配装费用主要包括配装环节发生的配装材料费用、配装辅助费用、配装人工费用等。

（1）常见的配装材料有木材、纸、自然纤维、合成纤维、塑料等。这些包装材料功能不同，费用相差很大。

（2）配装辅助费用包括包装标记、标志的印刷，拴挂物费用等。

（3）配装人工费用是指从事包装工作的工人及有关人员的工资、奖金、补贴等费用总和。

7. 物流信息成本的构成

物流信息成本是为采集、传输、处理物流信息而发生的全部费用，指与订货处理、储存管理、客户服务有关的费用，具体包括物流信息人员的费用，以及软硬件折旧费、维护保养费、通信费等。

三、物流成本的分类

目前，对物流成本的分类方法主要有按物流活动性质分类、按物流成本范围分类、按物流成本支出形式分类、按物流成本性态分类、按物流成本是否具有可控性分类等。

（一）按物流活动性质分类

1. 物品流通费

物品流通费是指为完成货品、物资的物理性流通而发生的费用，可进一步细分为包装费、运输费、仓储费、配送费、装卸搬运费、流通加工费等。

2. 信息流通费

信息流通费是指为实现产品价值交换、处理各种物流信息而发生的成本，包括与库存管理、订货处理、为客户服务等有关的成本，如入网费、线路租用费等。

3. 物流管理费

物流管理费是指物流管理部门及物流作业现场所发生的各种管理费，具体包括现场管理人员费用、差旅费、办公费等。

（二）按物流成本范围分类

按物流成本产生的范围分类，物流成本由供应物流成本、生产物流成本、销售物流成本、回收物流成本及废弃物物流成本构成。具体内容如表8-1所示。

表8-1　按物流成本范围分类的物流成本

成本范围	说明
供应物流成本	供应物流成本是指企业通过采购活动将所需的原材料、零部件、燃料、包装材料等从供应者的仓库运回企业仓库的物流过程中所产生的物流费用
生产物流成本	生产物流成本是指在生产过程中涉及的材料、半成品、产成品，在仓储、搬运、装卸、包装、运输等活动中所产生的物流费用
销售物流成本	销售物流成本是指为实现产品销售，产品在实物运动过程中，如包装、装卸搬运、运输、储存、流通加工、物流信息等各个环节所支出的人力、财力、物力的总和
回收物流成本	回收物流成本是指材料、容器、退货、换货等由销售方回收到供应企业的物流过程中所发生的费用，如收集、装卸、运输、储存、处理等各个环节中所支出的人力、物力和财力的总和
废弃物物流成本	废弃物物流成本是指将经济活动中失去原有使用价值的物品，根据实际需要进行收集、分类、加工、包装、装卸搬运、储存等，并分送到专门处理场所的物流活动过程中所发生的物流费用。

（三）按物流成本支出形式分类

按物流成本支出形式，物流成本可以分为内部物流成本和支付给外部物流机构的物流成本，也叫委托物流成本。

1. 内部物流成本

（1）材料费。材料费是指在物流活动过程中产生的消耗材料的费用，如包装材料费、工具费、器具费等。

（2）人工费。人工费是指在物流活动过程中产生的劳务费用，包括工资、福利、奖金、津贴、培训费等。

（3）维护费。维护费是指使用和维护土地、建筑物及各种物流设施设备等支出的折旧费、维护维修费、租赁费、保险费、税金、燃料与动力消耗费等。

（4）一般经费。一般经费是指在物流活动过程中产生的一般的管理费用，如办公费、差旅费、会议费、通信费、文具费、水电费、煤气费、其他杂费等。

（5）特别经费。如存货资金占用费、物品损耗费、存货保险费和税费等。

2. 支付给外部物流机构的物流成本

支付给外部物流机构的物流成本是指企业向外部物流机构所支付的各项费用，包括对外支出的包装费、运输费、装卸费、保管费等。

（四）按物流成本性态分类

成本与业务量之间的相互依存关系，叫作成本的性态。按物流成本的性态可将物流成本分为变动成本与固定成本两大类。

1. 变动成本

变动成本是指其成本随着业务量的变化而近似成比例变化的成本。例如，材料的消耗、人工工资、能源消耗等属于变动成本。

2. 固定成本

固定成本是指其成本在一定时期和一定业务量范围内,不受业务量增减变化的影响而保持不变的成本。例如,固定资产折旧、管理人员工资、机器设备的租金等。固定成本的概念是针对其总额而言的。由于固定成本总额在一定时期、一定业务量范围内保持不变,那么随着业务量在一定范围内的增减,单位业务量所分摊的固定成本就会相应地减少或增加。即从单位固定成本来看,它与业务量的增减成反比关系。固定成本必须和一定时期、一定业务量相联系。

在实际物流活动中,还存在一些既不与物流业务量的变化成正比变化,也非保持不变,而是随着物流业务量的变动而适当变动的成本,变动幅度和业务量之间不存在严格的比例关系,这种成本被称为混合成本,如物流设备的日常维修费、辅助费用等。其中,受变动成本影响较大的称为半变动成本,受固定成本影响较大的称为半固定成本。实际上,在物流活动过程中,混合成本所占的比重是比较大的。

(五) 按物流成本是否具有可控性分类

按物流成本是否具有可控性,可将物流成本分为可控成本和不可控成本。

1. 可控成本

可控成本是指责任部门能够控制的成本。例如,生产部门的经营管理水平与生产材料的耗用量相关,所以生产材料费用是生产部门的可控成本。由于可控成本对各责任中心来说是可以控制的,因此各责任中心必须对其负责。

2. 不可控成本

不可控成本是指责任部门对成本的产生不能控制,因此也不予负责的成本。例如,生产部门的经营管理水平与生产材料的采购成本无关,所以生产材料的采购成本是不可控成本。

可控成本与不可控成本是相对的,而不是绝对的。对于一个部门来说是可控的,而对另一个部门来说则可能是不可控的。但从企业整体出发,一切费用都是可控的,只是这种可控性需要分解落实到相应的责任部门。

四、物流成本管理概述

1. 物流成本管理的概念

物流成本管理是指有关物流成本方面的一切管理工作的总称,即对物流成本所进行的计划、组织、协调和控制。物流成本管理的主要内容包括物流成本核算、物流成本分析、物流成本预测、物流成本决策、物流成本预算、物流成本控制等。

物流成本管理是通过成本去管理物流,即管理的对象是物流而不是成本。物流成本管理可以说是以成本为手段的物流管理方法。

2. 物流成本管理的目的

(1) 通过掌握物流成本现状,发现企业物流中存在的主要问题。

(2) 依据相关绩效指标,对物流各相关部门进行客观的比较和评价。

(3) 依据物流成本核算结果,制定物流战略规划、确立物流管理体系。

(4) 通过物流成本管理,找到物流管理活动的薄弱环节,降低物流总成本,提高总体物流管理水平。

3. 物流成本管理的意义

（1）有利于提高企业的经济效益和社会效益。物流是国民经济建设不可缺少的重要环节。企业加强物流成本管理的目的就是要达到以较低的物流成本获得更好的客户服务，以确保物流企业的整体效益最大。或者说在一定的顾客服务水平条件下，使其物流费用最少，达到物流整体效益最大。换句话说，就是物流企业要在单位产品或服务工作中以最少的环节、最短的时间、最少的劳动消耗生产出更多的劳动成果。

（2）有利于提高流通领域的整体服务水平，满足用户不断发展的需求。物流是流通领域的重要组成部分，它通过时间和空间上的服务来创造价值。物流成本管理要求企业以较低的成本为用户提供最好的服务。企业必须正确把握市场的需求，灵活应对各种物流变化，开展新的物流业务，不断进行物流革新。这一方面有利于提高物流业的整体服务水平，另一方面也有利于满足用户不断发展的需求。

（3）有利于物流系统的合理化和优化。物流成本管理是把物流的各个功能作为一个系统来整理、分析和管理的。另外，物流应用系统的效率与费用分析也是以物流系统的构造、分析和管理的过程最优化为基础进行的，即以最低的物流成本实现一定的物流服务。进行物流成本管理必须改善和优化物流各个功能、各个环节，这样才能达到降低物流成本、提高服务水平的目的。物流各个功能、各个环节之间的相互协调将使整个物流系统得到改善，使物流系统逐步走向合理化，并且不断得到优化。

4. 物流成本管理的内容

物流成本管理的内容主要包括物流成本核算、物流成本分析、物流成本预测与决策、物流成本预算与控制、物流成本绩效评价等几方面。

（1）物流成本核算。物流成本核算是根据企业确定的成本计算对象，采用科学的成本计算方法，按照规定的成本项目，通过一系列的物流费用汇集与分配，从而计算出各物流环节成本计算对象的实际总成本和单位成本。通过

乘数效应

物流成本计算，可以如实地反映物流经营过程中的实际耗费。同时，物流成本核算也是对各种物流费用实际支出的控制过程。

物流成本核算的目的是促进企业加强物流管理，提高管理水平，创新物流技术，提高物流效益。

（2）物流成本分析。物流成本分析是指利用物流成本核算数据和其他相关资料，运用一定的方法，了解物流成本相关指标升降变动的情况，以及引起这些变动的原因和相关因素，分清单位与个人的责任，寻找降低物流成本的各种途径，从而为物流成本管理决策提供依据。

成本分析是成本管理的主要组成部分，也是控制和降低成本的有力手段。物流成本分析能有效控制物流成本，提高企业物流竞争优势。

（3）物流成本预测与决策。物流成本预测是根据成本核算数据，运用一定的技术方法，对未来的成本水平及其变动趋势做出科学的推测和估计。成本预测是成本决策和成本控制的基础工作，它可以提高物流成本管理的科学性和预见性。在物流成本管理的许多环节都存在成本预测问题。例如，仓储环节的库存预测，流通环节的加工预测，运输环节的货物周转量预测等。

物流成本决策是指根据物流成本分析与物流成本预测所得的相关数据、结论及其他资料，科学地运用定性或定量的方法，从若干个方案中选择一个最优的方案的过程。从物流整个流程来说，有配送中心新建、改建、扩建的决策；装卸搬运设备、设施添置的决策；流通加工合理

下料的决策等。进行成本决策、确定目标成本是编制成本计划的前提,也是实现成本的事前控制、提高经济效益的重要途径。

(4)物流成本预算与控制。物流成本预算是企业在预测和决策的基础上,以数量和金额的形式反映企业未来一定时期内有关物流成本的具体计划。物流成本预算具有两个基本特征。第一,物流成本预算与企业的战略或物流成本管理目标保持一致。第二,物流成本预算是数量化的并具有可执行性。物流成本预算是企业预算体系的重要组成部分,它仅属于企业的支出预算,是对企业物流活动发生的各项费用开支做出的合理安排。

物流成本控制是企业在物流活动中依据物流成本标准,对实际发生的物流成本进行严格审核监督,发现差距,采取相应的措施,从而使物流过程中的各项成本支出都控制在标准规定的范围内,实现预定物流成本目标的一系列活动。它是物流成本管理的重要环节,贯穿整个物流过程。物流成本控制有广义与狭义之分,广义的物流成本控制是指全程控制,涵盖了事前、事中与事后。狭义的物流成本控制则专门指事中控制,就是在物流过程中,从开始到结束对物流成本形成和偏离物流成本要素指标的差异所进行的日常控制。随着成本管理理念的更新,现代物流成本控制更加强调全员、全过程和全方位的控制。

(5)物流成本绩效评价。物流绩效评价是指运用特定的企业物流绩效评价指标、比照统一的物流评价标准,采取相应的评价模型和评价计算方法,对企业对物流系统的投入和产效(产出和效益)所做出的客观、公正和准确的评判。物流成本绩效评价是企业绩效管理中的一个环节,也是物流成本管理工作的一项重要内容。在物流成本管理工作中,成本控制是核心,成本控制的重点在职能部门。因此,物流成本绩效评价主要是对控制物流成本的责任部门进行考评。

工作任务

萨姆·沃尔顿认为:"没有一条精确的公式可用来帮助计算成本!"但物流成本的确需要相对准确的核算。那么应该采用什么方法相对准确地核算物流成本呢?首先,应在熟悉物流成本计算方法的基础上,对照不同方法找出各自的优缺点;其次,选取适宜的物流成本计算方法,搜集、整理物流成本核算所需数据;最后,完成物流成本核算报表的任务。

一、物流成本核算

信息是决策的参考,核算是控制的前提。对于物流成本管理工作而言,物流成本核算是基础。物流成本核算是成本核算人员根据企业确定的成本计算对象,对企业物流成本费用进行归集与分配,从而计算出物流总成本和单位成本的过程。一般来说,没有成本核算,成本预算就缺乏参考,成本控制就没有基础,而成本决策就可能出现失误。由此可见,物流成本核算将直接影响企业的物流成本管理水平。因此,要提升企业的物流成本管理绩效,就必须重视物流成本核算工作。

(一)物流成本核算的目的

物流成本核算的目的是促进企业加强物流管理,提高管理水平,创新物流技术,提高物流效益。具体地说,物流成本核算的目的可以体现在以下几个方面。

(1)通过对企业物流成本的全面计算,明确物流成本的大小,从而提高企业内部对物流重要性的认识。

(2) 通过对某一具体物流活动的成本计算,明确物流活动中存在的问题,为物流运营决策提供依据。

(3) 按不同的物流部门组织,计算各物流部门的责任成本,评价各物流部门的业绩。

(4) 通过对某一物流设备或机械(如单台运输卡车)的成本计算,了解其消耗情况,谋求提高设备效率、降低物流成本的途径。

(5) 通过对每个客户物流成本的分解核算,为物流服务收费水平的制定及有效的客户管理提供决策依据。

(6) 通过对某一成本项目的计算,确定本期物流成本与上年同期成本的差异,查明成本增减的原因。

(7) 按照物流成本计算的口径计算本期物流实际成本,评价物流成本预算的执行情况。

(二) 物流成本核算的原则

物流成本核算的原则见表 8-2。

表 8-2 物流成本核算的原则

名　称	要　求
合法性原则	强调物流成本核算与计入物流成本的支出都必须符合国家法律、法规及成本核算制度
可靠性原则	强调用于物流成本核算的基础资料和最终核算出来的信息成果要真实、客观和准确
相关性原则	强调核算的结果,即物流成本信息要具备有用性和及时性,有助于企业物流成本管理
分期核算原则	强调物流成本核算期要与国家规定会计核算期相一致,分月度、季度或年度来核算
权责发生制原则	强调物流成本核算要按照权责发生制进行,凡是应由本期负担的成本费用,无论款项是否支付,均应计入本期的物流成本当中
按实际成本计价原则	强调计入物流成本的各项费用都应当按照实际发生数来确认,若企业采用计划成本计价的,必须调整成实际成本后再计入
一致性原则	强调物流成本核算在确定了核算对象、核算项目和核算方法后,原则上不得随意变更,以便做到核算结果横向与纵向可比
重要性原则	强调物流成本核算应当分清主次,抓住重点,对于不太重要的核算项目,在不影响物流成本整体信息和决策者决策的情况下,可简化处理

(三) 物流成本核算的对象

物流成本核算的对象,就是物流成本费用的承担者。当然,也是企业物流成本关注的主体。企业物流成本核算的对象是进行物流成本核算的关键。一般来说,物流成本核算的对象可以分为以下几种。

1. 以某一物流成本项目为对象

所谓物流成本项目,就是将与物流活动有关的费用按其经济用途分类核算的项目。主要包括企业自营物流费、委托物流费和其他企业代垫物流费三大类。每个类别下还可以细分,形成子项目。例如,企业自营物流费又可以分为材料费、人工费、燃料费、办公费、维护费、利息费、折旧费等。委托物流费是企业为组织物流向外单位支付的费用,细分时则包括运输费、包装费、保管费和装卸费等。总体来说,后两类的核算子项目相对较少,核算也比较容易。

2. 以某种物流功能为对象

物流功能通常包括运输、仓储、包装、装卸搬运、流通加工等。以物流功能为核算对象,可以加强对每个物流功能环节的管理,提高每个环节的作业水平。这种核算往往与企业物流作业过程、物流部门设置相吻合,核算报表易于理解。但是,以物流功能为核算对象,仅仅是物流费用按照物流功能进行归集与分配。在物流功能下,还是需要按照成本费用项目进行成本核算。

3. 以某一物流部门为对象

由于以部门作为物流成本计算对象与企业组织结构相适应,且责任、权力和利益容易明确,因此这种计算方式颇受企业管理者的青睐。企业内部拥有运输、仓储和装卸搬运等部门的,可以采取这种方式。当然,这种物流成本计算对象便于明确物流成本责任中心,有利于开展物流责任成本管理。它对加强责任中心管理,开展责任成本管理方法及对绩效考核是十分有利的。

4. 以某一物流设备和工具为对象

从传统来看,这种核算方式在运输企业比较多见。例如,过去不少海运企业就有以某个大型船舶为运费归集对象的成本计算办法。以物流设备和工具为对象,可以计算出物流设备和工具的生产效率和效益。这种核算方式有利于加强物流设备管理,提高物流作业效率。

5. 以某一地区为对象

由于大型企业往往跨地区经营,其物流业务也广泛分布在不同营业区域,因此这些企业有了解各地区物流成本信息的强烈愿望。以地区为对象核算物流成本,有助于进行物流成本日常控制、评估各个地区负责人绩效考核及优化其他物流系统决策。这种核算方式得到了销售或物流网络分布广泛的物流企业或产品分销企业的欢迎。

6. 以某一服务客户为对象

"顾客就是上帝",赢得客户的信赖是企业获取利润的制胜法宝之一。以客户为核算对象,分别计算各位客户发生的成本费用有两个方面的好处。其一,计算每位客户耗用的物流成本费用,可以帮助了解客服工作的不足。其二,通过数据分析,可以分析客户,挖掘客户潜在的物流需求。这样就可以根据客户对企业利润的贡献,客户承担的物流成本,对客户进行更加有效的管理。

此外,物流成本核算的对象还可以选择某一产品或者企业生产的某一过程。选择前者可以计算出为组织该产品的生产和销售所花费的物流成本,这种方式特别适合流通企业。选择后者作为物流成本核算对象,比较适合生产制造企业,因为据此可以计算出一定范围或领域的物流成本全貌。

(四)物流成本核算的步骤

(1)成本分类和归集:首先对物流成本进行分类,如运输成本、仓储成本、包装成本等。然后将各项成本进行归集,将相关的费用进行汇总和记录。

(2)数据收集和计量:收集相关的物流成本数据,包括运输费用、仓储费用、人工成本等。对数据进行准确的计量和记录,确保成本的准确性和完整性。

(3)成本分配和分摊:根据业务活动和成本驱动因素,对物流成本进行分配和分摊。例如,根据运输距离或货物重量来分摊运输成本,根据存储面积或货物数量来分摊仓储成本。

(4)成本核算和分析:对归集、计量、分配的物流成本进行核算和分析。通过将实际成本与预算成本、历史成本等进行对比,分析成本的变动原因和趋势。

(五)物流成本核算的方法

由于企业生产经营方式的不同,企业物流成本核算的方法也有差异。物流成本核算的方法主要分为会计方式的物流成本核算、统计方式的物流成本核算、会计方式和统计方式相结合的物流成本核算三种。

1. 会计方式的物流成本核算方法

会计方式的物流成本核算就是要通过凭证、账户、报表的完整体系,对物流耗费予以连续、系统、全面记录的计算方式,主要包括以下两种具体的模式。

(1)独立的物流成本核算模式。独立的物流成本核算模式也称为"双轨制",是将物流成本核算与财务会计核算体系完全分开,建立独立的物流成本核算凭证、账户和报表体系,而不在其他成本核算内容中反映物流成本的相关内容。这种模式(图 8-1)可以提供比较系统、全面、连续、准确的成本信息,而且计算体系分别按照不同的要求进行,向不同的信息需求者提供各自需要的信息,也不影响现行的成本计算。但是,在独立的物流成本核算模式下,工作量较大。

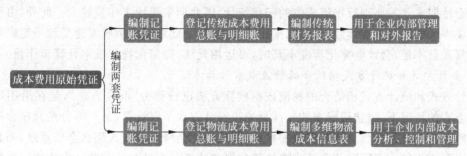

图 8-1　独立的物流成本核算模式

(2)结合财务会计的物流成本核算模式。结合财务会计的物流成本核算模式也被称为"单轨制",就是把物流成本核算与企业财务会计核算结合起来。即在产品成本核算的基础上增设一个"物流成本"科目,并且可以设置二级、三级明细账户。当发生物流成本费用时,借记"物流成本"及有关明细账户,贷记相关的会计科目。月末,则按照会计制度规定,根据各项费用的性质再还原分配到有关的成本科目中去。结合财务会计的物流成本核算模式有利于账目核对,比较全面,也减轻了工作量。但是,结合财务会计的物流成本核算模式(图 8-2)需要调整现有的产品成本核算体系,会对现行核算体系带来冲击,计算难度也较大。

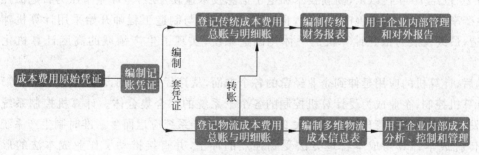

图 8-2　结合财务会计的物流成本核算模式

2. 统计方式的物流成本核算方法

统计方式的物流成本核算是指在当前财务会计核算体系的基础上,不需要设置完整的账户和报表体系,通过对现行成本核算资料进行剖析,从中抽出物流成本的部分,再加上部分现行成本计算没有包括进去但要归入物流成本的费用,按不同的核算对象进行归类、分配、汇总计算出物流成本的一种方法。具体做法如下。

(1) 通过对材料采购、管理费用账户的分析,抽出供应物流成本。

(2) 从生产成本、制造费用、辅助生产、管理费用账户中抽出生产物流成本。

(3) 从销售费用中抽出销售物流成本部分。

(4) 企业对外支付的物流成本部分,现有成本核算没有反映。其中供应外企业支付的物流费,可根据在本企业交货的采购数量,结合估计的单位物流费率进行计算;销售外企业支付的物流费,根据在本企业交货的销售数量乘以估计的单位物流费率进行计算。在估计单位物流费率时,可参考企业物资供应、销售给对方企业交货时的实际费用水平。

(5) 物流利息的确定可按企业物流资产占用额乘以内部利率进行计算。

(6) 从管理费用中抽出退货物流成本。

该方法容易理解、简单易学、方便灵活。采用这种方法,平时按照财务会计核算即可。只有到了会计期末才需要进行物流成本的归集统计,因此期末统计工作量较大。此外,由于日常对物流成本的统计缺乏连续性,基础数据积累也不足,因此结果的精确度会受到一定影响。在企业核算人员不足,会计电算化程度不高时,可运用此法,以简化物流成本计算工作量。

3. 会计方式和统计方式相结合的物流成本核算方法

会计方式和统计方式相结合的物流成本核算方法也被称为"混合方法",是在沿用现行会计核算方式的情况下,将物流成本的一部分通过统计方式予以计算,另一部分则通过会计核算予以反映。这种方法虽然也需要设置一些账户,但它不会像会计方式那么全面系统,而且这些物流成本账户不纳入现行财务会计成本核算的账户体系。会计方式和统计方式相结合的物流成本核算方法在确保核算结果准确性的同时,又极大地减轻了核算人员的工作量,是一种比较有效的核算方法。

二、ABC 作业成本法的应用

(一) 作业成本法产生的背景

1. 技术背景和社会背景

自 20 世纪 70 年代以来,高新技术和电子信息技术蓬勃发展,全球竞争压力日趋激烈。为提高生产率、降低成本、改善产品质量,企业的产品设计与制造工程师开始采用计算机辅助设计、制造,最终发展为依托计算机的一体化制造系统,实现了生产领域的高度计算机化和自动化。

随后,计算机的应用延伸到企业经营的各个方面,从订货开始,到设计、制造、销售等环节,均由计算机控制,企业成为受计算机控制的各个子系统的综合集合体。计算机控制系统的建立,引发了管理观念和管理技术的巨大变革,准时制生产系统应运而生。准时制生产系统的实施,使传统成本计算与成本管理方法受到强烈的冲击,并直接推动了作业成本法的形成和发展。

高新技术在生产领域的广泛应用,极大地提高了劳动生产率,促进了社会经济的发展。随之,人们可支配收入增加,对生活质量的要求也越来越高。人们不再热衷于大众型消费,转而追求彰显个性的差异化消费品。社会需求的变化,必然对企业提出新的、更高的要求。与此相适应,顾客个性化生产——柔性制造系统取代以追求"规模经济"为目标的大批量传统生产就成了历史的必然。

这样,适应产品品种单一化、常规化、数量化和批量化的传统成本计算赖以存在的社会环境就不存在了,变革传统的成本管理方法已是大势所趋。

2. 传统成本计算方法的弊端

传统成本核算中,产品生产成本主要由直接材料、直接人工、制造费用构成。其中,制造费用属于间接费用,必须按一定标准将其分配计入有关产品。传统成本计算方法通常以直接人工成本、直接人工工时、机器工时等作为制造费用的分配标准。这种方法在过去的制造环境下是比较适宜的。

20世纪70年代以后,生产过程高度自动化。随之,制造费用的构成内容和金额发生了较大变化,与直接人工成本逐渐失去了相关性。随着技术和社会环境的巨变,传统成本核算方法逐渐显现出固有的缺陷,变得越来越不合时宜了,主要体现在以下几个方面:制造费用激增,直接人工费用下降,成本信息可信性受到质疑;与工时无关的费用增加,歪曲了成本信息;简单的分配标准导致成本转移问题出现,成本信息失真。

正是在上述因素的综合作用下,以作业为基础的成本计算方法——作业成本法应运而生,并引起了人们的极大关注。

(二)作业成本法的发展阶段

1. 萌芽阶段

ABC作业成本法最早可以追溯到20世纪杰出的会计大师、美国教授埃里克·科勒(Eric Kohler)。科勒教授在1952年编著的《会计师词典》中,首次提出了作业、作业账户、作业会计等概念。

2. 发展阶段

1971年,乔治·斯托布斯(George Staubus)教授在《作业成本计算和投入产出会计》(Activity Costing and Input Output Accounting)中对"作业""成本""作业会计""作业投入产出系统"等概念做了全面、系统的讨论。

3. 形成阶段

美国芝加哥大学的青年学者库伯(Robin Cooper)和哈佛大学教授罗伯特·卡普兰(Robert S Kaplan)对作业成本法的定义、运用程序、成本动因的选择、成本库的建立作了深入分析和探讨。

4. 完善阶段

学界掀起研究高潮,作业成本法也由美国、加拿大、英国,迅速传到亚洲、美洲以及欧洲的其他国家。

(三)作业成本法的基本概念

1. 定义

ABC成本法又称作业成本分析法、作业成本计算法、作业成本核算法。通过引入作业这一概念,按照资源动因将资源费用追溯或分配至各项作业,计算出作业成本,然后再根据作业动因,将作业成本追溯或分配至各成本对象。

作业成本法的指导思想是:"成本对象消耗作业,作业消耗资源。"作业成本法同等地对待直接成本和间接成本作为产品(服务)消耗作业的成本,拓宽了成本的计算范围,使计算出来的产品(服务)成本更准确真实。

作业是成本计算的核心和基本对象,产品成本或服务成本是全部作业的成本总和。

2. 基本原理

作业成本法就是要确定分配间接费用的合理基础——作业，并引导管理人员将注意力集中在发生成本的原因——成本动因上，而不是仅仅关注成本结果本身；通过对作业成本的计算和有效控制，来克服传统的以交易或数量为基础的成本系统中间接费用责任不清的缺陷，使以前许多不可控制的间接费用变得可控。作业成本法的基本原理如图 8-3 所示。

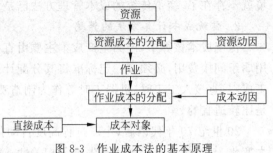

图 8-3　作业成本法的基本原理

3．作业成本法的相关概念

（1）资源。资源是企业生产耗费的原始形态，是成本产生的源泉。企业作业活动系统涉及的人力、物力、财力都属于资源。企业的资源包括直接人工、直接材料、间接制造费用等。

（2）作业。作业是指在一个组织内为了某一目的而进行的耗费资源动作，它是作业成本计算系统中最小的成本归集单元。作业贯穿产品生产经营的全过程，从产品设计、原料采购、生产加工，直至产品的发运销售。在这一过程中，每个环节、每道工序都可以视为一项作业。

（3）成本动因。成本动因也称成本驱动因素，是指导致成本产生的因素，即成本的诱因。成本动因通常以作业活动耗费的资源来进行度量，如质量检查次数、用电度数等。在作业成本法下，成本动因是成本分配的依据。成本动因又可以分为资源动因和作业动因。

（4）作业中心。作业中心又称成本库，是指构成一个业务过程的相互联系的作业集合，用来汇集业务过程及其产出的成本。换言之，按照统一的作业动因，将各种资源耗费项目归结在一起，便形成作业中心。作业中心有助于企业更明晰地分析一组相关的作业，以便进行作业管理，以及企业组织机构和责任中心的设计与考核。

（四）作业成本法的基本步骤

（1）确认资源，划分直接成本。

（2）确认主要作业和作业中心，将有共同资源动因的作业确认为同质作业，将同质作业引发的资源成本归集并形成作业成本库。

（3）依据资源动因，将各项作业所耗费的资源追溯到各作业中心，形成作业成本库。成本库以作业中心为对象，把具有相同作业动因的作业所耗费的资源归集到一起。这一过程包括两个环节。

① 按照资源动因把资源的消耗一项一项地分配到作业。首先，通过分析作业所花费的人工时间、人工等级等确定人工成本。其中，直接人工工资可以直接查询获取，间接人工工资则可以通过调查人员数量、所从事作业及人工分布情况获取。其次，对于水、热、电、风、汽等能源、动力费用，以及机器设备、设施和固定资产的折旧与维护费用等各项资源，都可以通过适当的基准，如场地面积、机器工时等分配给各项作业，也可以将其中的重要项目单独列为作业以提高准确性。

② 把具有相同作业动因的作业合并形成作业中心，再将作业中心各项作业的资源耗费汇总。

（4）依据产品对作业的消耗，将成本最终分配给最终产品，计算产品成本。在归集同质作业成本库后，需要从中选取恰当的作业成本动因，把各作业成本库中的作业成本除以作业动因的单位数，计算出以作业动因为单位的成本分配率，即作业率。接着，根据成本对象耗用的作业量和作业率，将作业成本分配到产品或服务。典型的作业动因包括采购订单份数、验收单份数、检验报告数或时数、零部件储存数、支付次数、直接人工小时、机器小时、调整次数和制造周转次数等。

成本库归集的成本按各作业中心成本动因进行分配，公式为

$$某作业中心成本分配率 = \frac{该作业中心的可追溯总成本}{该作业中心成本动因耗用总数}$$

某产品应承担的某项作业成本分配额＝该产品消耗某作业量总和×该项作业成本分配率

（5）计算产品或服务的物流总成本。直接成本和间接成本相加，得到最终产品或服务的总成本。

（五）作业成本法应用举例

某企业生产甲、乙两种产品，其中甲产品技术工艺过程较为复杂，生产批量较小；乙产品技术工艺过程较为简单，生产批量较大。其他有关资料见表8-3。

表8-3 生产甲、乙两种产品的有关资料

项 目	甲产品	乙产品	合 计
产量	1000	5000	
直接工时	300	900	
直接材料	140000	260000	400000
直接人工	8000	19000	27000
成本合计			427000

根据该企业的生产工艺流程和各项作业的成本动因性质，企业设立了材料采购、材料处理、设备调试、设备运行、质量检验、产品分类包装等六个作业成本库。在对该月的资源成本进行分析后，得到直接材料、直接人工和各作业成本库的可追溯成本，如表8-4所示。

表8-4 可追溯成本

项 目	甲产品	乙产品	合 计
直接材料	140000	260000	400000
直接人工	8000	19000	27000
材料采购			29000
材料处理			13000
设备调试			15000
设备运行			156000
质量检验			7000
产品分类包装			8000
成本合计			655000

各作业库成本动因及其数量如表8-5所示。

表 8-5 各项作业资源耗费及成本动因

作业中心	材料采购	材料处理	设备调试	设备运行	质量检验	产品分类包装
成本动因	材料重量	材料移动次数	调试次数	机器小时	检验时间	分类次数
可追溯成本	29000	13000	15000	156000	7000	8000
作业量	145000	52	5	1300	70	50
其中：甲产品	38000	21	3	900	26	18
乙产品	107000	31	2	400	44	32

由作业中心成本分配率公式，可计算得出：

材料采购作业中心成本分配率＝29000÷145000＝0.2

材料处理作业中心成本分配率＝13000÷52＝250

设备调试作业中心成本分配率＝15000÷5＝3000

设备运行作业中心成本分配率＝156000÷1300＝120

质量检验作业中心成本分配率＝7000÷70＝10

产品分类包装作业中心成本分配率＝8000÷50＝160

根据成本分配率和各产品的成本动因量，可将作业成本分配到各产品中，如表 8-6 所示。

表 8-6 作业成本分配

作业中心	成本动因率	甲产品		乙产品		作业成本合计
		成本动因量	作业成本	成本动因量	作业成本	
材料采购	0.2	38000	7600	107000	21400	29000
材料处理	250	21	5250	31	7750	13000
设备调试	3000	3	9000	2	6000	15000
设备运行	120	900	108000	400	48000	156000
质量检验	100	26	2600	44	4400	7000
产品分类包装	160	18	2880	32	5120	8000
合　计			135330		92670	228000

根据上述结果，产品成本计算如表 8-7 所示。

表 8-7 产品成品成本计算（作业成本法）

作业中心	甲产品		乙产品	
	总成本	单位成本	总成本	单位成本
直接材料	140000	140	260000	52
直接人工	8000	8	19000	3.8
制造费用	135330	135.33	92670	18.53
合　计	283330	283.33	371670	74.33

运用作业成本法应注意的问题

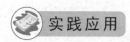实践应用

一、标准成本法在物流成本控制中的应用

(一)标准成本法的概念

标准成本法是指通过制定标准成本,将标准成本与实际成本进行比较,获得成本差异,并对成本差异进行因素分析,以加强成本控制的一种成本计算方法。

(二)标准成本的种类

(1) 理想标准成本。这是在最佳工作状态下可以达到的水平。理想标准成本是指企业在最有效的生产经营条件下所达到的成本。这时企业的全部劳动要素都应达到最佳使用状态,不允许有一点浪费。但这种情况往往很难达到,因此,将理想标准成本作为短期努力目标不是很现实,只能作为考核时的参考指标。

(2) 正常标准成本。这是在正常经营条件下应该达到的成本水平,也就是行业的平均水平。正常标准成本是指在合理工作效率、正常生产能力和有效经营条件下所能达到的成本。这种成本的实现虽然不能轻易达到,但是可以经过生产者的努力而完成。因此,它有助于提高工作效率、有效控制成本。

(3) 现行标准成本。这是在现有的生产条件下应该达到的成本水平。现行标准成本是根据企业当前生产基本条件下确定的标准成本,并且随着企业生产条件的变化,现行标准成本将随之变动,通常每年制定一次。现行标准成本反映了生产条件的变动对标准成本的影响,便于企业及时对标准成本差异进行分析和考核。

(三)标准成本的制定

1. 直接材料成本差异

直接材料成本差异是指一定产量产品的直接材料实际成本与直接材料标准成本的差异。其中:

直接材料成本差异 = 直接材料实际成本 − 直接材料标准成本

直接材料实际成本 = 实际价格 × 实际用量

直接材料标准成本 = 标准价格 × 标准用量

实际用量 = 直接材料单位实际耗用量 × 实际产量

标准用量 = 直接材料耗用标准 × 实际产量(标准消耗量,通过统计或技术分析)

直接材料成本差异 = 材料价格差异 + 材料数量差异

$$\left.\begin{array}{l}\text{实际价格} \times \text{实际用量}(1) \\ \text{标准价格} \times \text{实际用量}(2) \\ \text{标准价格} \times \text{标准用量}(3)\end{array}\right\} \left.\begin{array}{l}\text{材料价格差异} \\ (=(1)-(2)) \\ \text{材料数量差异} \\ (=(2)-(3))\end{array}\right\} \text{材料成本差异}(=(1)-(3))$$

【例 8-1】 盛通公司生产甲产品需使用一种直接材料 A。本期生产甲产品 200 件,耗用材料 A900kg,A 材料的实际价格为每千克 100 元。假设 A 材料的标准价格为每千克 110 元,单位甲产品的标准用量为每 5kg A 材料。求 A 材料的成本差异。

解：A 材料的成本差异分析如下。

$$价格差异 = (100 - 110) \times 900 = -9000 \text{ 元（有利差异）}$$
$$用量差异 = 110 \times (900 - 1000) = -11000 \text{ 元（有利差异）}$$
$$成本差异 = 100 \times 900 - 110 \times 1000 = -20000 \text{（有利差异）}$$
$$= -9000 + (-11000) = -20000 \text{（有利差异）}$$

2. 直接人工成本差异

直接人工成本差异是指一定产量产品的直接人工实际成本与直接人工标准成本之间的差额。其中：

直接人工成本差异 = 直接人工实际成本 − 直接人工标准成本
直接人工标准成本 = 标准工资率 × 标准工时
标准工时 = 单位产品工时耗用标准 × 实际产量
直接人工成本差异 = 直接人工工资率差异 + 直接人工工时耗用量差异

$$\left.\begin{array}{l}实际工资率 \times 实际工时 \;① \\ 标准工资率 \times 实际工时 \;② \\ 标准工资率 \times 标准工时 \;③\end{array}\right\} \left.\begin{array}{l}工资率差异(=①-②) \\ 耗用量差异(=②-③)\end{array}\right\} 直接人工成本差异(=①-③)$$

【例 8-2】 盛通公司本期生产甲产品 200 件，实际耗用人工 8000 小时，实际工资总额 80000 元，平均每工时 10 元。假设标准工资率 9 元，单位产品的工时耗用标准为 28 小时。求直接人工成本差异。

解：直接人工成本差异分析如下。

$$直接人工工资率差异 = (10 - 9) \times 8000 = 8000 \text{ 元（不利差异）}$$
$$人工效率差异 = 9 \times (8000 - 5600) = 21600 \text{ 元（不利差异）}$$
$$人工成本差异 = 10 \times 8000 - 9 \times 200 \times 28 = 29600 \text{ 元（不利差异）}$$
$$= 8000 + 21600 = 29600 \text{ 元（不利差异）}$$

3. 变动制造费用成本差异

变动制造费用成本差异是指一定产量产品的实际变动制造费用与标准变动制造费用之间的差额。其中：

变动制造费用成本差异 = 实际变动制造费用 − 标准变动制造费用
实际变动制造费用 = 实际分配率 × 实际工时
标准变动制造费用 = 标准分配率 × 标准工时
实际分配率 = 实际变动制造费用 ÷ 实际工时
变动制造费用差异 = 变动制造费用分配率差异 + 变动制造费用效率差异

$$\left.\begin{array}{l}实际分配率 \times 实际工时 \;① \\ 标准分配率 \times 实际工时 \;② \\ 标准分配率 \times 标准工时 \;③\end{array}\right\} \left.\begin{array}{l}分配率差异(=①-②) \\ 效率差异(=②-③)\end{array}\right\} 变动制造费用差异(=①-③)$$

【例 8-3】 盛通公司本期生产甲产品 200 件，实际耗用人工 8000 小时，实际发生变动制造费用 20000 元，变动制造费用实际分配率为每直接人工工时 2.5 元。假设变动制造费用标准分配率为 3 元，标准耗用人工 6000 小时。求变动制造费用差异。

解：变动制造费用差异分析如下。

$$变动制造费用分配率差异 = (2.5 - 3) \times 8000$$
$$= -4000 \text{ 元（有利差异）}$$

$$变动制造费用效率差异 = 3 \times (8000 - 6000)$$
$$= 6000 元(不利差异)$$
$$变动制造费用差异 = 20000 - 3 \times 6000 = 2000 元(不利差异)$$
$$= -4000 + 6000 = 2000 元(不利差异)$$

(四) 成本差异分析

1. 用量差异分析

用量差异包括材料用量差异、人工效率差异和变动间接费用效率差异,其影响因素包括很多方面。

(1) 导致材料用量差异的因素主要包括生产工人的技术熟练程度和对工作的责任感、加工设备的完好程度、材料的质量和规格是否符合规定要求,以及产品质量控制是否健全、有无贪污盗窃等因素。显然,材料的质量问题或工艺要求的变化而导致材料用量增加,不应由生产部门(加工车间)负责。例如,采购部门为压低材料进价,大量购入劣质材料而导致生产部门(加工车间)用料过多,甚至增加了废次品等,由此而产生的材料用量差异应由采购部门负责。由于设备维修部门的原因而使设备失修,出现材料用量的浪费现象,也必然反映在材料用量差异上,而这部分差异应由设备维修部门负责。在剔除非生产部门责任造成的用量差异后,对剩余的用量差异应找出原因,看其是否是由于工人粗心大意、缺乏训练或技术水平较低等造成的。

(2) 人工效率差异实质上是反映实际生产过程中工时的利用效率,实耗工时与标准工时不一致,当生产效率(以工时表示)利用的情况为实耗工时小于标准工时,说明其生产效率高,反之说明其生产效率低。实耗工时的高低受多方面因素影响。例如,工人的责任心、生产积极性、技术水平、时间利用程度、机器设备利用程度等,均可能对生产效率产生影响。在一般情况下,人工效率差异应由生产部门(加工车间)负责;但如果是采购部门购入不合格的材料或因停工待料、机器维修、工艺调整,甚至停电、停水等生产部门无法控制的因素而导致的人工效率差异,应由相应的责任部门负责。

(3) 变动间接费用效率差异也反映在实际生产过程中工时的利用效率情况,这项差异应称为工时的效率差异,但人们已习惯称其为变动间接费用效率差异。此项差异的因素分析方法,基本与人工效率差异的分析方法相同。

2. 价格差异分析

价格差异包括材料价格差异、工资率差异和变动间接费用支出差异,其影响因素也有很多方面,需要详细地加以分析。

(1) 材料价格差异主要是因材料实际采购价格与其计划价格发生偏差而产生的,与采购部门的采购工作质量密切相关,因为影响材料采购价格的各种因素(如采购交货方式、运输工具、材料质量、购货折扣等)通常由采购部门控制和做出决策。当然,有些因素也是采购部门无法控制或抉择的,如国家对原材料、燃料的价格进行上调,或由于种种原因使原材料价格普遍上涨,或由于生产部门责任紧急购入等因素,均可导致材料价格的不利差异。当然,也有相反的情况,会出现由于非采购部门的原因造成材料价格的有利差异。但不论哪种情况,企业都要进一步做出量化分析,以便明确各有关部门的经济责任。

(2) 工资率差异常为不利差异,其原因可能是企业提高了职工工资水平,或该工位更换为技术等级高的工人,或对该工位的工人工资进行了晋级,或临时加班提高了工时津贴等。在实际工作中,如果在技术等级低的工位上安排了技术等级高(相应工资级别高)的工人,而且其工资水平不变时,也会产生不利的工资率差异,这应是工资费用控制的重点。

(3) 变动间接费用支出差异所反映的不仅是费用支付价格方面的节约或超支,同时也包括各费用明细项目在用量方面的节约或浪费。因此,对变动间接费用的各明细项目有必要加以详细分析,找出超支的主要原因。例如,对变动间接费用进一步分解为间接材料、间接人工、动力费等,并从其价格与用量两个方面进行详细分析。

二、本量利分析法在物流成本控制中的应用

(一)本量利分析法基本概念

本量利分析(CVP分析)是成本—业务量—利润关系分析的简称,指在对变动成本计算模式的基础上,以数学化模型与图形来揭示固定成本、变动成本、业务量、单价、营业额、利润等变量之间的内在规律性联系,为预测、决策和规划提供必要财务信息的一种定量分析方法。它被用来研究产品价格、业务量(销售量、服务量或产量)、单位变动成本、固定成本总额、销售产品的品种结构等因素的相互关系,以做出关于产品结构、产品定价、促销策略及生产设备利用等决策的一种方法。本量利分析中最为人们熟悉的形式是盈亏临界分析或称保本分析。盈亏临界分析只是全部本量利分析的一部分,盈亏临界分析并非只着眼于找出一个不盈不亏的临界点或称保本点,它所期望的是获得尽可能好的经营成果。这种分析方法可以用来预测企业的获利能力;预测要达到目标利润应当销售多少产品(或完成多少销售额);预测变动成本、销售价格等因素的变动对利润的影响,等等。

(二)本量利分析法的基本模型

本量利分析是以成本性态分析和变动成本法为基础的,其基本公式是变动成本法下计算利润的公式,该公式反映了价格、成本、业务量和利润各因素之间的相互关系。即

利润=收入-总成本=销售单价×业务量-(变动成本+固定成本)
　　　=销售单价×业务量-单位变动成本×业务量-固定成本
　　　=(销售单价-单位变动成本)×业务量-固定成本
单位变动成本=单价-(利润+固定成本)÷业务量
业务量=(利润+固定成本)÷(单价-单位变动成本)

即

$$\pi = Y - C = PQ - (VQ + F) = (P - V)Q - F$$
$$V = P - (\pi + F) \div Q$$
$$Q = (\pi + F) \div (P - V)$$

式中,π为利润;Y为收入;C为总成本;P为销售单价;V为单位变动成本;F为固定成本;Q为业务量。

该公式是本量利分析的基本出发点,以后的所有本量利分析都是在该公式基础上进行的。

(三)盈亏平衡分析

物流系统的本量利分析包括盈亏平衡分析和盈利条件下的本量利分析。

盈亏平衡分析就是根据成本、营业收入、利润等因素之间的函数关系,预测企业或物流系统在怎样的情况下可以达到不盈不亏的状态。

盈利条件下的本量利分析主要考虑在特定利润要求情况下应达到的业务量,及在一定业务量情况下企业或物流系统的利润及安全边际情况,如图8-4所示。

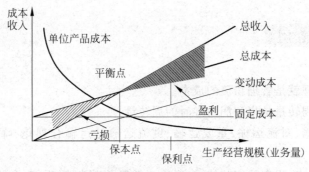

图 8-4 盈亏平衡分析

1. 计算保本点业务量和营业收入

$$\text{利润 } \pi = 0, \text{即 } Y = C \quad \text{产量 } Q^* = \frac{F}{(p-v)} \quad \text{总收益 } Y = pQ^*$$

式中,π 为盈利;Y 为总收益;C 为总成本;Q 为产量;Q^* 为最优产量;p 为单价;v 为单位变动成本;F 为固定成本。

2. 计算保利点业务量和营业收入

当利润为一定数额 π,

$$Y - C = (p-v) \quad Q - F = \pi$$

则   产量 $Q = (\pi + F)/(p-v)$ 总收益 $Y = pQ$

当要业务量达到一定数量为 Q,则,获得的利润:

$$\pi = (p-v)Q - F$$

【例 8-4】 某物流运输企业固定成本为 50 万元,单位运价为 80 元,单位可变成本为 40 元。

(1) 若企业目标利润为 30 万元,企业应完成多少运输量?

(2) 若本年度预计运输量为 50000 千吨千米,其利润或亏损额是多少?

解:

(1) $Q = (\pi + F) \div (p - v) = (500000 + 300000) \div (80 - 40) = 20000$(千吨千米)

(2) $\pi = (p - v)Q - F = (80 - 40) \times 50000 - 500000 = 150$(万元)

【例 8-5】 某快餐企业拟建一个快餐配送中心,该项目投产以后每月固定费用为 60 万元。假设每份快餐的售价为 12 元,变动成本率为 60%。

(1) 该中心每个月需要配送多少份快餐才可以实现盈亏平衡?

(2) 如果该中心每月配送 15 万份快餐,则该中心可实现的利润是多少?这时该中心的盈亏平衡点作业率和安全边际率是多少?

(3) 假设该中心每月计划盈利 20 万元,该中心至少应该配送多少份快餐?

解:

(1) 盈亏平衡点销量 $= \dfrac{\text{固定成本}}{\text{单价} - \text{单位变动成本}} = \dfrac{600000}{12 - 12 \times 60\%} = 125000$(份)

(2) 每月配送 15 万份可实现的利润 $= 150000 \times (12 - 12 \times 60\%) - 600000 = 120000$(元)

此时,盈亏平衡点作业率 $= \dfrac{\text{盈亏平衡点业务量}}{\text{正常业务量}} = \dfrac{125000}{150000} = 83.33\%$

安全边际率 $= 1 - $ 盈亏平衡点作业率 $= 1 - 83.33\% = 16.67\%$

(3) 如每月计划盈利 20 万元,则销量 $= \dfrac{\text{固定成本} + \text{目标利润}}{\text{单价} - \text{单位变动成本}} = \dfrac{600000 + 200000}{12 - 12 \times 60\%} = 166667$(份)

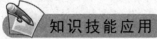

一、判断题

1. 物流成本管理就是管理物流的成本。（   ）
2. 盈亏临界点周转量是指利润为零时的周转量。（   ）
3. 避免迂回运输、对流运输、重复运输、倒流运输是运输合理化、降低运输成本的途径之一。（   ）
4. 通过凭证、账户、报表的完整体系，对物流耗费予以连续、系统、全面地记录的计算方式称为统计方式的物流成本核算。（   ）
5. 一般来说，运输速度与运输成本之间表现为正相关关系，但不同的运输方式的运输距离与成本之间的关系会有一定的差异。（   ）
6. 物流成本的增加一定会带来企业物流服务水平的提高。（   ）
7. 物流成本管理是企业物流管理的核心。（   ）
8. 可以说，整个物流技术和物流管理的发展过程就是不断追求物成本降低的过程。（   ）
9. 物流成本的降低不仅是企业获得利润的源泉，也是节约社会资源的有效途径。（   ）
10. 物流企业的成本控制与一般企业相同，都是控制直接成本、间接成本和日常费用。（   ）

二、单选题

1. 根据"物流成本冰山"说，露在水面之上的部分是（   ）。
   A. 企业内部消耗的物流费　　　B. 制造费用
   C. 委托的物流费用　　　　　　D. 自家物流费
2. 现在越来越多的企业推行（   ），这是一种进行物流成本归集核算的有效方法。
   A. 作业成本法　　B. 经验法　　C. 数量法　　D. 规划论法
3. 在物流运营过程中，通过物流技术的改善和物流管理水平的提高降低和控制物流成本指的是（   ）。
   A. 物流成本管理系统　　　　　B. 物流成本的日常控制系统
   C. 物流成本信息系统　　　　　D. 物流成本决策系统
4. 独立的物流成本核算体系属于（   ）的物流成本核算。
   A. 统计方法　　B. 独立方式　　C. 会计方式　　D. 宏观方式
5. 以下（   ）不属于物流成本的核算对象。
   A. 某种物流功能　　B. 某一物流部门　　C. 某一过程　　D. 某一产品的损耗
6. 在物流功能之间，一种功能成本的削减，可能引起其他功能成本的增加，这种现象被称为物流成本的（   ）。
   A. 效益背反　　B. 乘法效应　　C. 无为效应　　D. 物流冰山
7. 作业成本按作业动因分配到（   ）。
   A. 产品　　B. 作业　　C. 作业池　　D. 成本项目
8. 成本 ABC 中，将资源分配到作业或作业中心的依据是（   ）。
   A. 作业动因　　B. 资源动因　　C. 成本动因　　D. 作业的资源总需求

9. 物流成本管理的前提是（　　）。
   A. 市场机制　　　　B. 公平竞争　　　　C. 物流成本计算　　　　D. 价格策略
10. 物流管理的首要任务是（　　）。
    A. 提高物流效率　　B. 降低物流成本　　C. 满足顾客需求　　　D. 服务的可靠性

三、案例分析题

沃尔玛降低运输成本的具体措施

沃尔玛公司是世界上最大的商业零售企业，在物流运营过程中，尽可能地降低成本是其经营的哲学。

沃尔玛有时采用空运，有时采用船运，还有一些货物采用卡车公路运输。在中国，沃尔玛百分之百地采用公路运输。因此，如何降低卡车运输成本，是沃尔玛物流管理面临的一个重要问题，为此他们主要采取了以下措施。

1. 沃尔玛使用一种尽可能大的卡车，货柜长约16米，这比集装箱运输卡车更长或更高。沃尔玛把卡车装得非常满，产品从车厢的底部一直装到最高，这样有助于大幅节约成本。

2. 沃尔玛的车辆都是自有的，司机也是其正式员工。沃尔玛的车队大约有5000名非司机员工，还有3700多名司机，车队每周每一次运输里程可以达7000～8000千米。

沃尔玛知道，卡车运输是比较危险的，有可能会出交通事故。因此，对于运输车队来说，保证安全是节约成本最重要的环节。沃尔玛的口号是"安全第一，礼貌第一"，而不是"速度第一"。在运输过程中，卡车司机都非常遵守交通规则。沃尔玛定期在公路上对运输车队进行调查，卡车上面都带有公司的号码，如果看到司机违章驾驶，调查人员就可以根据车上的号码报告，以便进行惩处。沃尔玛认为，卡车不出事故，就是节省公司的费用，就是最大限度地降低物流成本。由于狠抓安全驾驶，运输车队已经创造了300万公里无事故的纪录。

3. 沃尔玛采用全球定位系统对车辆进行定位，因此在任何时候，调度中心都可以知道这些车辆在什么地方，离商店有多远，还需要多长时间才能运到商店，这种估算可以精确到小时。沃尔玛知道卡车在哪里，产品在哪里，就可以提高整个物流系统的效率，有助于降低成本。

4. 沃尔玛的连锁商场的物流部门24小时工作，无论白天或晚上，都能为卡车及时卸货。另外，沃尔玛的运输车队利用夜间进行从出发地到目的地的运输，从而做到了当日下午进行集地货，夜间进行异地运输，翌日上午即可送货上门，保证在15～18小时内完成整个运输过程，这是沃尔玛在速度上取得优势的重要措施。

5. 沃尔玛的卡车把产品运到商场后，商场可以把集装箱整个卸下来，而不用对每个产品逐个检查，这样就可以节省很多时间和精力，加快了沃尔玛物流的循环过程，从而降低了成本。这里有一个非常重要的先决条件，就是沃尔玛的物流系统能够确保商场得到的产品是与发货单完全一致的产品。

6. 沃尔玛的运输成本比供货厂商自己运输的产品要低，因此厂商也使用沃尔玛的卡车来运输货物，从而做到了把产品从工厂直接运送到商场，大幅节省了产品流通过程中的仓储成本和转运成本。

问题：沃尔玛的集中配送中心把上述措施有机地组合在一起，做出了一个最经济合理的安排，从而使沃尔玛的运输车队能以最低的成本高效率地运行。当然，这些措施的背后包含了许多艰辛和汗水。同学们能从中得到哪些启发呢？

项目八案例分析拓展

项目九

跨境电商物流管理

【项目导入】

2023年"6·18"电商节,各个跨境电商平台摩拳擦掌,充分利用海陆空铁等物流方式,为海外消费者带来"5美元10日达""本地发货次日达"的收货体验,帮助中小外贸商家、跨境电商企业打响"回血之战"。

据央广网报道,浙江义乌的产业园区内,某服装企业运营总监韦柳艳指出,这段时间厂里每天保持1000套左右的产量。"我们的泳衣主要销往海外,例如,西班牙、美国、俄罗斯等国家。今年我们备足了货,广告也到位,我还是很有信心的。"韦柳艳预计,今年应该能有30万~50万美元(海外销售额),预计比去年增长两倍。

近一个月以来,诸如防晒帽、清凉垫、防晒毯等防暑"三件套"及泳衣、泳帽等夏季商品通过中欧班列,由阿拉山口口岸出境,途经匈牙利、波兰、德国、法国后抵达西班牙。"6·18"热度燃遍全球,快递物流企业功不可没。

据悉,菜鸟国际快递联手速卖通推出多项举措,保障"6·18"大促期间国际物流时效的稳定,帮助跨境出口商家更好地服务海外消费者。"6·18"大促期间,速卖通全球33国新用户可享受首次下单大部分商品的物流升级服务,物流时效能快上10~20天。统计显示,全球"6·18"大促期间,菜鸟国际快递预计将部署超上百架次包机、20余趟中欧班列全力拉动外贸。针对海淘出口的消费者,菜鸟集运还为新加坡、马来西亚、日本、韩国和中国香港等地提供了晚到必赔、百万红包补贴等服务。

数据显示,"6·18"期间,中通国际往返"中国—老挝"的货量和货值均显著提升。云南昆明至磨憨口岸段由中国司机驾驶运输,磨憨口岸至老挝万象段则由老挝司机驾驶运输。该专线单程路程约1500公里。2023年1—5月,专线货物运输量同比增长200%,每月运输超700吨农副产品到老挝,全年预计助力12000吨中老两地优质产品"出国",既丰富了中老两地消费者的餐桌,也助推了中老两国商贸发展。

5月31日晚8点刚过,位于澳大利亚悉尼的华为线下门店店长Justin收到了从京东物流悉尼1号仓发出的热门型号手机。自2022年以来,京东物流在澳大利亚为华为手机代理商AUPTIMAL提供全链路仓储物流服务,高效、高质的服务赢得了客户信赖。目前,京东物流已在全球拥有接近90个保税仓库、直邮仓库和海外仓库,助力海内外客户实现降本增效和服务升级。

资料来源:https://mp.weixin.qq.com/s/kHGUViVqCkvdasfrjud4rA。

【知识能力要求】
1. 了解跨境电商物流的含义和特点。
2. 掌握跨境电商物流系统的运作流程。
3. 了解我国跨境电商物流发展面临的问题及趋势。
4. 能够选择合适的跨境电商进口物流模式。
5. 能够选择合适的跨境电商出口物流模式。
6. 能够利用跨境电商平台线上发货。

【职业素养要求】
1. 具有诚实守信、遵纪守法、艰苦奋斗、绿色环保、热爱和平的良好品德。
2. 具有法制观念和责任意识，依法经营，规范收寄，严防不法分子利用跨境电商物流渠道进行违法活动。
3. 具备开拓创新和探索的创新创业精神，在"一带一路"和 RCEP 背景下具有助力民族品牌出海发展的责任感，帮助中国跨境电商开拓更多的渠道、降低物流成本的使命担当意识。

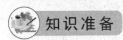

一、跨境电商物流概述

（一）跨境电商物流的含义

跨境电商物流是为了帮助在不同关境内的交易主体通过电子商务平台来完成交易，进行货物采购、包装、分拣、报关、清关、跨境运输、海外仓储、货物跟踪等物流活动。

在跨境电商交易中，物流是非常重要的一个环节，跨境电商物流是跨境电商服务必不可少的载体。

（二）跨境电商物流的特点

跨境电商物流主要是有以下特点。

1. 运输区域分布广

近年来，越来越多的人在网上购物，网络购物在全球普及，电商企业不断开拓更多市场，全球化的不断发展使全球各国(地区)的联系更加紧密。跨境电商作为新型跨境贸易模式不断发展，为了满足更多海外消费者对我国制造产品的需求，我国电商开始向海外拓展业务。因此，我国跨境物流实现了全球化，物流的运输路线分布在世界各地，区域分布十分广泛。

2. 运输包裹的规模小

与传统进出口贸易相比，跨境电商物流的相关工作大不一样。个体消费者与少量购买的单个企业为跨境电商物流的主要服务对象。由此可见，大多数跨境电商物流的包裹规模较小。

3. 运输的次数频繁

由于跨境电商是在网上直接交易且随时可以进行交易，消费者不定时间、不定次数地下单，因此交易频率显著提升，跨境电商物流运送的次数也随之增加，进而使运输成本相应上升。

二、跨境电商物流系统

（一）跨境电商物流系统的定义

物流系统是指在一定时间和空间里，由所需位移与服务的物品、提供服务的设备（含包装设备、装卸搬运机械、运输工具、仓储设施）、组织服务的人和信息等若干相互制约的动态要素所构成的具有特定功能的有机整体。

物流系统是由运输、储存、包装、装卸、搬运、配送、流通加工、信息处理等子系统组成的复杂大系统。系统输入的是运输、储存、搬运、装卸、包装、物流信息、流通加工等环节所消耗的人力、设备、材料等资源，经过处理转化，变成全系统的输出，即物流服务。

跨境电商物流系统是对跨境电商环境下的物流信息进行采集、处理、分析、应用、存储和传播的集成过程。在这个过程中，企业需要对跨境电商物流信息活动的各个要素（人、财、物、技术、工具、设备等）进行管理。

跨境电商物流系统管理用系统化和集成化观念来处理企业经营管理中的各种问题，从而达到企业的最优化目标。

当前，跨境电子商务企业大多使用跨境电子商务 ERP（enterprises resources planning）系统来对企业运营业务进行管理。

跨境电子商务 ERP 系统把传统 ERP 系统中的采购、生产、销售、库存管理等物流及资金流模块与电子商务中的网上采购、网上销售、资金支付等模块整合在一起，以电子技术为手段，以商务为核心，打破国家与地区有形与无形的壁垒，让企业从传统的注重内部资源管理利用转向注重外部资源管理利用，从企业内的业务集成转向企业间的业务协同。

（二）跨境电商物流系统构成的功能要素

跨境电商物流系统应具备支持跨境交易的物流服务的相关功能。这些功能要素主要包括以下内容。

1. 订单管理子系统

能够与主流跨境电商平台、自建站平台连接，支持线下订单导入和创建等功能；在系统智能化方面，能实现自动分仓、自动审单、标记发货及监控、发货超时提醒；能提供多种订单状态，满足客户日常处理订单的所有需求，无缝对接仓配系统，一键智能发货；能支持设置买家黑名单、试算订单利润，提前规避卖家损失。

2. 客户服务管理子系统

支持与 eBay、Amazon、速卖通、Wish 等平台的消息和邮件的提取和发送；能针对不同场景设置自动发信功能；能支持取消订单申请、退换货、纠纷处理等售后服务；能支持客户数据维护和营销；能支持客户服务任务分派及任务完成统计。

3. 产品管理子系统

具有完善的产品资料库，能自定义开发流程；能支持产品资料导入和导出、自定义产品属性、批量更新产品属性；能连接刊登系统，支持产品资料推送到刊登系统。

4. 采购管理子系统

能支持智能的采购补货逻辑，保证不缺货、不断货；具有适配度高的采购模式，能支持 Amazon、eBay、速卖通等多种不同场景；支持采购、主管、仓库、财务多个角色参与，确保采购的及时和准确；具有采购异常实时统计功能，方便考核筛选优质的供应商。

5. 入库管理子系统

具有完善的收货、质检、上架流程，能支持先质检、后收货；支持收货后直接上架；记录整个收货、质检、上架详情；仓库可以通过订单号、物流单号直接退件入库。

6. 仓库管理子系统

支持 SKU 维度和仓库维度查询库存；具有服务商库存快照对比功能，直接同步服务商仓库库存；支持仓库之间的库存调拨。

7. 出库管理子系统

具有多样化出货类型，能高效分拣出货；能处理出货异常、交接班记录，异常处理跟进到位；支持次品上架，支持产品借用归还，支持批量出库。

8. 头程管理子系统

支持头程管理流程的个性化配置；具有 FBA 备货计划，支持提前备货；支持海外仓头程管理流程，支持 FBA 仓和其他第三方海外仓管理；能把海外仓产品直接同步到海外仓，不需要重复维护 SKU。

9. 协同子系统

支持移动办公，具有每日推送任务通知的功能，能随时处理待办事项，随时查看员工任务进度。

10. 数据管理子系统

能解决原报表冗余、表述不清、汇率耗损、数据不准确的问题；能自定义报表，实现多维度分析、图表结合、指标监测，提供一体化数据平台，高效建立企业数据体系；能精准分析运营成本，提前发现企业经营风险。

11. 产品列表子系统

能快速高效实现产品搬家，让 SKU 在最佳时间出现在目标客户面前，增加曝光，实现销售提升；能将图片存储在国外服务器，自动上传到 Amazon、eBay、AliExpress 等平台；能批量调整价格、数量、标题、运输方式等。

另外，跨境电商物流系统还应具备基本物流系统的功能，即包装、流通加工、商品检验检疫、通关、装卸、搬运等。

（三）跨境电商物流系统的特点

随着物流信息化不断增强，人工智能在跨境物流中的应用不断深化，跨境电商物流系统呈现出以下特点。

1. 物流信息量更大、综合性更强

跨境电商交易跨境、跨平台，物流信息量变得更加多元化，需要跨境电商物流系统具备更强的数据处理能力和对多元信息的综合处理能力。对应的物流信息系统不仅要满足企业内部的作业要求，也要满足跨境电商企业对区域性仓库的库存管理及订单处理的需求。

2. 专业定制化能力要求更高

跨境电商物流中很大一部分是国际物流，随着国际物流技术和管理的发展，跨境电商物流的各种运输方式趋于完善和成熟，并且体现在各个跨境电商企业对物流服务需求的个性化特征上。跨境电商企业对物流需求更加碎片化和多元化，需要能提供定制化服务的物流系统。

3. 对决策支持功能要求更高

随着数据技术的发展，越来越多的企业意识到数据挖掘和信息的重要性。跨境电商物流系统不仅要具备物流管理功能，还要收集、处理物流信息数据（如库存数据、订单信息、包裹跟踪数据等），为企业提供管理决策依据。

4. 自动化程度不断提高

随着人工智能在物流领域的应用，跨境电商物流系统的自动化程度不断提高，主要体现在仓储设施、分拣系统、配送作业等领域，这促进了信息搜集功能的发展，可以实时搜集更多物流信息。

三、跨境电商物流发展面临的问题及趋势

（一）跨境电商物流发展面临的问题

我国跨境电商物流的快速发展有效地推动了国内产品出口多样化，帮助更多小微企业加入跨境电商服务行列，从而增加了跨境电商物流业务量；但是，由于跨境电商物流周期长、成本高，往往难以满足消费者的退换货要求。我国跨境电商物流主要存在以下问题。

1. 物流链条长、作业复杂

由于增加了海外仓储配送、海上运输等过程，以及清关通关等环节，跨境电商物流的整个链条比普通物流的链条长、环节多，且涉及电商、海关、国检、商检、税务、外汇等众多主体，各项信息需互联互通，其物流运作自然更为复杂，难度更大。

2. 自动化、信息化程度不高

跨境电商物流涉及海量订单及海量SKU（物理上不可分割的最小存货单位），订单商品分散，并且要快速完成订单拣选配送及退换货处理。因此，这对物流系统自动化程度的要求较高。而目前多数跨境电商企业发展时间短，自身积累不足，物流信息系统不够先进，自动化物流设备及技术引入较少。订单处理滞后、效率低且错误率高、库存管理混乱，甚至丢件等现象已成为困扰跨境电商发展的主要问题。

3. 物流成本居高不下

在跨境电商蓬勃发展之前，以满足国际贸易需求的大批量的国际运输是跨境电商物流的主体，国际商品配送的区域及对象较少，而且传统外贸下的商品配送运作体系也较为成熟。因此，单位商品分摊的成本比较少。而跨境电商面临的是海量订单，由于我国国内物流企业的国际服务能力欠缺，跨境电商卖家为安全实现跨境交付，对于小额订单商品往往通过国际快递邮寄，物流成本是正常物流成本的3倍以上，这经常导致一笔订单的利润还不够支付快递费用的现象。以联邦快递（FedEx）为例，其将500g商品从中国运送到美国，需要收取快递费307元人民币，且需要另收关税、附加费和燃油附加费。

4. 跨境电商物流服务水平参差不齐

目前，大型电商平台和第三方物流企业服务比较专业、运作比较规范，但中小物流企业的服务还存在诸多问题。例如，部分物流企业缺乏服务与诚信意识。有的物流企业承诺使用快捷、价格昂贵的空运方式，收取空运的费用，实际却使用成本低廉且耗时长的海运方式，以获取更大的价差；有的物流企业在节假日无人服务，客户服务电话或投诉电话形同虚设，对物流进

程无法实时掌控;还有的物流企业存在员工调包货物、货损拒不赔偿等问题。

5. 通关效率低下

所谓"通关效率",主要是指从报关开始一直到报关结束后放行,承担商品货物运输的受托物流企业,其所占用的时间占总报关时间的比重。当前通关效率低下是阻碍我国跨境电子商务发展的三大因素之一。由于各国海关政策不同,有些国家海关申报手续烦琐、时间长,费用支出也非常高,且经常发生进口国海关扣货查验的情况。查验结果通常是直接没收、退回货物或再补充报关材料。直接没收或退回货物造成的损失往往使非大型跨境电商物流企业无法承受,补充报关材料将延误货物交货期,可能使消费者取消订单或拒绝付款。

6. 退换货等逆向物流问题严重

逆向物流是指在物流过程中,由于消费者不满意而导致的退货,或因质量问题召回返厂、以旧换新等,往最后目的地移动货物的过程。在跨境物流过程中,有多种原因会导致货损率高,使消费者产生退换货需求。此外,欧美等一些发达国家和地区存在"无理由退货"的消费习惯和文化,使得退换货的现象更加普遍。跨境电商退换货问题是难题。由于跨境电商的逆向物流涉及两个或两个以上的国家和地区,商品的退换就必然牵涉因过程烦琐造成的时间漫长问题及商品退税问题。在我国,就商品的退换所引发的退税问题,海关还没有统一的政策和解决方案,只能依据各个口岸海关自己出具的一些暂行政策来解决。绝大多数海外消费者因高额退换成本及烦琐的退换流程,最终放弃了退换货的念头,从而获得了不好的购买体验。

(二)我国跨境电商物流的发展趋势

对物流业而言,其核心任务就是将不同地区的货物进行交换运输,从而满足顾客对于异地货物的需求。在传统的物流业发展中,由于受到市场需求管理不足的影响,企业难以对大范围地区的物流需求进行掌控,从而影响业务的扩展。而跨境电商的发展可以帮助跨境物流业以更低的成本来获取更多的业务资源,从而推动了物流企业跨国业务的开展。在跨境电商的发展趋势下,物流企业进行发展模式的优化能够对其资金周转和经营成本的降低产生直接影响。

政治与法律的外部环境对于跨境电商及跨境电商物流企业的发展,有着重要的影响。当前我国实施积极的对外贸易政策,对跨境电商物流持大力支持的态度,相关国内跨境电商物流部分政策如表9-1所示。例如,《"十四五"商务发展规划》明确要推动外贸创新发展,开展跨境电商"十百千万"专项行动、规则和标准建设专项行动、海外仓高质量发展专项行动等,到2025年,使跨境电商等新业态的外贸占比提升至10%。2021年7月9日,《国务院办公厅关于加快发展外贸新业态新模式的意见》对外公布,其中提出要在全国适用跨境电商B2B直接出口、跨境电商出口海外仓监管模式,便利跨境电商进出口退换货管理,优化跨境电商零售进口商品清单;扩大跨境电商综试区试点范围;到2025年,力争培育100家左右的优秀海外仓企业,并依托海外仓建立覆盖全球、协同发展的新型外贸物流网络。2022年2月,国务院批复同意在27个城市和地区设立跨境电子商务综合试验区,这是自2015年设立首个跨境电商综合试验区以来的第六批综试区。

表 9-1　国内跨境电商物流部分相关政策汇总(2018—2021年)

发布单位	发布时间	政策名称	主要政策内容
国家发改委、交通运输部	2018年12月	《国家发改委交通运输部关于印发〈国家物流枢纽布局和建设规划〉的通知》	提升国际物流网络化服务水平。提高国家物流枢纽通关和保税监管能力,支持枢纽结合自身货物流向拓展海运、空运、铁路国际运输线路,密切与全球重要物流枢纽、能源与原材料产地、制造业基地、贸易中心等的合作,为构建"全球采购、全球生产、全球销售"的国际物流服务网络提供支撑。 引导国家物流枢纽系统对接国际物流网络和全球供应链体系,支持中欧班列、跨境电商发展
国家邮政局、商务部、海关总署	2019年3月	《国家邮政局商务部海关总署关于促进跨境电子商务寄递服务高质量发展的若干意见》	加快创新跨境寄递服务模式。鼓励跨境寄递服务企业发挥优势拓展渠道,加强重点区域的国际多边和双边合作,创新丰富寄递产品,优化流程缩短时限,增强核心竞争力。鼓励跨境寄递服务企业通过投资并购、战略联盟、业务合作等方式整合境内外收寄、投递、国际运输、通关、境外预检视、境外预分拣、海外仓等资源,提供面向全球的一体化、综合性跨境包裹、商业快件等寄递服务。支持跨境寄递服务企业在重要节点区域设置海外仓,发展境外寄递服务网络,符合条件的可以按规定程序申报外经贸发展专项资金支持。 加快完善跨境寄递服务体系。鼓励跨境寄递服务企业创建品牌,提供跨境包裹、商业快件等寄递服务。支持跨境寄递服务企业与跨境电商共商共建团体标准,提高服务可靠性,提供全程跟踪查询、退换货、丢损赔偿、拓展营销、融资、仓储等增值服务
国家发展改革委	2019年3月	《关于推动物流高质量发展促进形成强大国内市场的意见》	加快国际物流发展。深入推进通关一体化改革,建立现场查验联动机制,推进跨部门协同共管,鼓励应用智能化查验设施设备,推动口岸物流信息电子化,压缩整体通关时间,提高口岸物流服务效率,提升通道国际物流便利化水平。加强陆上边境口岸型物流枢纽建设,完善境外沿线物流节点、渠道网络布局。积极推动中欧班列枢纽节点建设,打造一批具有多式联运功能的大型综合物流基地,促进大型集结中心建设
国家邮政局	2019年7月	《国家邮政局关于支持民营快递企业发展的指导意见》	引导民营快递企业"走出去",畅通快递企业国际网络布局通道,加快完善跨境寄递服务体系,提升跨境寄递服务网络能力,培育具有国际一流竞争力的快递企业
国务院	2020年8月	《国务院办公厅关于进一步做好稳外贸稳外资工作的意见》(国办发〔2020〕28号)	充分利用外经贸发展专项资金、服务贸易创新发展引导基金等现有渠道,支持跨境电商平台、跨境物流发展和海外仓建设等

续表

发布单位	发布时间	政策名称	主要政策内容
国家发展改革委、工业和信息化部等14部门	2020年9月	《推动物流业制造业深度融合创新发展实施方案》	通过提高运营效率及形成高效协调、提高安全性及可持续性的智能供应链网络,优化制造业的供应链管理
	2020年11月	国家邮政局党组书记、局长马军胜在第三届中国国际进口博览会开幕式表演讲	抓住国家推动跨境电商发展的重大机遇,培育具有国际竞争力的一流快递企业
交通运输部	2021年1月	《关于服务构建新发展格局的指导意见》	加快国际寄递能力建设,畅通国际寄递物流供应链。培育壮大具有国际竞争力的现代物流企业。建设国际物流供应链服务保障信息系统,促进供需信息有效对接。确保"出口货物出得去,进口货物进得来"
中共中央、国务院	2021年2月	《国家综合立体交通网规划纲类》	培育壮大一批具有国际竞争力的现代物流企业,鼓励企业积极参与全球供应链重构与升级,依托综合交通枢纽城市建设全球供应链服务中心,打造开放、安全、稳定的全球物流供应链体系
国务院	2021年7月	《国务院办公厅关于加快发展外贸新业态新模式的意见》(国办发〔2021〕24号)	培育一批优秀海外仓企业。鼓励传统外贸企业、跨境电商和物流企业等参与海外仓建设,提高海外仓数字化、智能化水平,促进中小微企业借船出海,带动国内品牌、双创产品拓展国际市场空间。完善覆盖全球的海外仓网络。支持企业加快重点市场海外仓布局,完善全球服务网络,建立中国品牌的运输销售渠道

未来,我国跨境电商物流的主要发展趋势如下。

1. 促使仓储基地境外化

境外仓储是在主要的国际市场上建立起跨境电商企业自己的境外仓库,跨境电商将其产品运输到境外仓库中存放。境外买家在计算机上下单后,境外仓库可以完成对清单的整理并配货。当境外仓库完成配货后,大型跨境电商企业可以利用境外物流进行配送,而中小型跨境电商企业则可以将后续的配送任务转交给第三方物流企业。这种在境外建立仓库的模式可以帮助跨境电商提前将货物配送到目的地,并且不受货物质量与体积的限制。通过在主要销售市场建立物流仓储基地,能够极大提高物流配送效率,减少消费者等待的时间。这对于树立良好的企业形象,服务消费者并提升其消费意愿都具有重要的促进作用。此外,在境外建立仓库也方便消费者换货,从而提高企业的售后服务水平,增加跨境电商的企业信誉。对于那些热销产品而言,建立境外仓库的意义十分明显。

2. 提升信息化水平

在当今的经济发展中,信息技术起到的作用十分重要,可以说将传统产业与互联网的信息技术进行融合,是实现传统产业创新发展的主要途径。跨境电商物流是一种涉及信息十分复杂,但是重复性又较高的产业类型,因此要促进跨境电商物流更好地为跨境电商发展服务。首先,政府或者是行业协会应当引导制定跨境电商物流发展的统一信息化技术标准。其次,国家要加大在基础信息服务上的投入力度,从而创造更加便利的基础信息使用环境。最后,流通企业本身也应当对其内部信息化建设进行改造升级,从而提高企业内部信息化水平,实现与国家标准的对接。

在互联网发展趋势下,要实现跨境物流发展,就必须有一批懂技术、会经营、会操作的高水平从业人员。因此,必须加强对从业人员的综合能力的培养。在这一过程中,政府、企业及个人应当从以下方面进行努力:首先,政府部门应当定期举办相关的跨境电商物流发展培训活动;其次,高校应当发挥其人才培养作用,一方面招收跨境电商物流专业的学生,另一方面则为社会上已经从事流通业的人员进行再次培训;再次,企业应当建立起信息化背景下跨境电商物流发展人员的长期培训机制,使其在实践中不断提升;最后,作为从业者个人,也应当高标准要求自己,积极学习跨境电商物流发展的技能。

3. 促进网络与营销的国际化发展

物流企业的发展离不开一定的规模效益,在跨境电商物流发展的过程中,要更好支持跨境电商的发展,物流企业必须有一定的规模。跨境电商物流企业之所以要实现一定的发展规模,是因为当跨境物流形成一定的国际化规模后,能够降低运输成本并提高整体运输设备的使用效率。其次,当跨境电商物流企业形成一定规模后,可以购置一些大型运输工具,进一步提升自身服务消费者的能力。最后,这种规模化能够促进跨境电商物流企业更好地参与国际竞争,从而应对国际物流企业的挑战。而要实现其规模化发展,核心在于构建一套系统化的国际物流网络体系,从而扩大其服务的市场范围。要促进我国跨境电商物流企业更好地布局物流网络,必须加大其发展的资金支持力度,企业自身也应当树立国际化发展意识。随着市场竞争日益激烈,要推动跨境电商物流企业的发展,就必须提升其市场营销能力,走国际化营销道路。通过国际化的市场营销,可以帮助跨境电商物流企业提升市场份额,而市场份额的提升能够进一步促进跨境电商物流企业的国际化发展。

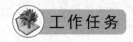 工作任务

一、跨境电商出口物流

工作任务要求:认识跨境电商出口物流的不同模式,比较分析不同模式的优缺点、价格和时效,根据不同的需求选择合适的跨境电商出口物流模式。

跨境出口物流主要有几种模式:邮政小包、快递直邮、邮政 EMS 及国内快递公司的国际快递业务、专线物流、传统外贸物流等,如表 9-2 所示。

一体化供应链出海!京东物流助力东南亚母婴品牌 Anakku 履约效率提升 30%

表 9-2 跨境电商出口物流的不同模式

模 式	优 点	缺 点	价格 & 时效
中国邮政航空小包	邮政网络基本覆盖全球,比其他任何物流渠道都要广,价格便宜。适合邮寄比较轻的物品,以克计算,能寄的物品类别比较广,覆盖全球 220 多个国家	① 包裹限重 2kg 内 ② 长+宽+高≤90cm ③ 不建议邮寄价值高于 300 元的物品 ④ 时效不稳定,很多国家无妥投信息,延误、丢失没有赔偿,且无目的地妥投信息	以 0.5kg 到美国为例,参考价格 53.4 元,10~20 天 (http://www.epacket.com.cn)

续表

模 式	优 点	缺 点	价格 & 时效
四大国际快递直邮：DHL/FedEx/UPS/TNT	速度快、服务好、丢包率低，适合高附加值、体积小的产品，发往欧美发达国家非常方便	价格昂贵，且价格资费变化大	以 0.5kg 到美国为例，130～202 元，2～15 天（各个公司差别大，详细可查 http://www.epacket.com.cn）
中国邮政国际 EMS	速度较快，费用低于四大国际快递巨头	对市场的把握能力有待提高，路线有限	以 0.5kg 到美国为例，文件 180 元，物品 240 元，参考时限 5～7 个工作日（http://shipping.ems.com.cn）
国际 e 邮宝（cepacket）	速度较快，费用低于普通国际 EMS，出关能力强	仅限 2kg 以下的包裹；路线少，上门取件城市有限	以 0.5kg 到美国为例，参考价格 52.25 元，6～23 个工作日（http://www.epacket.cn）
专线物流	集中大批量货物发往目的地，通过规模效应降低成本	相比邮政小包而言，运费较高，且在国内的揽收范围相对有限	美国特快专线：58.65 元，7～10 个工作日（http://www.pfcexpress.com）
传统外贸物流＋海外仓	传统外贸方式送货到仓，物流成本低；可提供灵活可靠的退换货方案，提高海外客户的购买信心；发货周期较短	有库存压力；对卖家在供应链管理、库存管理、动销管理等方面提出了更高的要求	从当地海外仓发货，价格即当地快递价格；平均时间 1～7 天（Gearbest）

（一）邮政包裹物流渠道

中国邮政网络覆盖全球，中国卖家有 60％以上的包裹是通过邮政网络发出的。卖家能理解在电商微利环境下对物流成本的控制，特别是对饰品、配件等特轻小件而言，其不带电且非紧急要求，邮政包裹是最好的选择。有些偏远小国、岛国走小包最省运费。其他渠道包括国际小包、大包、e 邮宝和国际特快专递 EMS 等，个人邮包形式通过万国邮联体系（UPU）出口发货。邮政国际小包分为普通空邮（normal air mail，非挂号）和挂号（registered air mail）两种，价格实惠，通关便捷，国际段均走空运，前者不提供跟踪查询服务，后者付 10 元挂号费可跟踪查询。其重量要求在 2kg 以内；在体积上要求货物为非圆筒货物：长＋宽＋高≤90cm，单边≤60cm。对时效性要求不高且大于 2kg 的偏重货物，可走邮政大包，运输方式分别为空运及水陆运，价格比较低，没有偏远附加费，相对于商业渠道有价格优势。邮政国际（地区）特快专递对交寄的物品长、宽、高三边中任一单边达到 40cm 的特快物品进行计泡，计泡系数为 6000，计泡公式：体积重量（kg）＝长（cm）×宽（cm）×高（cm）/计泡系数，测量邮件的长、宽、高测量值精确到厘米，厘米以下去零取整。

（二）国际商业快递渠道

国际商业快递是指在两个或两个以上国家（或地区）之间所进行的快递、物流业务。国家与国家（或地区）传递信函、商业文件及物品的递送业务，即通过国家之间的边境口岸和海关对快件进行检验并放行的运送方式。国际快件到达目的国（地区）之后，需要在目的国（地区）进行再次转运，才能将快件送达最终目的地。

国际快递的一个非常重要的特点是各国快递环境的差异，尤其是快递"软环境"的差异。

不同国家的不同物流适用法律使国际快递的复杂性远高于一国的国内物流,甚至会阻断国际快递;不同国家的不同经济和科技发展水平会造成国际快递处于不同科技条件的支撑下,甚至有些地区根本无法应用某些技术而迫使国际快递全系统水平下降;不同国家的不同标准也造成国际上"接轨"的困难,因而使国际快递系统难以建立;不同国家的风俗人文也使国际快递受到很大的局限。

中国国际快递是快递业务中最重要的组成部分,它是 EMS、DHL、UPS、FedEx、TNT、ARAMEX 等快递业"巨头"的主营业务,每年的业务量以 30% 的速度增长,在中国对外贸易工作中发挥了举足轻重的作用,为中国经济融入全球一体化作出了贡献,取得了令人瞩目的社会经济效益。

现代航空快递是传统航空货运的发展和延续,是从航空货运代理业派生出来的。因此,要了解和掌握国际快递业务,还应学习与国际货运代理有关的业务知识。

(1)国际快递包裹重量分实际重量和体积重量两种,快递公司将以两种重量中大的一项为计费依据。

(2)体积重量计算。四大国际快递 DHL、UPS、TNT、FedEx 包裹体积重量的计算方法为长×宽×高÷5000,注意长、宽、高的单位是厘米。

(3)国际快递包裹的货物不足 0.5kg 的,按 0.5kg 计费。

(4)21kg(46.3Ib)以下的货物按照小货计费,按首重、续重计费,计费单位为 0.5kg(1.1Ib);21kg 及 21kg 以上的货物按大货计费。

(5)国际快递包裹单件货物的规格必须保证:1×长+2×高+2×宽<330cm(各快递公司要求的规格不尽相同)。

(6)国际快递包裹单件超过或等于 68kg 的,必须用有脚卡板进行包装(部分国家拒收原来的卡板包装),否则快递公司拒收货物。

(7)倘若有以下情况的国际快递包裹,需预先订舱:货物单件围长(1×长+2×高+2×宽)超过 330cm(10 英尺、25.2 英寸);货物单件重量超过 68kg;货物单件围长不超过 330cm,重量不超过 68kg(149.9Ib),但一批货物超过 300kg(661.4Ib)。

(8)国际快递的资费变化较大,需发快递包裹时,请先联系所托运的国际快递公司的业务员确认价格。

(三)专线物流

专线物流也是现今跨境电商国际物流较常使用的一种运作模式,主要是指在国内仓库集货,批量直接发往特定国家或地区的专门设计的国际运输线路,其时效性强、方便快捷,区域针对性也较强。集包集货具有比一般快递更优化的计重计费方式。因此,海外专线模式一般也是针对需求量大、热门的线路,需要货量来分摊成本,实时出货不会带来产品过期、过季和库存积压等问题,可看作跨境出口"直通车"。

1. 专线物流运作的特点

由于是分环节的专业分工,谁是运作主体取决于资源整合能力,主导商品的全程门到门的物流服务。

首先,专线要考虑国内网点分布,国内揽收要集中,上网速度要快。从成本考虑,国内仓与货源及航空口岸的距离要适中,从而确保国内段的时限可控,如新兴的边境仓。这个集货仓可能由电商平台或第三方物流企业提供,接收到货物后便可进行处理。

其次，头程多采用全货包机运输，不仅节约时间，而且价格和耗时均介于邮政小包和国际快递之间。但空运代理市场秩序混乱，市场半透明的价格和不确定的服务使其稳定性不高，特别考验专线公司的仓位议价能力。头程到达城市离客户地址较远，也会影响全程时限。

再次，在清关方面专线快递比较专业，采用大包付款交货清关（所有费用由发货人承担）较顺利。如果国外有贸易公司配合清关，那可能会在更大程度上降低清关成本（针对起征点低的国家），SKU要归类，清关后进行拆包配送。

最后，货物分拣完成后一般由当地邮政或快递负责接收和派送，很多区域快递，如澳大利亚 Tol、中东 Aramex、日本 OCS、印度 GATI 等，货物的送达时间基本固定。对某一个国家或地区的跨境电商来说，专线是比较折中的物流解决方案。解决好国外清关、和当地邮政或快递合作，是专线服务的两大关键链条，大部分国家基本形成了一些专线通道。例如，针对发往俄罗斯的小包，有E速宝、赛诚、俄速通、速邮宝、燕文等。寄往美国的专线服务，包裹到达美国后，进入当地FedEx和USPS派送网络。专线竞争主要体现在"专"上，兼顾规模经济性及点到点线路的时效性，但拼抢货源及航空资源常引发倒卖发货及邮包的不良现象，令发货人受损。

2. 常见的专线物流

（1）燕文专线。燕文专线又叫 Special Line-yw，是北京燕文物流公司旗下的一项国际物流业务。燕文专线航空挂号小包支持发往40个国家和地区。其特点如下。

① 时效快：燕文专线在北京、上海和深圳三个口岸直飞各目的国，避免了国内转运时间的延误，并且和口岸仓航空公司签订了协议，保证了稳定的仓位。燕文专线可全程追踪，正常情况派送时效为10~20个工作日。

② 交寄便利：在全国20多个城市提供免费上门揽收服务，如果在揽收区域之外，客户可以自行发货到指定揽收仓库。

③ 赔付保障：邮件丢失或损毁提供赔偿，可在线发起投诉，投诉成立后最快5个工作日完成赔付。

（2）中俄专线。中俄航空专线即 Russian Air，是通过国内快递集货，航空干线直飞，在俄罗斯通过俄罗斯邮政或当地落地配进行快速配送的物流专线的合称。下面以 Ruston 专线为例进行介绍。Ruston 俗称俄速通，是由黑龙江俄速通国际物流有限公司提供的中俄航空小包专线服务，是针对跨境电商客户物流需求的小包航空专线，该渠道的时效快速、稳定，可提供全程物流跟踪服务。

（3）中美专线。中美专线提供的是从中国到美国的直接邮递服务，由互联易速递联合美国邮政、DHL共同推出，采用DHL的航班运输至美国当地，再利用美国邮政的网络派送，实现商业清关，满足客户对价格、时效、服务的要求。

（4）中澳专线。中澳专线（又称中澳快递）是互联易速递利用澳大利亚当地的货运资源自主开发的从深圳到澳大利亚的国际快递服务，这项服务仅限于发往澳大利亚的邮包使用。中澳专线正常递送时间为清关后1~5个工作日（澳大利亚面积大），比EMS等快递服务更快，适合运送高价值、对时效性要求高的轻小物品。

（5）中东专线。Aramex快递即中外运安迈世，在国内也称为"中东专线"，是发往中东地区的国际快递的重要渠道。Aramex创建于1982年，其强大的联盟网络覆盖全球，总部位于中东，是中东地区的国际快递巨头。它具有在中东地区清关速度快、时效快、覆盖面广、经济实惠的特点。但是Aramex快递主要优势地区在中东，在别的国家和地区则不存在这些优势，因此它的区域性很强,对货物的限制也较严格。

(四) 中欧班列

中欧班列是指按照固定车次、线路等条件开行,往来于中国与欧洲及"一带一路"沿线各国的集装箱国际铁路联运班列。中欧班列运行线铺划了西中东三条通道:西部通道由我国中西部经阿拉山口(霍尔果斯)出境,中部通道由我国华北地区经二连浩特出境,东部通道由我国东南部沿海地区经满洲里(绥芬河)出境。中欧班列已形成了以"渝新欧""郑欧班列""汉新欧""蓉欧快铁"和"长安号"为主体的五大班列运输系统。

中欧班列自开通以来,开行规模不断扩大、运行品质稳步提升。截至 2024 年 5 月 25 日,中欧班列累计开行突破 9 万列。截至 2024 年 6 月 5 日,中欧班列已累计运输超 870 万标箱,货值超 3800 亿美元。2024 年第 10000 列中欧班列 7 月 10 日从武汉吴家山站开出,较 2023 年提前 19 天破万列,累计发送货物 108.3 万标箱,同比增长 11%,为保障产业链供应链稳定、促进中欧经贸往来注入新动能。

截至 2024 年 7 月 10 日,中欧班列已通达欧洲 25 个国家 224 个城市,连接 11 个亚洲国家 100 多个城市,服务网络基本覆盖欧亚全境。中国境内已铺画时速 120 公里的图定中欧班列运行线 91 条,联通中国境内 61 个城市。自 6 月 15 日起,全程时刻表中欧班列开行由每周 5 列增至每周 17 列。中欧班列运输的货物品类达 53 大类 5 万余种,综合重箱率稳定在 100%。

亚欧之间的物流通道主要包括海运通道、空运通道和陆运通道,中欧班列以其运距短、速度快、安全性高的特征及安全快捷、绿色环保、受自然环境影响小的优势,已经成为国际物流中陆路运输的骨干方式。中欧班列物流组织日趋成熟,班列沿途国家经贸交往日趋活跃,国家间铁路、口岸、海关等部门的合作日趋密切,这些有利条件为铁路进一步发挥国际物流骨干作用,在"一带一路"倡议下,将丝绸之路从原先的"商贸路"变成产业和人口集聚的"经济带"起到重要作用。

从最初的单向运营到现在的双向运营,搭载在中欧班列上的货品种类日益丰富。从小商品和电子产品到纺织品、汽车及配件、机械装备、家具等,一趟趟满载着中国商品的班列运抵欧洲;西班牙红酒、波兰牛奶、保加利亚玫瑰精油、德国汽车……越来越多的欧洲商品也搭上中欧班列国际列车,进入中国市场。

中欧班列不仅给沿线国家送去了"中国制造",也带去了"中国机会"。随着市场的认同和发展,未来中欧班列货源品类将更加丰富。作为"一带一路"倡议的一项重要务实合作举措,中欧班列开行方向、频次、运量和规模不断扩大,有力助推了"一带一路"建设发展进程,构筑起中欧经贸文化交流的"黄金丝路"。

(五) 境外配送

任何物流方式最终都无法绕开境外的末端配送。纵观全球物流网络,"最后几公里"的运作既是最简单的,又是最难的。各国情况各异,全程时限差异很大,新兴国家和欠发达地区的基础设施短板明显,几乎没什么可选择的服务。而发达市场,从投递上来说,邮政及快递的投递分层服务做得很好,一分钱一分服务,完全差异化。例如,在法国,用户可以选择物流送货上门、送货到旗下的门市或派送点自取,送货上门(home delivery)又分为标准、跟踪和签名。另外,预约、消息通知、查询等客服也比较到位。而在美国,电商大部分使用"老三家",美国邮政 USPS 收费相对便宜,300g 的小件平均起步价为 3 美元,2~8 个工作日送达;如果选择商业快递送货,价格就会贵得多。例如,UPS有陆运和航空两种,陆运不保证时效,一般为3~8天,价格一般为5~10美元。如果选择FedEx航空件,则有次日达、次晨达等多项服务,当然价格也要高5~10倍。签收方式默认送达通知,即把快件送到客户住宅附近即可,可以是门边,不是默认本人签收的。本人签收、他人代收、更改地址、定时配送都属于附加服务,需额外付费。另外,欧美很多快递休息日是不送货的,如果需要休息日送货,也需要加收费用。

在本地配送方面,电商平台往往能够提供较多的可靠选项。例如,消费热情于平安夜前一周集中爆发,某年的平安夜,FedEx和UPS的妥投率分别为96.2%和97.7%。上述两家企业和美国邮政在当日共处理超过600万件包裹,比平均日处理量增加了70%。这也意味着,即使妥投率达到99%,依然会有60万件快件延误。另外,发达市场的突发情况,主要受到运能不足、极端天气、罢工等影响。

而在美国,亚马逊推出了FBA(fulfillment by Amazon),即亚马逊提供的海外仓储及代发货业务。国内供应商仅需将商品运输到Amazon在中国的库房FBA即可,后续的运输、通关等流程由Amazon负责,不仅省去了其中烦琐高昂的物流流程,而且减少了供应商的物流时间和费用。最终,商品到达Amazon在目的国当地的FBA,FBA实质上成为供应商的海外仓库。

二、跨境电商进口物流

(一)直邮模式

1. 直邮模式的基本概念

直邮模式是指符合条件的电商平台与海关联网,在境内消费者跨境网购后,电子订单、支付凭证、电子运单等由企业实时传输给海关,商品通过海关跨境电商专门监管场所入境,按照个人邮递物品征税。海外直邮即商家收到订单后在国外进行打包,直接从海外通过快递发货、清关、入境的消费形式。由于货物在国外发货,物流耗费时间较长,费用可能更高,但是可供选择的商品种类比较丰富。

2016年4月8日后启运的跨境电子商务进口商品(含网购保税和直邮模式),须满足"跨境电子商务零售进口商品清单"(简称正面清单)及清单备注要求;不在正面清单内的商品,不得以跨境电子商务方式进口。正面清单中的商品可免于向海关提供许可证。对跨境电子商务直邮进口商品,不予签发通关单;同时,按照质检总局邮寄物和快件管理相关文件规定实施检验检疫。

直邮模式是先有订单后有物流的形式,都是基于跨境电商平台零售,入境采用包裹形式申报。如果是直接从境外卖家直邮过来的包裹,并不属于跨境进口零售电商的范畴,属于C2C模式,报关通过行邮申报系统,税率适用行邮税。

2. 直邮模式的流程

直邮模式的主要流程包括:用户下单—国外采购—订单分拣、包装贴标—国际商业快递或者各国邮政系统—国际空运至中国国内机场—货物进入海关监管仓—快递清关(国际商业快递)或者邮政清关(EMS)—国内配送。

直邮模式在入境时便需要清关,但不用全部报关,海关会对商品进行抽查。目前,进口跨境电商中涉及直邮模式的物流服务商有国际快递(DHL/UPS/FEDEX/TNT/EMS)和邮政

（中国邮政、香港邮政、英国皇家邮政等）。如果是通过快递入境，监管就比较严密，而通过邮政系统则要宽松一些。

3. 直邮模式的特点

（1）优点：品类无限制，无须等待资金回流；快递渠道的物流速度较快、丢包率低；邮政渠道的价格便宜、被税率低。

（2）缺点：质量缺乏保障，国外的人工成本高；快递渠道以空运为主、价格高、被税率高，并且没有专门的通道，通关不方便；邮政渠道的政策不确定、速度慢、丢包率高而且服务质量差。

直邮模式适合跨境电商平台及商品种类多且零散、个性化较强的卖家。

4. 直邮进口模式下的快件清关和集货清关

（1）快件清关。确认订单后，国外供应商通过国际快递将商品直接从境外邮寄至消费者手中，无海关单据。该清关模式灵活，有业务时才发货，不需要提前备货，但与其他邮件混在一起，物流通关效率较低，量大时成本会迅速上升，适合业务量较少，偶尔有零星订单的情况。

（2）集货清关。商家将多个已售出的商品统一打包，通过国际物流运至国内的仓库，电商企业为每件商品办理海关通关手续，经海关查验放行后，由电商企业委托国内快递配送至消费者手中，每个订单附有海关单据。

直邮模式的跨境电商企业，在完善了供应链、仓储、物流等基础布局以后，应该将提升用户量和交易额作为经营重心，这样一方面会使得边际成本减少，另一方面还可促进物流体系、效率更进一步优化。随着用户的需求越来越多元化、个性化、碎片化，满足和经营用户的需求正成为未来直邮模式跨境电商的关键发展因素。

（二）集货模式

1. 集货模式的基本概念

集货即收货，就是外贸出单之前把不同来源的货物集中在一起。建立集货中心的目的是使原来分散的、小批量的、规格和质量混杂的、不容易进行批量运输和销售的货物，经过集货中心处理，形成批量运输的起点，从而实现大批量、高效率、低成本和快速的快递运作。这样的物流中心通常分布在小企业群、农业区、果业区、牧业区等地域。

宝贝格子海外直邮平台

企业完成备案手续，网上产生订单后，电商包裹按照现有跨境快速通关方式入境，进入海关监管场所分拣、清关，放行包裹捆绑车辆配送出区，事后集中缴纳税款。

保税集货模式是指跨境电商根据消费者在跨境电子商务平台上产生的订单，先在国外采购货物，统一打包，以集货方式入境，在保税物流中心由物流企业根据消费者订单信息将商品分别粘贴运输面单，由报关企业汇总申报，经海关清单核放，查验放行后配送到消费者手中。其与保税备货模式的区别：集货模式的电商无须将未出售的货物预先囤积在仓库内，可极大地降低资金成本和销售风险；劣势在于没有备货模式发货快。

集货是目前流行的跨境物流运作形式，在性价比方面优于纯国际快递。它突破了邮政包裹、商业快件、海外仓及国际空运等传统模式，是集多种物流方式于一体的新型动作形式。这一运作模式的核心是利用国际物流的断层，实现环节规模效应。通过选取合适的集货仓库，揽收足够量的包裹，进行批量发运，从而降低航空订舱成本。到达目的地国后再转廉价的快递配送。中国与欧美等地的贸易不平衡导致物流资源也出现失衡。中国出口的空运舱位很紧张，但回程舱位相对充裕。从洛杉矶到上海的空运价格低至 5 元/kg，这与大型快递的报价简直是天壤之别。成本与规模优势是很多低成本的华人快递存在的基础,他们的主要收益来源于运费、打包及存储等费用,清关费及关税多是透明的。这些公司搭建了一套基于互联网的用户、订单、收发货管理系统,签约合适的货运代理发货回国。针对入境口岸,通常有若干回国线路供选择,甚至可经港澳线中转。随着跨境电商企业端物流需求的积累,除了满足海淘散户的需求,这类快递的效率和体验也在快速改善。很多转运公司逐渐向综合国际物流服务提供商发展,如海带宝是首家依靠海淘转运上市的公司。

2. 集货模式的流程

集货模式相当于直邮模式的升级版。

主要流程:用户下单—国外采购—供应商集中发货至国外集货站—转运公司进行跨境运输—空运至中国国内机场—货物进入海关监管仓—通过正规方式清关—国内配送。

3. 集货模式的特点

1) 优点

(1) 更快清关:提前备案、产品归类,全程电子清关,用户下单后集中发货,跟踪商品通关进度。

(2) 规范安全:灰色清关有法律风险且时效不可控,正规渠道降低运作风险,全程物流可追溯。

(3) 更低成本:集货订舱、及时发货,海外华人操作,低运费、低操作费、低清关费,税费信息透明。

(4) 全程系统:系统 API 接口实时同步订单、清关、物流等信息,实时返回货品及订单状态,全程可视。

(5) 更简流程:跨境物流一站式服务,承接中间大量专业操作及管理,电商专注采购与前端,合作高效。

2) 缺点

(1) 须有国外仓,仓租成本高。

(2) 国外人工费用高。

适用卖家:集货模式适合跨境电商平台,以及商品种类多且零散、个性化较强的卖家。

境外集货更接近海淘的本义,商品囤积于海外,品类更丰富,与用户需求的多元化、个性化趋势相匹配。这种物流运作有利于长尾非标及高价位商品进境,客户群日益广泛,宝贝格子等跨境电商平台的非标品已达八成,"本地化采购+海外仓集货转运"已成行业标配。对于物流企业而言,满足和经营用户的需求,关键是对物流资源进行整合及成本控制,依赖系统集成上下游及电子化通关。

(三)备货模式

1. 备货模式的基本概念

企业完成备案及通关手续,电商货物批量入境,进入海关监管场所或保税监管区域,网上产生订单后,在区内打包并申报清单,进行捆绑装车并配送出区,事后集中缴纳税款。海外直邮即商家在消费者下单之后通过物流公司一单一单发回国内;集货直邮则是商家在接到订单之后将货物集中存放在海外的集货仓,达到一定包裹量之后再统一发回国内。这两种模式的成本较高,效率也较低,消费者从下单到收货平均历时 30~40 天。而保税模式则是商家通过大数据分析提前将热卖商品屯放在国内的保税区,消费者下单之后,直接从保税区发货,一方面节省商家的物流和人力成本,物流速度还几乎与国内订单无异。另一方面,通过保税模式进入仓库的货物,可以以个人物品清关,在税收和检验检疫的环节都享有优势。小规模的跨境B2C模式无法撑起整个跨境电商进口,B2B2C成为主攻方向。保税区内建仓,使用跨境电商保税进口BBC模式,可以极大地改善跨境网购的速度体验。先备货后接单,国外商品整批抵达国内海关特殊监管区域和保税监管场所,如保税区、保税港区、保税物流中心等。

商家根据消费者的下单情况,将商品从保税区直接清关发出。消费者的退换货体验如同国内电商,海关的商品备案及溯源机制,规避了以往海淘"灰色"进境的风险。同时,"拼箱海运+保税仓"可大幅降低物流成本,高效、批量引入国外产品。货物进入保税区,理货后再报关,入仓处于保税状态(出区时才缴税),滞销产品也可以不缴出口关直接退回海外。保税进口适合规模经营,实力较为雄厚的跨境平台成为获取市场份额的重要手段。一时间保税仓成为被争夺的"粮仓",资源的稀缺性直接导致试点口岸的保税仓租金大涨。除了需要抢资源、投入大,保税进口在各个试点城市的政策执行细节也不一样,入驻前置手续烦琐。通常,跨境电商公司选择保税仓及配套服务公司后,通关、支付必须跟海关已准入的公司合作。总体来看,从前端消费者的反馈来看,这一发货方式已经被普遍认可,只要不断有品类能继续通过保税进口方式进口,整个跨境电商的市场会越做越大。

2. 备货模式的流程

跨境电商BBC保税进口流程如下。

(1) 消费者在电商平台下单,电商平台从境外商家采购备货;

(2) 境外商家发货(B)—国际段运输—自贸区/保税区/出口加工区等—申报查验(海关)—保税仓库(B)—出区申报/出仓核销(中国海关)—国内运输配送—消费者收货(C)。

3. 备货模式的特点

1) 优点

保税备货模式的最大优点就是用户体验好,具体表现为以下几点。

(1) 从下单到收货的物流时间短,与国内的传统电商差不多,短则当天送达,长则三五天送达。

(2) 保税备货模式的物流成本低,国内的人工费本身很低,而集运相对于直邮来说,也可以节省大量的物流成本。

(3) 商品质量有保证,退换货较其他模式的跨境电商也更便捷。

2) 缺点

(1) SKU有限。对于保税备货模式来说,保税仓的规模是有限的,在竞争激烈的情况下,对于保税仓的争夺也会很激烈,因此,有限的仓储就成了一个蹩脚的难题。

(2) 资金回流慢。保税备货模式是针对大宗商品的,商品量很大,短期内销售完的难度很大,一般都需要较长的周期。

(3) 选品要求高。保税区对入库商品有严格的审核,海关会定期进行检查。因此,如果不是优质商品,就不要选择这个渠道了。

(4) 跨境电商的政策波动大。新兴行业的发展走向不明确,政府需要及时地予以调整。对于卖家来说,政策的影响有时候是很大的。

当然,备货模式也存在一些问题。

首先是经营风险。在保税备货模式下,备货提高了资金占用成本,库存、滞销及汇率的影响不容回避。例如,人民币连续贬值,以高汇率从美国提前运到保税仓的商品迅速集体贬值,售价却无法变化,集采压力骤增。常规化囤货需要稳定的供应链,"爆品"同质化,很多跨境电商的产品授权来自国际商贸公司,中间辗转经过多个供应商或经销商,没有品牌的直接授权,加剧货源的不确定性。对于需求小或不稳定的长尾产品,库存的管控成本大,不划算,不如空运直邮。与此同时,保税仓容易滋生假洋货及假授权问题,不管各大 B2C 平台如何宣称正品,从流程上看,保税仓最方便"洗白"。例如,商家拿一批仿品去海外兜一圈再放到保税区,经"保税区一日游"拿到海外发货凭证和入境许可,消费者无从辨别。因此,保税仓备货天生适合大电商,拥有可靠的资金链,利用本身品牌影响为其背书,提高消费者的信任度。

其次是政策导向。历经政策的波动,企业也变得更加谨慎,折中的规避风险做法是,降低对目前试点城市保税仓的投入,将相当一部分品类转向海外仓,"两条腿走路",基本形成"日用爆品保税进口、贵品长尾品海外空运"的局面。

保税备货模式适用于大宗货物,必须报关,其服务商也是大宗货物物流服务商。在清关政策上,保税区理论上不属于入境,因此货物进入保税区时可暂不报关及缴纳税费,只有在用户下单后以零售包裹入境时再报关缴税。因此,保税备货模式适合自营模式及批量采购的卖家。跨境电商两种进口形式对比如表 9-3 所示。

表 9-3 跨境电商两种进口形式对比

模式	进口 B2B2C 保税备货	进口 B2C
购物	从已备案电商平台网购,均有累计限额	
始发	境内关外、保税港区	境外
物流	整批入仓、区内打包、包裹出仓	小件包裹
时效	出仓后 3~5 天	送货 1~2 周
查验	集中查验、出仓核销	过 X 光机、同屏比对
费用	快递运费及跨境电商税等	运费、处理费、通关费、跨境综合税
适用	资金雄厚、备货量大、品类集中	代购、海淘、境外电商、长尾品类

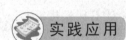 实践应用

一、邮政 e 邮宝线上发货

实践内容:根据邮政 e 邮宝线上发货流程进行线上发货,完成邮政 e 邮宝服务线上发货工作任务。

应用步骤:①准备工作;②在线填写寄件信息;③交货给快递员或服务网点;④在线支付运费。

e 邮宝业务是中国邮政为适应跨境轻小件物品寄递需要开办的标准类直发寄递业务。该业务依托邮政网络资源优势,境外邮政合作伙伴优先处理,为客户提供价格优惠、时效稳定的跨境轻小件寄递服务。目前暂不受理延误、丢失、破损、查验等附加服务。

服务优势:①在线打单,在线订单管理,方便快捷;②时效稳定,重点路向全程平均时效(参考时效)7~15 个工作日,服务可靠;③全程跟踪,提供主要跟踪节点扫描信息和妥投信息,安全放心;④平台认可,主流电商平台认可和推荐物流渠道之一,品牌保障。

1. 发货前准备工作

在发货前,首先对禁限寄物品、运费时效和进出口规则进行确认。

(1)禁限寄物品。寄件时必须严格遵守国家有关我国禁止和限制邮寄物品的规定,在寄

件前可查询进口国的收寄要求,确认禁止寄递物品。

(2)运费时效。根据自身寄件需求,在寄件前在线上输入原寄地、目的地、物品的重量(根据国际邮件计泡规则计算计费重量)、寄件时间等信息,即可获取预估报价和预计时效等信息。

(3)进出口规则。在寄件前查看限值限量规定、禁止限制规定、征税及完税价格的审定、海关对货物类快件的监管和邮件收寄过程中申报及办理海关手续的要求等内容,严格按照进出口规则进行寄件。

2. 在线填写寄件信息

在中国邮政官网进行在线填写与邮政寄递相关的订单信息,如寄件人和收件人的姓名或名称、地址、联系电话等;寄递物品的名称、性质、数量;为方便进出口清关及政府监管部门要求提供的相关信息等;选择寄件方式(快递员上门、自行联系快递员或网点自寄);选择付款方式。

3. 交货给快递员或服务网点

确认寄件方式后可选择快递员上门、自行联系快递员或网点自寄等服务。

4. 在线支付运费

物品到达网点后,快递员会对所托运物品的重量及体积进行实际称重和测量,制作好包装后,确认无误后可在线支付运费,打印电子面单。

二、速卖通平台线上发货

实践内容:根据商品特性和自身需求在线选择合适的物流方式进行线上发货,完成速卖通平台线上发货工作任务。

应用步骤:①接收确认订单;②在线选择物流方案;③创建物流订单;④打印发货标签、交货给物流商;⑤在线支付运费、物流商发货、等待买家收货。

速卖通平台线上发货指的是由阿里巴巴全球速卖通、菜鸟网络联合多家优质的第三方物流商打造的物流服务体系。卖家使用"线上发货"可直接在速卖通后台在线选择物流方案,物流商上门揽收(或卖家自寄至物流商仓库),发货到国外。卖家可在线支付运费并在线发起物流维权,阿里巴巴作为第三方将全程监督物流商服务质量,保障卖家权益。

速卖通平台的线上发货方式按时效性可以四大类,如表9-4所示。

表9-4 速卖通平台的线上发货方式

经济类物流	时效性比较慢,物流无法追踪,一般都是不要挂号费的,费用比较低,丢包率相对较高,适合货值低、客单价5美金以下的产品	菜鸟超级经济、菜鸟超级经济Global菜鸟专线经济、菜鸟特货专线—超级经济、中国邮政平常小包+、菜鸟超级经济—顺友、菜鸟超级经济—燕文
简易类物流	是菜鸟网络专门针对速卖通卖家推出的简易类物流服务,由平台承担售后和赔付,正常情况下的时效为30天左右,为速卖通卖家提供国内揽收、国际配送、物流详情追踪、物流纠纷处理,售后赔付一站式的物流解决方案	菜鸟无忧物流—简易、菜鸟特货专线—简易

续表

标准类物流	主要针对客单价较高的货品,时效性比较快,需要挂号,费用相对较高,丢包率较低,平台也明确规定客单价5美金以上的产品必须选择挂号,目前平台大部分在销售的产品都是选择标准类模流方式	菜鸟无忧物流—标准、菜鸟大包专线、菜鸟特货专线—标准、菜鸟特货专线—标快、菜鸟专线—标准、菜鸟无忧集运、威海优选仓无忧标准、Aramex中东专线、DHL e-commerce小包、中国邮政挂号小包、e邮宝、中邮e邮宝、4PX新邮挂号小包、燕文航空挂号小包
快速类物流	时效非常迅速,物流服务体验很好,但价格非常昂贵,适合货值昂贵的产品,试用率不是很好	菜鸟无忧物流—优先、DHL、DPEX、EMS、e-EMS、GATI、顺丰国际标快、TNT、UPS Expedited、UPS Express Saver、FedEx IE、FedEx IP

1. 接收确认订单

进入"我的速卖通"—"交易",单击"所有订单",选择"等待您发货"状态的订单,将看到所有等待发货的订单明细,选择需要发货的订单,单击"发货"。之后看下方页面,选择"线上发货"。

对于已部分发货的商品,在"填写发货通知""发货完毕确认"和"线上发货"三个按钮中选择"线上发货",即可进入选择物流方案的环节。

2. 在线选择物流方案

在"选择物流方案"页面,可以选择需要的物流服务。当选择的物流服务与买家下单的服务不一致时,系统将提示确认。在选择完毕后,单击"下一步",创建相应的物流订单。

3. 创建物流订单

在选择"创建物流订单"之后,会出现新的页面。

如果需要修改买家收件信息,可以单击"修改收件信息",会显示弹窗,可以在此编辑收件信息。

如果发件地址在物流商揽收范围内,系统会自动配置对应的仓库。如果所在的地址没有推荐的揽收仓,系统会提示"自寄至指定中转仓库"。

如果依旧选择"免费上门揽收",可以继续单击"申请仓库上门揽收"。如果申请揽收仓库,务必先与仓库沟通能否上门揽收,以免仓库拒单。

在创建物流订单时,在页面底部有关于无法投递的包裹处理方案。可以根据需要,选择是否需要将包裹退回,或者在海外销毁。如果选择"退回"时,每单会收取固定金额的退件服务费。对于选择退回的包裹,一旦发生目的国无法投递的情况,将不再收取退回运费。如果选择"销毁"时,不产生退件服务费并免费销毁包裹。

以上选择全部完毕之后,可以勾选"我已阅读并同意《在线发货——阿里巴巴使用者协议》",并选择"提交发货"。至此,物流订单创建完毕。

4. 打印发货标签、交货给物流商

在物流订单创建完毕之后,会出现页面,提示"成功创建物流订单"。这时可以单击"物流订单详情"链接,查看生成的国际物流单号并打印发货标签。卖家完成打包,贴好发货标签后,即可发货。

5. 在线支付运费、物流商发货、等待买家收货

物流订单创建成功后,卖家在线支付运费,系统生成运单号。卖家完成打包并交付物流商

发货后,即可填写发货通知。最后,等待买家收货,完成订单。

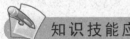

知识技能应用

一、判断题

1. 国际 e 邮宝属国际专线的物流方式之一。( )
2. 专线物流报价较为固定,其影响因素较少。( )
3. 同国际快递相比,邮政物流是比较经济的物流商品。( )
4. 万国邮政联盟的英文缩写为 UPS。( )
5. 国际快递的业务流程其实和国内快递的业务流程是一样的。( )
6. 实际重量是指一批货物包括包装在内的实际总重量。( )
7. 国际快递业务必须收取包装费用。( )
8. 对于 DHL、UPS、FedEx、TNT 四大国际快递公司的快递业务,当实际重量大于体积重量时,计费重量为实际重量。( )
9. 专线物流在目的国或地区容易出现"最后一公里"运送延误问题。( )
10. 专线物流之所以价格低廉,主要是因为其通过陆路运输。( )

二、单选题

1. 国际快递是指在( )国家(地区)之间所进行的快递、物流业务。
   A. 两个或两个以上 B. 两个以上 C. 两个 D. 特指一个

2. 邮政网络基本覆盖全球,比其他任何物流渠道都要广,价格便宜。限重 2kg,有尺寸限制;不便于海关统计,也无法享受出口退税;速度较慢;丢包率高。( )跨境出口物流模式具有以上特点。
   A. 邮政小包   B. 快递直邮
   C. 邮政 EMS 及国内快递公司国际快线 D. 专线物流

3. 速度快、服务好、丢包率低,适合高附加值、体积小的产品,发往欧美发达国家非常方便,但价格昂贵且价格资费变化大。( )跨境出口物流模式具有以上特点。
   A. 邮政小包   B. 快递直邮
   C. 邮政 EMS 及国内快递公司国际快线 D. 专线物流

4. 速度较快,费用低于四大国际快递巨头。对市场的把握能力有待提高,路线有限。( )跨境出口物流模式具有以上特点。
   A. 邮政小包   B. 快递直邮
   C. 邮政 EMS 及国内快递公司国际快线 D. 专线物流

5. 集中大批量货物发往目的地,通过规模效应降低成本。相比邮政小包而言,运费较高且在国内的揽收范围相对有限。( )跨境出口物流模式具有以上特点。
   A. 邮政小包   B. 快递直邮
   C. 邮政 EMS 及国内快递公司国际快线 D. 专线物流

6. 邮政小包要求在( )kg 以内。
   A. 2   B. 5   C. 3   D. 4

7. 邮政速递,对长、宽、高三边中任一单边达到( )cm 或以上的包裹计算体积重。
   A. 40   B. 50   C. 60   D. 80

8. 以下不适合用海外仓的产品主要有（　　）。
   A. 尺寸、重量大的产品　　　　B. 单价和毛利润高的产品
   C. 货物周转率高　　　　　　　D. 薄利多销的产品
9. 以下（　　）不是海外仓的优点。
   A. 提高物流成本　　　　　　　B. 加快物流时效
   C. 提高产品曝光率　　　　　　D. 提升客户满意度
10. 中国邮政推出的邮政物流产品中，通邮范围最广的是（　　）。
    A. e邮宝　　　B. e包裹　　　C. 邮政小包　　　D. e速宝

三、案例分析题

菜鸟国际快递近日在深圳举办了商家研讨会，邀请行业专家、跨境商家等到场共同讨论。当下品牌出海面临的机遇与挑战，并公布了针对速卖通商家的年度规划及物流服务重点优化的三大方向。

首先，丰富产品及解决方案，持续优化物流时效。菜鸟将持续拓展国内优选仓、全球分拨中心等物流基础设施，并加大运力保障力度及加密包机频次，如，增加欧洲多国的直飞航班。此外，进一步完善和扩充解决方案，如美妆特货陆转空解决方案拓展至16国、上线免抛假发专线等。

同时，菜鸟实施季度性调价，保障商家经营稳定，进一步降低商家在物流服务方面的操作难度。

其次，进一步完善物流售后及逆向物流服务。近期，菜鸟联合速卖通重构售后理赔链路，并对服务进行了升级，整体理赔速度再快30%。标准类、简易类物流问题纠纷处理，商家零介入，100%赔付，自动托管；而经济类物流问题，纠纷结束后也能赔付自动托管。海外无法投递退件托管服务正式上线，可由平台代发投诉，24小时追踪包裹状态至退件签收，自动申请理赔。

未来菜鸟还将搭建针对速卖通商家的"销售退换"服务，实现西班牙、韩国等国家逆向配送、退货质检、退回国内等功能。

最后，聚焦海外消费者体验，加速海外本地网络运营。西班牙、法国、德国、美国、韩国等15国新用户可享受0门槛平邮升级，老用户可通过智能合单进行物流升级。此外，智能合单将拓展特货、带电等类目。

重点国家的物流产品进一步提速，数字关务覆盖口岸持续拓展，并将实现预计送达日期更精准的传达，让海外消费者享受更具确定性的时效体验。加速海外本地组网运营，对地址库进行全面升级，优化海外消费者收货信息的精准度，通过重点国家的多派能力建设让更多的包裹送达海外消费者手中，进一步提升海外消费者购物体验。

"2022年区域性的'黑天鹅'事件频发，让跨境电商行业的发展面临更多挑战，但跨境商家及中国供应链的韧性，依然让行业保持了稳健增长，拥有着持续的创造力。"菜鸟国际快递事业部副总经理巫曼表示，菜鸟会持续进行国际物流基础设施建设，优化国际快递的时效，更好地为商家提供服务。

目前，菜鸟自建国际快递物流网络覆盖全球100多个国家和地区，其中"5美元10日达"的物流产品已覆盖20个国家。

资料来源：https://baijiahao.baidu.com/s?id=1768490020152537309&wfr=spider&for=pc

问题：菜鸟国际快递未来如何优化物流服务？

项目九案例分析拓展

参 考 文 献

[1] 李亚丽.物流采购作业与管理[M].哈尔滨:哈尔滨工业大学出版社,2017.
[2] 钱廷仙.现代物流管理[M].北京:高等教育出版社,2019.
[3] 梁世翔.采购管理[M].北京:高等教育出版社,2019.
[4] 张荣,张帆.仓储与配送管理[M].北京:电子工业出版社,2020.
[5] 薛威.仓储作业管理[M].北京:高等教育出版社,2022.
[6] 吉亮.仓储与配送管理[M].北京:北京大学出版社,2014.
[7] 郑丽.仓储与配送管理实务[M].北京:清华大学出版社,2021.
[8] 朱占峰,陈勇.供应链管理[M].北京:高等教育出版社,2019.
[9] 张桂兰,赖爱英,李传民.供应链管理[M].成都:电子科技大学出版社,2020.
[10] 胡建波.供应链管理[M].北京:清华大学出版社,2021.
[11] 朱伟生.物流成本管理[M].北京:机械工业出版社,2019.
[12] 鲍新中.物流成本管理与控制[M].北京:电子工业出版社,2006.
[13] 易华.物流成本管理[M].北京:清华大学出版社,2005.
[14] 羊英,陈建,吴翠红.跨境电商物流实用教程[M].北京:中国海关出版社,2019.
[15] 逯宇铎,陈璇,张斌,等.跨境电商物流[M].北京:人民邮电出版社,2021.
[16] 范珍.电子商务物流[M].2版.北京:高等教育出版社,2019.
[17] 孙秋菊.现代物流概论[M].北京:高等教育出版社,2020.
[18] 邱渡军.物流基础[M].北京:高等教育出版社,2019.
[19] 徐国权.物流基础[M].哈尔滨:哈尔滨工业大学出版社,2016.
[20] 戚佳金.基于物联网技术的Z公司海港物流作业流程优化[D].南京:南京理工大学,2017.
[21] 姜波.现代物流管理[M].北京:北京理工大学出版社,2021.
[22] 井颖,乔骏.运输管理实务[M].北京:高等教育出版社,2020.
[23] 梁军.运输与配送[M].杭州:浙江大学出版社,2013.